Zur Diskussion um die
Gründungsvoraussetzungen der GmbH
von 1876 bis 1939

Europäische Hochschulschriften Recht

European University Studies in Law

Publications Universitaires Européennes de Droit

Band/Volume 6705

Christian Rath

Zur Diskussion um die Gründungsvoraussetzungen der GmbH von 1876 bis 1939

PETER LANG

Bibliografische Information der Deutschen Nationalbibliothek
Die Deutsche Nationalbibliothek verzeichnet diese Publikation in der Deutschen Nationalbibliografie; detaillierte bibliografische Daten sind im Internet über http://dnb.d-nb.de abrufbar.

Zugl.: Dissertation an der Rechtswissenschaftlichen Fakultät der Privaten Universität im Fürstentum Liechtenstein, 2022.

ISSN 0531-7312
ISBN 978-3-631-89006-6 (Print)
E-ISBN 978-3-631-89107-0 (E-PDF)
E-ISBN 978-3-631-89108-7 (EPUB)
DOI 10.3726/b20242

Peter Lang – Berlin · Bruxelles · Lausanne · New York · Oxford

Diese Publikation wurde begutachtet.

www.peterlang.com

Widmung

Meiner Frau,
meinen Eltern,
meiner Schwester

Vorwort

Herzlich bedanken möchte ich mich bei dem Betreuer dieser Arbeit, Herrn Professor Dr. *Jens Eisfeld*, für die Annahme als Doktorand. Die gemeinsame Zeit während der Anfertigung dieser Arbeit war sowohl auf persönlicher als auch fachlicher Ebene stets angenehm, lehrreich und prägend zugleich. Dank gilt auch Herrn Professor Dr. *Alexander Schopper* für die Erstellung des Zweitgutachtens. Beiden möchte ich für die wertvollen Anregungen, Denkanstöße und Diskussionen während der gesamten Entstehungszeit dieser Arbeit danken.

Der Gegenstand der vorliegenden Arbeit geht auf einen prägenden Aufsatz von Professor Dr. *Holger Fleischer* aus dem Jahre 2009 sowie die, insbesondere auf europäischer Legislaturebene, stattgefundene, langjährige und tiefgreifende Debatte im Hinblick auf das Gründungsrecht der Gesellschaften mit beschränkter Haftung zurück.

Besonderen Dank möchte ich meiner Frau *Franziska* aussprechen, die mir stets und während der gesamten Zeit der Erstellung dieser Arbeit als Kraft spendende, ruhige und liebevolle Unterstützung zur Seite stand. Hierfür werde ich immer dankbar sein.

Auch meiner Familie, insbesondere meinen Eltern und meiner Schwester, bin ich für den immerwährenden, liebevollen und bedingungslosen Rückhalt zu großem Dank verpflichtet. Diesem Rückhalt kann und konnte ich mir stets sicher sein.

In Dankbarkeit ist diese Arbeit meiner Frau, meinen Eltern und meiner Schwester gewidmet.

Zirndorf, im März 2022
Christian Rath

Inhaltsverzeichnis

Einleitung

I. Fragestellung und Forschungsstand

Am 10. Mai 1892 ist das Gesetz betreffend die Gesellschaften mit beschränkter Haftung vom 20. April 1892 in Kraft getreten. Mit diesem wurde eine neue Gesellschaftsform, die Gesellschaft mit beschränkter Haftung, erstmalig im deutschen Recht eingeführt. Zur Einführung dieser neuartigen Gesellschaftsform konnte auf keine „Blaupause" zurückgegriffen werden. Daher mussten insbesondere die Gründungsvorschriften für die neue Gesellschaftsform von Grund auf neu entwickelt und in Gesetzesform gegossen werden. Im weiteren Verlauf des Bestehens der Gesellschaft mit beschränkter Haftung wurden die Gründungsvorschriften – teilweise mit gravierendem Ausmaß – geändert und werden es heutzutage immer noch. Häufiger als es zu Änderungen der Gründungsvorschriften gekommen ist, wurde während des Bestehens der Gesellschaft mit beschränkter Haftung über Anpassungen der Gründungsvorschriften im Laufe der Zeit debattiert.

Die vorliegende Arbeit nimmt eine rechtsgeschichtliche Untersuchung der historischen Entwicklung der Gründungsvorschriften des Gesetzes betreffend die Gesellschaften mit beschränkter Haftung und der damit einhergehenden Diskussion, insbesondere unter Vertretern der Rechtswissenschaften, im Zeitraum von 1876 bis 1939 vor. Die rechtshistorische Geschichte des Gründungsrechtes der Gesellschaft mit beschränkter Haftung ist bis heute nicht umfassend untersucht.

Eine detaillierte rechtshistorische Untersuchung des Gründungsrechtes der Gesellschaft mit beschränkter Haftung von ihrer Entstehung im Jahre 1892 an liegt nicht vor.[1] Diese Arbeit leistet einen Beitrag dazu, diese „Lücke" für den

---

1 Arbeiten, die sich mit der Entstehungsgeschichte der Gesellschaft mit beschränkter Haftung beschäftigen, allerdings keine auf das Gründungsrecht konzentrierte Untersuchung vornehmen: *in der Stroth*: Das Recht der GmbH bis 1933: Tatsachen, Kritik, Reformvorschläge, 1992; *Koberg*, Die Entstehung der GmbH in Deutschland und Frankreich, 1992, S. 35 ff.; *Schubert*, Das GmbH-Gesetz von 1892 – „eine Zierde unserer Reichsgesetzsammlung", in: Festschrift 100 Jahre GmbH-Gesetz, 1992, S. 1–47; *ders.*, Entwurf des Reichsjustizministeriums zu einem Gesetz über Gesellschaften mit beschränkter Haftung von 1939, 1985, Einführung, S. 17 ff.; *ders.* in: Die Gesellschaft mit beschränkter Haftung – Eine neue juristische Person, Quaderni Fiorentini 11/12 (1982/1983), S. 589–629; *Limbach* in: GmbHR 1967, S. 71–75; *Ballerstedt*

Zeitraum von 1876 bis 1939 zu schließen. Bereits *Holger Fleischer* bekräftigte in einem Aufsatz zu „100 Jahre GmbH-Reform" im Jahre 2009, dass es wohl „reizvoll" erscheint, „die bewegte Geschichte gescheiterter und geglückter GmbH-Reformen […] nachzuzeichnen".[2]

Durch die Arbeit soll gleichzeitig das Verständnis für die aktuellen und zukünftigen Regelungen des Gründungsrechtes der Gesellschaft mit beschränkter Haftung gefördert werden, insbesondere mit Blick darauf, dass das Gründungsrecht inzwischen auch maßgeblich von der europäischen Gesetzgebung geprägt wird.[3] Die nationalen Traditionen des Gesellschaftsrechts, somit auch des Gründungsrechtes der Gesellschaft mit beschränkter Haftung, beeinflussen nicht nur die jeweils nationale, sondern insbesondere auch die europäische Gesetzgebung. Die Achtung bzw. Nichtachtung der nationalen Traditionen im Gesellschaftsrecht führt schnell zu Kritik an der europäischen Gesetzgebung. Die vorgenommene Untersuchung dient daher nicht lediglich einem bloßen historischen Überblick, sondern viel mehr der Schärfung des Blickes für bereits vollzogene und zukünftige Änderungen der Gründungsvorschriften der Gesellschaft mit beschränkter Haftung. Aufgrund der Untersuchung der Entstehungsgeschichte kann verstanden werden, wie und warum bestimmte Gründungsvorschriften bereits bei Erlass des Gesetzes betreffend die Gesellschaften mit beschränkter Haftung Ende des 19. Jahrhunderts vorgesehen wurden, teilweise noch heute vorgesehen sind und welche rechtlichen Probleme mit einer

---

in: GmbHR 1967, S. 66–71; *Limbach*, Die empirischen Normaltypen der Gesellschaft mit beschränkter Haftung und ihr Verhältnis zum Postulat von Herrschaft und Haftung, 1966, S. 12 ff.; *Fischer*, Die Gesellschaft mit beschränkter Haftung, Eine gesellschaftsrechtliche und wirtschaftshistorische Studie, 1948, S. 6–7; *Wieland*, Handelsrecht, Band 2, Die Kapitalgesellschaften, 1931, S. 264 ff.; *Hachenburg*, Kommentar zum Gesetz betreffend die Gesellschaften mit beschränkter Haftung, Erster Band, 5. Aufl. 1926, Allgemeine Einleitung; *Fränkel*, Die Gesellschaft mit beschränkter Haftung: Eine volkswirtschaftliche Studie, 1915, S. 5 ff.

2 *Fleischer* in: GmbHR 2009, S. 1–13 (1).

3 Beispielhaft sei an dieser Stelle auf das Gesetz zur Umsetzung der Digitalisierungsrichtlinie (DiRUG) vom 5. Juli 2021 verwiesen, welches der Umsetzung der Richtlinie (EU) 2019/1151 des Europäischen Parlaments und des Rates vom 20. Juni 2019 zur Änderung der Richtlinie (EU) 2017/1132 im Hinblick auf den Einsatz digitaler Werkzeuge und Verfahren im Gesellschaftsrecht dient. Nach Art. 20 Nr. 2 lit. b) DiRUG und dem daraus resultierenden § 2 Abs. 3 GmbHG n.F. (nach Ausübung der Verlängerungsoption durch Deutschland in Kraft ab 1. August 2022) wird die viel diskutierte „Online-Gründung" einer Gesellschaft mit beschränkter Haftung in bestimmten Fällen und unter bestimmten Voraussetzungen erstmalig in Deutschland ermöglicht.

Änderung dieser Vorschriften verbunden waren und in Zukunft sein können. Unter anderem können aus den in dieser Arbeit untersuchten Beweggründen des jeweiligen Gesetzgebers und der hierzu geäußerten Kritik Erkenntnisse für die Untersuchung des heutigen beziehungsweise zukünftigen Gründungsrechtes der Gesellschaft mit beschränkter Haftung gezogen werden. Zum besseren Verständnis und zur Entwicklung eines Problembewusstseins ist es vorliegend essenziell, die Entwicklung der gesetzlichen Vorgaben, insbesondere über die Gründung der Gesellschaft mit beschränkter Haftung, zu untersuchen. Hieraus kann nicht nur die aktuelle Rechtslage besser verstanden werden, sondern es wird die Möglichkeit eröffnet, einen kritischeren Blick auf die zukünftige Entwicklung des Gründungsrechtes zu werfen. Hierbei soll insbesondere auf die Entwicklung der Formvorschriften im deutschen Recht der Gesellschaft mit beschränkter Haftung eingegangen werden.

Der Untersuchungsgegenstand bedarf aufgrund der möglichen vielschichtigen Bedeutung des Begriffes „Gründungsvorschriften" einer Präzisierung und Eingrenzung. Unter den Gründungsvorschriften werden im Rahmen dieser Darstellung Vorschriften verstanden, die die Gründung einer Gesellschaf mit beschränkter Haftung direkt oder indirekt betreffen. Innerhalb dieser Untersuchung kann unter solchen Vorschriften im Mindestmaß auf die Regelungen des ersten Abschnitts (Errichtung der Gesellschaft) des Gesetzes betreffend die Gesellschaften mit beschränkter Haftung verwiesen werden. Im Rahmen dieser Arbeit sind unter den Gründungsvorschriften unter anderem der gesetzlich geregelte Zweck einer Gesellschaft mit beschränkter Haftung, zu deren sie gegründet werden darf, die Gründerzahl, die gesetzlichen (Form-)Vorschriften betreffend den Gesellschaftsvertrag, die (Mindest-)Anforderungen an den Inhalt des Gesellschaftsvertrages, das (Mindest-)Stammkapital, die Regelungen über die Anmeldung der Gesellschaft sowie die Regelungen betreffend die Einlageverpflichtungen der (künftigen) Gesellschafter zu verstehen.

In zeitlicher Hinsicht begrenzt sich die Arbeit auf eine Untersuchung des Zeitraumes vor der erstmaligen Einführung der Gesellschaft mit beschränkter Haftung im deutschen Recht im Jahre 1892 bis zum (Nicht-)Abschluss des nationalsozialistisch geprägten Reformgesetzgebungsverfahrens betreffend die Gesellschaft mit beschränkter Haftung im Jahre 1939.

Einen Schwerpunkt der Arbeit bildet die Untersuchung der zeitgenössischen Kritik an dem Gesetz betreffend die Gesellschaften mit beschränkter Haftung und den betriebenen Reformdebatten, insbesondere im Hinblick auf die Vorschriften des Gründungsrechtes. Hierzu werden die Schriften und Äußerungen einer Vielzahl von Rechtswissenschaftlern und sonstigen Autoren untersucht und in die jeweilige historische Situation eingeordnet.

II. Gang der Untersuchung

Ausgangspunkt dieser Arbeit ist die im ersten Kapitel untersuchte Entstehungsgeschichte der Gründungsvorschriften der Gesellschaft mit beschränkter Haftung. In diesem Kapitel der Arbeit wird insbesondere untersucht, wie die Gründungsvorschriften der Gesellschaft mit beschränkter Haftung entstanden sind, wie sie in das die Gesellschaft mit beschränkter Haftung einführende Gesetz aus dem Jahre 1892 aufgenommen und welche Meinungen zu den Gründungsvorschriften im Rahmen der Gesetzgebung vertreten wurden. Hierzu werden zunächst Vorschläge einzelner Rechtswissenschaftler, die in zeitlicher Hinsicht auf das Ende des 19. Jahrhunderts zurückreichen, näher dargestellt und insbesondere im Hinblick auf die Vorschläge zum Gründungsrecht einer „neuen" Gesellschaftsform (mit beschränkter Haftung) kritisch beleuchtet. Diese Untersuchung ist notwendig, da das eigentliche Gesetzgebungsverfahren, welches im Ergebnis eine vollkommen neuartige Gesellschaftsform im deutschen Recht einführte, auf die Vorschläge aus der Rechtswissenschaft zurückgeht. Die Neueinführung der Gesellschaftsform der Gesellschaft mit beschränkter Haftung zum Ende des 19. Jahrhunderts, zu welcher weder auf bereits bekannte gesetzlich oder historisch etablierte Regelungen zurückgegriffen werden konnte, führt dazu, dass das diesbezügliche Gesetzgebungsverfahren näher zu untersuchen ist. Daher wird im Anschluss an die Untersuchung einzelner Vorschläge für die Ausgestaltung einer neuartigen Gesellschaftsform mit beschränkter Haftung das im Jahre 1891 angestoßene Gesetzgebungsverfahren des Gesetzes betreffend die Gesellschaften mit beschränkter Haftung im Hinblick auf das Gründungsrecht beleuchtet und dargestellt. Hierbei wird in zeitlicher Abfolge der Gang des Gesetzgebungsverfahrens dargestellt. Ausgehend vom Gesetzesentwurf der Regierung aus dem Jahre 1891, wird anschließend die Behandlung des Gesetzesentwurfes im Bundesrat, auf dem 27. Deutschen Handelstag im Jahre 1892, in den drei Lesungen im Reichstag sowie der Abschluss des Gesetzgebungsverfahrens beleuchtet, der in der erstmaligen Einführung der Gesellschaft mit beschränkter Haftung in Deutschland mündete.

Im zweiten Kapitel dieser Arbeit wird die während und nach Abschluss des vorbezeichneten Gesetzgebungsverfahrens geäußerte Kritik seitens Vertretern der Rechtswissenschaften, der Rechtspolitik sowie der Wirtschaft untersucht und dargestellt. Hierzu werden die Äußerungen einzelner Rechtswissenschaftler mit einem Fokus auf die Kritik zum Gründungsrecht der Gesellschaft mit beschränkter Haftung näher beleuchtet. Der sich anschließende Teil des zweiten Kapitels dieser Arbeit dient dazu, die seitens der Rechtspolitik und Wirtschaft geäußerte Kritik an dem im Jahre 1892 abgeschlossenen Gesetzgebungsverfahren betreffend die Gesellschaft mit beschränkter Haftung zu untersuchen.

Die seit dem Jahre 1909 vieldiskutierten Reformdebatten über das Gesetz betreffend die Gesellschaften mit beschränkter Haftung werden im dritten Kapitel dieser Arbeit mit Blick auf das Gründungsrecht beleuchtet. Zunächst wird hierzu in einem ersten Teil des dritten Kapitels auf den „Auslöser" der Reformdebatten, einen Aufsatz des Juristen *Max Hachenburg* aus dem Jahre 1909, eingegangen und die anschließend stattgefundene Würdigung dieses Aufsatzes durch Vertreter der Rechtswissenschaften untersucht. Im weiteren Verlauf dieses Teiles des dritten Kapitels wird die auf dem 31. Juristentag in Wien im Jahre 1912 und auf dem 32. Juristentag in Düsseldorf im Jahre 1914 ausgetragene Diskussion über eine Reform des Gesetzes betreffend die Gesellschaften mit beschränkter Haftung beleuchtet. In dem sich anschließenden zweiten Teil des dritten Kapitels wird die Reformdebatte über das Gesetz betreffend die Gesellschaften mit beschränkter Haftung, konzentriert auf das Gründungsrecht, in der Zeit vor und während des Nationalsozialismus beleuchtet. Hierzu wird zunächst auf die Epoche der Weimarer Republik (1918–1933) eingegangen, indem die Reformanregungen einzelner Rechtswissenschaftler, insbesondere auch im Rahmen des 5. Deutschen Juristentages in der Tschechoslowakei im Jahre 1931, untersucht und dargestellt werden.

Im letzten Teil des dritten Kapitels wird die seitens einer Vielzahl von Vertretern der Rechtswissenschaften weitergeführte und zum Teil nationalsozialistisch geprägte Reformdebatte analysiert, die in einem eingesetzten „Ausschuss für G.m.b.H.-Recht" in der Akademie für Deutsches Recht im Jahre 1937 mündete, deren Arbeitsbericht ebenfalls beleuchtet wird. Abschließend wird der Referentenentwurf des Reichsjustizministeriums aus dem Jahre 1939 mit Blick auf das Gründungsrecht untersucht.

1. Kapitel: Die Entstehungsgeschichte der Gründungsvorschriften der Gesellschaft mit beschränkter Haftung

In diesem Teil der Arbeit soll aufgezeigt werden, wie die gesetzlichen Vorgaben zur Gründung einer Gesellschaft mit beschränkter Haftung entstanden sind. Die Regelungen über die Gründung der Gesellschaft mit beschränkter Haftung gehen in Deutschland bereits bis in das Ende des 19. Jahrhunderts zurück. Zunächst brachten insbesondere Vertreter der Rechtswissenschaften Vorschläge für neue Gesellschaftsformen, die überblickend als Gemeinsamkeit die beschränkte Haftung der Gesellschaft vorgesehen haben. Darüber hinaus schlugen sie teilweise neue Gesetze sowie teilweise die Änderung von bestehenden Gesetzen vor, um eine neue Gesellschaftsform im deutschen Recht zu schaffen.

Ende des Jahre 1891 wurde ein erster Entwurf der Regierung über ein Gesetz betreffend die Gesellschaften mit beschränkter Haftung veröffentlicht. Anschließend wurde ein rasches Gesetzgebungsverfahren durchlaufen, welches mit Verabschiedung des am 20. April 1892 durch den Kaiser ausgefertigten Gesetzes betreffend die Gesellschaften mit beschränkter Haftung seinen Abschluss fand.

I. Vorschläge der Literatur

1. *Ludolf Parisius* Vorschlag aus dem Jahre 1876

Der erste Vorschlag auf dem Weg zur Gesellschaft mit beschränkter Haftung geht auf *Ludolf Parisius* zurück. Der studierte Mathematiker und Rechtswissenschaftler ist am 15. Oktober 1827 in Gardelegen geboren und am 11. März 1900 in Berlin verstorben. Bereits während seiner sechsjährigen Tätigkeit als Kreisrichter in Gardelegen zwischen den Jahren 1858 und 1864 begann *Parisius* sich politisch zu engagieren. Zwischen den Jahren 1862 und 1898 war *Parisius* Mitglied des Preußischen Abgeordnetenhauses. Zunächst gehörte er der Fraktion der Fortschrittspartei, später der Freisinnigen Partei und schließlich der Freisinnigen Volkspartei an. Zwischen den Jahren 1874 bis 1877 sowie 1881 bis 1887 war *Parisius* Mitglied des Reichstages.[4]

---

4 Zum vorstehenden Absatz: *Weber-Kellermann*, Ludolf Parisius und seine altmärkischen Volkslieder, S. 2 ff.; *Oldenhage*, Biographisches Lexikon der Deutschen Burschenschaft, S. 127–129.

Die von *Parisius* im Jahre 1876 im Rahmen seines Werkes mit dem Titel: „Die Genossenschaftsgesetze im Deutschen Reiche“ vorgeschlagene Rechtsform der „industriellen Gewerkschaft“, die „als eine gleichberechtigte Form der Handelsgesellschaften neben den Aktien- und Aktienkommanditgesellschaften“ zugelassen werden sollte, sah im Ergebnis keine persönliche Haftung der Inhaber der auf Namen lautende Kuxe vor und lehnte sich bezüglich der Organisation der geplanten Gesellschaft an den bestehenden Regelungen über die Genossenschaft an.[5] Die zu dieser Zeit noch geltenden Genossenschaftsgesetze (das Genossenschaftsgesetz des Norddeutschen Bundes[6] sowie das preußische Genossenschaftsgesetz[7]) sahen für die Gründung einer Genossenschaft, jeweils in deren § 2, lediglich Schriftform für die Abfassung des Gesellschaftsvertrages (Statuts) vor.[8] Auf die „nicht theilbare[n] gleiche[n] Kuxe“ sollte „bis zur Betriebseröffnung eine bestimmte Geldsumme einzuzahlen“ sein.[9] Erst mit Anmeldung und Eintragung der „industriellen Gewerkschaft“ „in ein dem Genossenschaftsregister nachgebildetes, ebenfalls einen Theil des Handelsregisters bildendes Register für die industriellen Gewerkschaften“ sollte diese Rechtspersönlichkeit erlangen.[10]

2. *Justus Wilhelm Oechelhaeuser sen.* Vorschlag aus dem Jahre 1884

Der am 26. August 1820 in Siegen geborene Kaufmann, Politiker, Techniker, Fabrikbesitzer, Königlich Preußischer Geheimer Commerzien-Rath *Justus Wilhelm Oechelhaeuser sen.* verstarb am 25. September 1902 in seiner

5 *Parisius*, Die Genossenschaftsgesetze im Deutschen Reiche, S. 140; *Koberg*, Die Entstehung der GmbH in Deutschland und Frankreich, S. 37 f.

6 Gesetz, betreffend die privatrechtliche Stellung der Erwerbs- und Wirtschaftsgenossenschaften vom 4. Juli 1868, Bundes-Gesetzblatt des Norddeutschen Bundes No. 24, ausgegeben am 15. Juli 1868, S. 415 ff.

7 Gesetz, betreffend die privatrechtliche Stellung der Erwerbs- und Wirtschaftsgenossenschaften vom 27. März 1867, Gesetz-Sammlung für die Königlichen Preußischen Staaten 1867, S. 501 ff. Dieses Gesetz wurde bis auf Änderungen einiger weniger Schlussbestimmungen gleichlautend am 20. Juni 1867 vom Herzogtum Sachsen-Meiningen und am 8. März 1868 vom Großherzogtum Sachsen-Weimar übernommen; *Koberg*, Die Entstehung der GmbH in Deutschland und Frankreich, S. 25 Fn. 54.

8 Hierzu näher: *Schubert* in: Zur Entstehung der Genossenschaftsgesetze Preußens und des Norddeutschen Bundes (1863–1868), ZRG GA 105 (1988), S. 97–121.

9 *Parisius*, Die Genossenschaftsgesetze im Deutschen Reiche, S. 140.

10 Ebd.

Villa „Belmonte" bei Niederwalluf (Hessen). In der Zeit von 1852 bis 1856 war *Oechelhäuser* Bürgermeister der Stadt Mülheim an der Ruhr. Vorher war *Oechelhäuser* seit dem Jahre 1849 Beamter des Reichshandelsministeriums sowie der Zentralbundeskommission in Frankfurt am Main, zunächst als Sekretär und anschließend als Assessor. Bekannt wurde er vor allem durch seine anschließende Tätigkeit als Generaldirektor, zuletzt Vorsitzender des Direktoriums, der Deutschen Continental-Gas-Gesellschaft (Contigas) in Dessau, in der er auch zum Ehrenbürger ernannt wurde, bis ins Jahre 1890. Ferner wurde *Oechelhäuser* im Jahre 1852 als Mitglied in das Preußische Abgeordnetenhaus gewählt. Allerdings schied er bereits ein Jahr später wieder aus. In der Zeit von 1878 bis 1893 war *Oechelhäuser* Mitglied des Deutschen Reichstages als Abgeordneter der Nationalliberalen Partei. Währenddessen wurde er im Jahre 1883 nobilitiert, verzichtete jedoch für sich, allerdings nicht für seine beiden Söhne, auf die Führung des Adelstitels. Handelspolitisch betätigte sich *Oechelhäuser* als Autor mehrerer Schriften (u.a. Die Nachteile des Aktienwesens und die Reform der Aktiengesetzgebung, Berlin 1878). *Oechelhäuser* war ein aktiver Freimaurer. Er bekleidete das Amt des Meister vom Stuhl der Dessauer Loge *„Esiko zum aufgehenden Licht"*.[11]

Der Vorschlag *Oechelhäusers* aus dem Februar des Jahres 1884 über eine „Gesellschaft mit beschränkter Haftbarkeit", der davon geprägt war, dass die neu zu schaffende Gesellschaft mit beschränkter Haftung auf dem Rechte der Personengesellschaften (Offene Handelsgesellschaft und Kommanditgesellschaft) aufbaut[12], sah hinsichtlich der Gründung einer solchen „Handelsgesellschaft mit beschränkter Haftbarkeit" in § 1 Abs. 3 des Entwurfes vor, dass es „zur Gültigkeit des Gesellschaftsvertrages" der „schriftlichen Abfassung" dieses bedarf.[13] Gleichzeitig sah der Vorschlag in § 3 Abs. 2 lit. a vor, dass der Anmeldung zum Handelsregister „eine Abschrift des Gesellschaftsvertrages in beglaubigter Form" beizufügen ist und diese von „sämtlichen Gesellschaftern persönlich vor dem Handelsgericht zu unterzeichnen oder in beglaubigter Form einzureichen" ist.

---

11 Zum vorstehenden Absatz: *Plaum* in: Oechelhäuser, Wilhelm, Neue Deutsche Biographie 19 (1999), S. 421–423 [Online-Version], https://www.deutsche-biographie.de/pnd118735977.html#ndbcontent (zuletzt abgerufen am: 15. März 2022).

12 So auch *Wieland* in: Die Gesellschaften mit beschränkter Haftung, Zeitschrift für Schweizerisches Recht (ZSR) 36 (1895), S. 205–258 (211).

13 Dieser Entwurf ist im 25. Heft der Schriften des Vereins zur Wahrung der wirtschaftlichen Interessen von Handel und Gewerbe aus dem Jahre 1891, S. 59 ff. sowie in *Wieland*, Handelsrecht, Band 2, Die Kapitalgesellschaften, München u. Leipzig 1931, S. 399 f. abgedruckt.

Die starke Anlehnung an das Recht der Personengesellschaften lässt sich unmittelbar anhand der von *Oechelhäuser* vorgesehenen Verweisungsnorm des § 2 des Vorschlages zu den Vorschriften im Allgemeinen Deutschen Handelsgesetzbuch betreffend die Offene Handelsgesellschaft sowie anhand des vorgeschlagenen Haftungssystems der Gesellschaft mit beschränkter Haftung erkennen. Nach § 5 des Vorschlages sollten alle Gesellschafter solidarisch für alle Verbindlichkeiten der Gesellschaft haften, jedoch nur bis zur Höhe des im Handelsregister eingetragenen „Grundkapitals". Dieses Haftungssystem lehnte sich an dem der Kommanditgesellschaft, bezüglich des Kommanditisten, an.

Aufgrund dieses ersten detaillierten Vorschlags zur Schaffung einer neuen Gesellschaftsform kann *Oechelhäuser* als der „geistige Vater des GmbH-Gesetzes bezeichnet werden".[14]

3. *Robert Joseph Essers* Vorschlag aus dem Jahre 1886

Der Rechtsanwalt und Geheimer Justizrat *Robert Joseph Esser* (auch *Robert Esser II.*) wurde am 15. April 1833 in Köln geboren und verstarb ebenda am 11. Mai 1920. *Esser* war unter anderem stellvertretender Vorsitzender im Verwaltungsrat der Maschinenbauanstalt Humboldt. *Esser* veröffentlichte im Rahmen einer von ihm im Jahre 1886 publizierten gesetzgeberischen Studie „Die Gesellschaft mit beschränkter Haftbarkeit" einen „Entwurf zu einem Gesetze, betreffend die Gesellschaft mit beschränkter Haftbarkeit".[15] Dieser war zwar als Einzelgesetz konzipiert, allerdings in einer solchen Art und Weise, dass er auch in das aufgrund der damals geführten Erörterung über die Reform des Handelsrechts neue Handelsgesetz eingefügt hätte werden können.[16] Hinsichtlich des Gründungsrechts merkte *Esser* an, dass ein „blos mündlicher Gesellschaftsvertrag, wie er bei der offenen Handelsgesellschaft zulässig ist, [...] nicht genügen [kann], es muss vielmehr die Schriftlichkeit und zwar unter gerichtlicher oder notarieller Beurkundung verlangt werden".[17] *Esser* begründet diese Ansicht und seinen dahingehenden Vorschlag damit, dass es „bei der Möglichkeit des

---

14 *Schubert* in: Die Gesellschaft mit beschränkter Haftung – Eine neue juristische Person, Quaderni Fiorentini 11/12 (1982/1983), S. 589–629 (594 f.); *Fränkel*, Die Gesellschaft mit beschränkter Haftung: Eine volkswirtschaftliche Studie, S. 5 f.

15 *Esser*, Die Gesellschaft mit beschränkter Haftbarkeit. Eine gesetzgeberische Studie, Berlin 1886.

16 *Koberg*, Die Entstehung der GmbH in Deutschland und Frankreich, S. 41.

17 *Esser*, Die Gesellschaft mit beschränkter Haftbarkeit. Eine gesetzgeberische Studie, Berlin 1886, S. 15 f.

stetigen Wechsels der Gesellschafter, und bei deren beschränkter Haftbarkeit […] unumgänglich nothwendig [ist], daß der Inhalt des Gesellschaftsvertrages sowohl für die Gesellschafter als für dritte Personen genau und jederzeit erkennbar feststeht".[18] Die von *Esser* vorgeschlagene Gesellschaftsform mit beschränkter Haftbarkeit sollte daher nach Art. 3 Abs. 2 seines Gesetzesvorschlages eines „Gesellschaftsvertrag[es], dessen Inhalt in gerichtlicher oder notarieller Verhandlung von sämmtlichen Gesellschaftern [Anmerkung des Verfassers: Vorgesehen waren nach Art. 3 Abs. 1. seines Gesetzesvorschlages mindestens fünf Personen (wie bei der Aktiengesellschaft)] festzustellen ist", bedürfen.[19] Ferner war nach Art. 4 Abs. 1. seines Gesetzesvorschlages vorgesehen, dass „die Errichtung der Gesellschaft […] bei dem Handelsgerichte […] behufs der Eintragung in das Handelsregister" anzumelden ist.[20] Der vorgenannten Anmeldung sollte nach Art. 4 Abs. 2 seines Gesetzesvorschlages eine beglaubigte Abschrift des Gesellschaftsvertrages beizufügen sein.[21] Der im Handelsregister eingetragene Gesellschaftsvertrag sollte allerdings in Anlehnung an die diesbezügliche aktienrechtliche Vorschrift des Art. 210c des Allgemeinen Deutschen Handelsgesetzbuches nach Art. 4 Abs. 7 seines Gesetzesvorschlages nur im Auszug (nach Art. 4 Abs. 8 seines Gesetzesvorschlages nur der obligatorische Inhalt des Gesellschaftsvertrages i.S.v. Art. 3 Abs. 2 Nr. 1 bis 7 seines Gesetzesvorschlages) vom Handelsgericht zu veröffentlichen sein.[22]

4. *Viktor Rings* Vorschlag aus dem Jahre 1887

Der Jurist *Viktor Ring*, geboren im Jahre 1857 und gestorben im Jahre 1934, betätigte sich zunächst als Gerichtsassessor. Anschließend wurde er Richter am Landgericht Berlin sowie nachfolgend am Kammergericht. Während seiner Tätigkeit am Kammergericht wurde *Ring* zum Vizepräsidenten des Kammergerichts ernannt. *Ring* beschäftigte sich insbesondere mit dem Gesellschaftsrecht, indem er unter anderem einen Aktienrechtskommentar herausgab sowie an einem Kommentar zum Handelsgesetzbuch mitarbeitete. Im Jahre 1926 arbeitete *Ring* schließlich in der Kommission des Deutschen Juristentages an der Reform des Aktienrechtes mit.

---

18 Ebd., S. 16.
19 Ebd., S. 33.
20 Ebd., S. 34.
21 Ebd., S. 34.
22 Ebd., S. 17 u. 35; *Schubert* in: Die Gesellschaft mit beschränkter Haftung – Eine neue juristische Person, Quaderni Fiorentini 11/12 (1982/1983), S. 589–629 (600).

Bezüglich einer Gesellschaft mit beschränkter Haftung verfasste *Ring* im Jahre 1887 eine Arbeit, in deren Rahmen er Vorschläge für eine neue Gesellschaftsform, vordergründig als passende Gesellschaftsform für die Kolonialgesellschaften (aber nicht beschränkt hierauf), mit beschränkter Haftung machte.[23] Hinsichtlich der Gründung tritt er dafür ein, dass die Gründer im Rahmen des Gründungsvorganges nicht „aus dem Spiele" gelassen werden dürften.[24] „Der durch das Aktiengesetz erzielte Fortschritt, demzufolge nicht mehr unverantwortliche und unkontrolirbare Personen die Entstehung der Gesellschaft herbeiführen, vielmehr diejenigen, welche das künstliche Rechtssubjekt schaffen, auch die Verantwortung für das Erzeugnis übernommen, ist ein so großer, daß er unter keinen Umständen bei einer ähnlichen Gesellschaftsart aufgegeben werden darf."[25] Aus diesem Grund mag es zwar „bequem" sein, „in unverantwortlicher Stellung ein Unternehmen in das Leben zu rufen", „rechtlich zulässig sollte es niemals werden".[26] Deshalb schlägt *Ring* vor, dass „auch hier [...] in einer formalen Thätigkeit der die Gesellschaftsentstehung Betreibenden das Merkmal für die gesetzliche Eigenschaft als Gründer erblickt werden" muss.[27]

Hierzu sieht er „als theilweise von dem Aktiengesetz abweichende Normen" unter anderem vor, dass „der Inhalt des Gesellschaftsvertrages [der neu zu schaffenden ‚Gesellschaft mit beschränkter Haftbarkeit'] durch eine Mehr-, nicht gerade Fünfzahl von Personen, welche Antheile übernehmen, in gerichtlicher oder notarieller Verhandlung festzustellen" ist.[28] Nach Ansicht von *Ring* sollte ausschließlich an der „Gestattung der Simultangründung festzuhalten sein", um „eine primäre Ueberleitung der Antheile in die große Menge jedenfalls nicht zu begünstigen".[29] Dazu bedürfe „die von dem Aktiengesetz hinsichtlich

---

23 Zuerst erschienen in: *Ring* in: Eine Rechtsform für Kolonialgesellschaften. Betrachtungen und Vorschläge, Archiv für Theorie und Praxis des Allgemeinen Deutschen Handels- und Wechselrechts, Band 48 (1888), S. 26–93; *Koberg*, Die Entstehung der GmbH in Deutschland und Frankreich, S. 49 ff.

24 *Ring* in: Eine Rechtsform für Kolonialgesellschaften. Betrachtungen und Vorschläge, Archiv für Theorie und Praxis des Allgemeinen Deutschen Handels- und Wechselrechts, Band 48 (1888), S. 26–93 (59).

25 Ebd.

26 Ebd., S. 60.

27 Ebd., S. 61.

28 Ebd.

29 Ebd., S. 62; Nach *Koberg*, Die Entstehung der GmbH in Deutschland und Frankreich, S. 52 Fn. 120, versteht man unter Simultan- oder Einheitsgründung die heutzutage allein mögliche Form der Gründung einer Aktiengesellschaft, bei der die Gründer alle Aktien übernehmen. Das Allgemeine Deutsche Handelsgesetzbuch sah statt dessen

der Gesellschaftserrichtung geschaffene Rechtslage [...], wenn zweckmäßig nicht alle Erstlingsgesellschafter die Gründerverantwortlichkeit übernommen [haben], einer Abänderung etwa dahin: In dem Falle, in welchem bei der Feststellung des Inhalts des Gesellschaftsvertrages sämmtliche Antheile durch die Gründer übernommen worden, ist mit der Uebernahme der Gesellschaftsvertrag geschlossen. Soweit die Uebernahme nicht schon bei der Feststellung erfolgt ist, muß diejenige des Restes in besonderer gerichtlicher oder notarieller Verhandlung unter Theilnahme sämmtlicher Uebernehmer von Antheilen stattfinden. Ist der nachträgliche Uebernehmer Gründer, so genügt die in der Verhandlung abgegebene Erklärung, daß derselbe eine bestimmte Anzahl von Antheilen noch übernehme. Will eine andere Person Antheile erlangen, so muß die Erklärung dahin abgebeben werden, daß der Betreffende die Antheile in Gemäßheit des festgestellten und ihm bekannten Inhalts des Gesellschaftsvertrages übernehme. Mit der Erschöpfung des Restes ist der Gesellschaftsvertrag geschlossen."[30] Nach *Ring* soll anschließend „die zur Gesellschaftsentstehung nothwendige Registrierung vorgeschrieben und eine Anmeldepflicht nach Art der aktienrechtlichen statuiert" werden, so dass der „Anmeldung [...] alsdann die auf die Uebernahme sämmtlicher Antheile bezüglichen gerichtlichen oder notariellen Verhandlungen beizufügen [wären] und ‚vielleicht auch eine Erklärung nach Maßgabe der' Vorschriften betreffend die Kommanditgesellschaft auf Aktien (Art. 176 Abs. 3 Allgemeines Deutsches Handelsgesetzbuch) und betreffend die Aktiengesellschaft (Art. 210 Abs. 3 Allgemeines Deutsches Handelsgesetzbuch) „anzuschließen, daß auf jeden Antheil eine – gesetzlich nach unten begrenzte – Summe vor der Anmeldung dem Vorstand baar eingezahlt sei".[31] Hinsichtlich der Kontrolle des Gründungsvorganges schlägt *Ring* vor, dass „den Gründern, welche durch ihre Funktion die Verbindlichkeit übernommen, für die Beobachtung des die Gesellschaftsentstehung regelnden Gesetzes Sorge zu tragen, [...] nur der Exkulpationsbeweis freizulassen [wäre], daß sie den Mangel nicht gekannt hätten und auch bei Anwendung der Sorgfalt eines ordentlichen Geschäftsmannes nicht hätten kennen müssen".[32] Darüber hinaus sollten die

---

noch die Sukzessiv- oder Stufengründung vor, bei der die Aktien schon im Gründungsstadium durch Zeichnung beim Publikum untergebracht wurden. Diese Art der Gründung wurde 1965 aus dem Aktienrecht gestrichen.

30 *Ring* in: Eine Rechtsform für Kolonialgesellschaften. Betrachtungen und Vorschläge, Archiv für Theorie und Praxis des Allgemeinen Deutschen Handels- und Wechselrechts, Band 48 (1888), S. 26–93 (62).

31 Ebd., S. 63.

32 Ebd.

Gründer, die bei Abschluss des Gesellschaftsvertrages die Zahlungsunfähigkeit eines Übernehmers kannten, für den der Gesellschaft hieraus entstandenen Ausfall haften.[33] Hinsichtlich der Einzahlung auf die übernommenen Anteile sollten die Vorschriften des Aktienrechts übernommen werden; so auch hinsichtlich der Sacheinlagen.[34] Eine wie im Aktienrecht vorgesehene „Prüfung durch Revisoren wird dagegen nicht vorzuschreiben sein", da „bereits sehr fraglich" erscheint, „ob die Revisoren der Aktiengesellschaften […], der ihnen gestellten, vielfach technischen Aufgabe gerecht werden können" und ob sich überhaupt „der Prüfung gewachsene Revisoren" finden lassen oder „nur den Kreisen der Konkurrenz zu entnehmen" wären.[35]

5. *Herman Veit Simons* Vorschlag aus dem Jahre 1888

Der Rechtsanwalt *Herman Veit Simon* wurde am 8. Mai 1856 in Berlin geboren und ist am 16. Juli 1914 in Sankt Blasien im Schwarzwald verstorben. Während der Zeit von 1882 bis 1888 war *Simon* Rechtsanwalt am Landgericht in Berlin. In den Jahren 1888 bis 1892 war *Simon* Direktor der „Internationalen Bank". Ab dem Jahre 1892 betätigte sich *Simon* wieder als Rechtsanwalt am Berliner Kammergericht. *Simon* veröffentlichte im Anschluss an die 2. Aktienrechtsnovelle von 1884 eine Gesamtdarstellung der Rechnungslegung der Kapitalgesellschaften (Die Bilanzen der Aktiengesellschaften und der Kommanditgesellschaften auf Aktien, 1. Auflage 1886). Anschließend war Simon in der Verwaltung von Aktiengesellschaften tätig und wirke als Berater an der Steuergesetzgebung von 1913 mit.[36]

Hinsichtlich einer Gesellschaft mit beschränkter Haftung veröffentlichte *Simon* im Rahmen eines Aufsatzes mit dem Titel: „Deutsche Kolonialgesellschaften. Rechtliche Erörterungen und Vorschläge" im Jahre 1888 einen Vorschlag für eine neue Gesellschaftsform für Kolonialgesellschaften.[37] Der Vorschlag[38], der insbesondere auch nach eigener Aussage *Simons*[39] auf mehrfacher

33 Ebd.

34 Ebd., S. 63 u. 64.

35 Ebd., S. 68 f.

36 Zum vorstehenden Absatz: *Schneider* in: Simon, Herman Veit, Neue Deutsche Biographie 24 (2010), S. 434–435 [Online-Version], https://www.deutsche-biographie.de/pnd12785066X.html#ndbcontent (zuletzt abgerufen am: 15. März 2022).

37 *Simon* in: Deutsche Kolonialgesellschaften. Rechtliche Erörterungen und Vorschläge, Zeitschrift für das Gesammte Handelsrecht 34 (1888), S. 85–161.

38 Ebd., S. 140 ff.

39 Ebd., S. 140 Fn. 67.

Anregung auf dem Entwurf des ehemaligen Oberbürgermeisters Berlins *Weber* mit dem Titel „Grundzüge zu einem Gesetz über die Bildung von Kolonial-Aktiengesellschaften", welches *Simon* in Form eines Manuskriptes zur Verfügung gestellt wurde, beruht, lehnt sich so stark an den Vorschriften über die Aktiengesellschaft an, dass selbst in der vorgeschlagenen Firmierung die Begrifflichkeit „Aktiengesellschaft", nämlich in der von *Simon* vorgeschlagenen Bezeichnung „Überseeische Aktiengesellschaft" oder von *Weber* „Kolonialaktiengesellschaft", wiederzufinden ist.[40]

Der Entwurf sieht in § a. vor, dass die Überseeischen Aktiengesellschaften (die den Gewerbebetrieb oder sonstige Unternehmungen in deutschen Schutzgebieten oder in anderen außereuropäischen Ländern bezwecken und für deren Verbindlichkeiten ausschließlich das Gesellschaftsvermögen haftet) nicht mehr den Regelungen des Handelsgesetzbuches über die Aktiengesellschaften unterliegen, sondern nach Maßgabe des vorgeschlagenen Gesetzes begründet werden können sollen.[41] Diese Konzeption zeigt bereits, wie nah die neue Gesellschaftsform an die Aktiengesellschaft angelehnt ist. Darüber hinaus sieht der Entwurf in § b. vor, dass, wie die Aktiengesellschaft vor der 1. Aktienrechtsnovelle (1870) nach Art. 208 des Allgemeinen Deutschen Handelsgesetzbuches (in der Fassung bis zu der am 11. Juni 1870 in Kraft getretenen 1. Aktienrechtsnovelle), die Überseeischen Aktiengesellschaften zu ihrer Errichtung einer Genehmigung des Kaisers namens des Reichs bedurft hätten.

Hinsichtlich der Gründung sieht der Entwurf weiter in § b. vor, dass das Statut gerichtlich oder notariell verlautbart sein muss und lehnt sich hier ebenfalls wieder an Art. 209 des Allgemeinen Deutschen Handelsgesetzbuches (in der Fassung der am 18. Juli 1884 in Kraft getretenen 2. Aktienrechtsnovelle) betreffend die Aktiengesellschaft an.

6. *Jakob Riessers* Vorschlag aus den Jahren 1887 und 1889

Der am 17. November 1853 in Frankfurt am Main geborene *Jakob Riesser*, Jurist jüdischer Abstammung, verstarb am 6. Mai 1932 in Berlin. *Riesser* betätigte sich ab dem Jahre 1880 als Rechtsanwalt in Frankfurt am Main. Im Jahre 1888 wurde *Riesser* zum juristischen Direktor und Vorstandsmitglied der Bank für Handel und Industrie (Darmstädter Bank), die ihren Sitz in Berlin hatte. Im Jahre 1900/1901 war *Riesser* an der Gründung des Zentralverbandes des Deutschen

---

40 Ebd., S. 143 f.

41 Ebd., S. 143.

Bank- und Bankiergewerbes beteiligt. Als Honorarprofessor für Handels- und Finanzwissenschaften wurde *Riesser* im Jahre 1905 an die Universität Berlin berufen. Als Initiator des Hansabundes für Gewerbe, Handel und Industrie im Jahre 1909 zur Verteidigung wirtschaftlicher Interessen des Bürgertums gegenüber den konservativen Agrariern war *Riesser* bis zum Jahre 1920 Vorsitzender des Hansabundes. Nebenbei war *Riesser* Vizepräsident der Berliner Handelskammer, Vorsitzender des Ehrengerichts der Berliner Börse, Mitglied des Mitteleuropäischen Wirtschaftsvereins sowie Vizepräsident des Verbandes Berliner Kaufleute und Industrieller, Präsident der Juristischen Gesellschaft zu Berlin und des Deutschen Juristentages. Politisch engagierte sich *Riesser* während des Kaiserreiches bei der Nationalliberalen Partei (Mitglied des Zentralvorstandes seit dem Jahre 1903) und anschließend ab dem Jahre 1918 bei der Gründung der Deutschen Volkspartei. In den Jahren 1916 bis 1918 war *Riesser* Abgeordneter des Reichstages. In den Jahren 1919 und 1920 war *Riesser* Mitglied der Weimarer Nationalversammlung. Anschließend gehörte *Riesser* bis zum Jahre 1928 dem Reichstag an. Als Vizepräsident des Reichstages fungierte *Riesser* während der Jahre 1921 bis 1928.[42]

Hinsichtlich einer Gesellschaft mit beschränkter Haftung veröffentlichte *Riesser* im Jahr 1887 und 1889 eine aus zwei Bänden bestehende Arbeit „Zur Revision des Handelsgesetzbuches“[43], in deren Rahmen er zunächst den damaligen Diskussionsstand über neue Gesellschaftsformen darstellte und anschließend zu der Schlussfolgerung kam, dass die gesetzlich statuierten Personengesellschaften um eine Gesellschaftsform mit beschränkter Haftung vermehrt werden müssten.[44] Um dieses Bedürfnis zu befriedigen, stellte *Riesser* gleich selbst einen 29 Paragraphen umfassenden Vorschlag für eine solche neue Gesellschaftsform im Rahmen seiner Arbeit vor.[45]

Hinsichtlich der Gründung sah der „Entwurf eines Gesetzes betreffend die Gesellschaft mit beschränkter Haftbarkeit (Antheil-Gesellschaft)“ in § 1 vor, dass die „Antheil-Gesellschaft“ von „zwei oder mehrere[n] Personen, deren Betheiligung auf bestimmte Beträge von nicht unter M. 3 000 beschränkt ist, mittelst

---

42 Zum vorstehenden Absatz: *Zilch* in: Riesser, Jakob, Neue Deutsche Biographie 21 (2003), S. 609–610 [Online-Version], https://www.deutsche-biographie.de/pnd11654533X.html#ndbcontent (zuletzt abgerufen am: 15. März 2022).

43 *Riesser*, Zur Revision des Handelsgesetzbuchs, 2 Bde., Stuttgart 1887 u. 1889.

44 Ebd., Erster Band, § 24, S. 327; *Koberg*, Die Entstehung der GmbH in Deutschland und Frankreich, S. 59.

45 *Riesser*, Zur Revision des Handelsgesetzbuchs, 2 Bde., Stuttgart 1887 u. 1889, Erster Band, Anhang zu § 24, S. 328 ff.

schriftlichen Vertrages" errichtet werden können soll, wenn diese „sich verpflichten, bei einem Unternehmen unter gemeinsamer Firma, welche den Zusatz: ‚Gesellschaft mit beschränkter Haftbarkeit' [Anmerkung des Verfassers: Gemeint war die ‚Antheil-Gesellschaft'] führen muß, sich zu betheiligen".[46] In einer Fußnote zum „mittelst schriftlichen Vertrages" erklärt *Riesser*, wieso er das Schriftformerfordernis für den Gesellschaftsvertrag in seinem Vorschlag vorsah: Der Vertrag soll „nicht auch mündlich, wie dies nach Art. 85 Nr. 2 [Anmerkung des Verfassers: Gemeint ist Art. 85 Abs. 2 des Allgemeinen Deutschen Handelsgesetzbuches] bei der offenen Handelsgesellschaft möglich ist" geschlossen werden können, da „aus dem Vertrage, welcher in Abschrift bei den Registerakten beizufügen ist (§ 4), soll sich der Gläubiger jederzeit über die Kreditwürdigkeit der Gesellschaft vergewissern können".[47] Nach § 4 Abs. 1 des Entwurfes war der Anmeldung zum Handelsregister (§ 3) der Gesellschaftsvertrag in beglaubigter Abschrift beizufügen.

II. Das Gesetzgebungsverfahren des Gesetzes betreffend die Gesellschaften mit beschränkter Haftung aus dem Jahre 1892

1. Der Gesetzesentwurf der Regierung aus dem Jahre 1891 und das Gesetzgebungsverfahren

Der erste Gesetzesentwurf der Regierung ging insbesondere auf den Mitarbeiter des Reichsjustizamtes *Eduard Hoffmann* zurück. *Hoffmann* wurde am 21. Januar 1848 in Frankfurt am Main geboren und verstarb am 21. August 1920 ebenda. *Hoffmann* war Ministerialdirektor im Reichsjustizamt in Berlin, Wirklicher Geheimer Rat, Exzellenz, Präsident des Oberprisengerichts und Verfasser juristischer Publikationen.

Der von *Hoffmann* ausgearbeitete Entwurf eines Gesetzes über die Einführung der Gesellschaft mit beschränkter Haftung (GmbH)[48] wurde im Dezember des Jahres 1891 nicht nur im Reichsanzeiger, sondern auch, entgegen einer

46 Diesen Begriff verwendete *Riesser*, um Verwechslungen mit der Genossenschaft mit beschränkter Haftung zu vermeiden.

47 *Riesser*, Zur Revision des Handelsgesetzbuchs, 2 Bde., Stuttgart 1887 u. 1889, Erster Band, Anhang zu § 24, S. 329, § 1 Fn. 430.

48 Entwurf eines Gesetzes betreffend die Gesellschaften mit beschränkter Haftung nebst Begründung und Anlagen, Amtliche Ausgabe, Berlin 1891.

Empfehlung des Staatsministeriums des Innern, im Buchhandel vorgestellt.[49] Hierdurch sollten den interessierten Kreisen insbesondere auch die Begründung und die Anlagen zum Gesetzesentwurf zur Verfügung gestellt werden.[50]

Der von der Regierung veröffentlichte Entwurf sah zur Gründung der Gesellschaft, die in Anlehnung an die Aktiengesellschaft eine unabhängig von den Personen der Gesellschafter bestehende, „rechtlich selbständige Einheit“ werden sollte[51], in § 2 vor, dass der Gesellschaftsvertrag schriftlich abgefasst werden müsse. Die Eintragung der Gesellschaft im Handelsregister war nach § 11 des Entwurfes eines Gesetzes über die Einführung der Gesellschaft mit beschränkter Haftung (GmbH) aus dem Jahre 1891 Voraussetzung dafür, dass das Unternehmen als Gesellschaft mit beschränkter Haftung entstehen könne. Nach § 7 Entwurf eines Gesetzes über die Einführung der Gesellschaft mit beschränkter Haftung (GmbH) aus dem Jahre 1891 mussten Stammeinlagen, soweit sie in Geld bestanden, zu mindestens einem Viertel eingezahlt und Sacheinlagen vollständig eingebracht worden sein. Der Anmeldung zum Handelsregister waren nach § 8 des vorbezeichneten Gesetzesentwurfes der Gesellschaftsvertrag, eine Gesellschafterliste sowie eine Versicherung beizufügen, mit der versichert wurde, dass die Einlagen gemäß den gesetzlichen Vorschriften erbracht worden sind. Nach § 9 Abs. 1 Entwurf eines Gesetzes über die Einführung der Gesellschaft mit beschränkter Haftung (GmbH) aus dem Jahre 1891 sollten die Anmeldenden für die Richtigkeit der gegenüber dem Handelsregister gemachten Angaben, für die Übernahme der Stammeinlagen sowie der geleisteten Einzahlungen solidarisch haften. Der schriftlich abzufassende Gesellschaftsvertrag sollte nach § 10 des vorbezeichneten Gesetzesentwurfes allerdings nur im Auszug veröffentlicht werden.

---

49 *Schubert* in: Die Gesellschaft mit beschränkter Haftung – Eine neue juristische Person, Quaderni Fiorentini 11/12 (1982/1983), S. 589–629 (619); *Bähr* in: Gesellschaften mit beschränkter Haftung, Die Grenzboten 51 (1892), Erstes Vierteljahr, S. 210–226 (213); *Koberg*, Die Entstehung der GmbH in Deutschland und Frankreich, S. 125.

50 *Koberg*, Die Entstehung der GmbH in Deutschland und Frankreich, S. 125.

51 § 13 des Entwurfes legte fest, dass die Gesellschaft als Handelsgesellschaft im Sinne des Handelsgesetzbuches gelten solle; Entwurf eines Gesetzes betreffend die Gesellschaften mit beschränkter Haftung nebst Begründung und Anlagen, Amtliche Ausgabe, Berlin 1891, S. 35; *Koberg*, Die Entstehung der GmbH in Deutschland und Frankreich, S. 128.

Der Gesetzesentwurf im Bundesrat

Der Gesetzesentwurf wurde zunächst am 20. Oktober 1891 dem Bundesrat von der Regierung vorgelegt.[52] Anschließend wurden die im Bundesrat vertretenen Staaten zur Stellungnahme zum vorgelegten Gesetzesentwurf aufgefordert.[53] Einzelne Bundesstaaten forderten nun ihrerseits die interessierten Kreise des Handels, insbesondere die Handelskammern, in ihren Gebieten auf, Stellung zu dem Gesetzesentwurf zu nehmen.[54]

Hinsichtlich der Gründung der geplanten Gesellschaft mit beschränkter Haftung äußerten sich einige Handelskammern. Im Folgenden werden auszugsweise die geäußerten Meinungen einzelner Handels- und Gewerbekammern zusammengefasst wiedergegeben.

Unter anderem machte die Handels- und Gewerbekammer für Oberfranken in ihrem Gutachten vom 19. Januar 1892 gegenüber dem Königlich Bayerischen Staatsministerium des Innern geltend, dass grundsätzlich Einklang mit der Einführung einer Gesellschaft mit beschränkter Haftung besteht, allerdings unter einer Erweiterung der Form- und Publizitätsvorschriften.[55] Insbesondere um spätere Missverständnisse zu verhindern, sollte der Gesellschaftsvertrag nicht, wie vorgesehen, nur schriftlich abgeschlossen werden dürfen, sondern der gerichtlichen oder notariellen Beurkundung bedürfen.[56]

Das von der Handels- und Gewerbekammer von Chemnitz, aufgrund einer Beratung der Kommission für Handels- und Gewerbegesetzgebung vom 8. Januar 1892, erstellte Gutachten, stellte unter anderem fest, dass Missbräuche der Vergangenheit meist weniger auf der leichten Veräußerbarkeit der Aktien, sondern vielmehr auf der Art des bisherigen Gründungsvorganges beruhten.[57]

Auch die von der Handelskammer von Köln am 8. Februar 1892 an den Bundesrat übersandte Denkschrift zum Gesetzesentwurf sprach sich für eine Verschärfung der Gründungsvorschriften aus.[58] Insbesondere sollte der Gesellschaftsvertrag der notariellen oder gerichtlichen Form bedürfen, da es widersinnig sei, „wenn zum einen selbst ‚kleine Leute' ausschließlich durch ihre

---

52 Drucksachen des Bundesrats 1891, Nr. 94.

53 *Koberg*, Die Entstehung der GmbH in Deutschland und Frankreich, S. 133.

54 Zu den einzelnen Stellungnahmen im Detail: *Koberg*, Die Entstehung der GmbH in Deutschland und Frankreich, S. 133 ff.

55 *Koberg*, Die Entstehung der GmbH in Deutschland und Frankreich, S. 139.

56 Ebd., S. 139.

57 Ebd., S. 140 f.

58 Ebd., S. 144.

Unterschrift einen Gesellschaftsvertrag abschließen könnten, während zum anderen die Übertragung der Anteile einer gerichtlichen oder notariellen Beurkundung bedürften".[59]

Die Stellungnahme der Handelskammer von Bremen vom 24. Januar 1892 empfahl ebenfalls eine Änderung hinsichtlich der Gründungsvorschriften, in dem sie die Formerfordernisse bei der Anmeldung verschärfen wollte, „um sicherzustellen, daß alle im Gesellschaftsvertrag aufgeführten Gesellschafter der Gesellschaft auch tatsächlich beigetreten seien".[60]

Die Behandlung des Gesetzesentwurfes auf dem 27. Deutschen Handelstag im Jahre 1892

Bevor der Gesetzesentwurf vom Bundesrat am 11. Februar 1892 ohne Änderungen hinsichtlich der Gründungsvorgaben beschlossen wurde, fand am 16. Januar 1892 der 27. Deutsche Handelstag statt, bei dem in zweiter Sitzung der Gesetzesentwurf der Regierung Gegenstand der Tagesordnung war.[61]

Der Referent, *Wilhelm Oechelhäuser*, sprach sich hinsichtlich der Gründungsvorschriften dafür aus, dass bezüglich der nach § 2 des Entwurfes vorgesehenen Schriftform für den Gesellschaftsvertrag erwogen werden könnte, ob hierfür nicht die notarielle oder gerichtliche Beurkundung eingeführt werden sollte, obwohl aus erforderlichen Gründen der Klarheit, die Schriftform aufgrund des zulässigen Spielraums bei der Gestaltung der Gesellschaftsorganisation und der Festlegung der Leistungen der Gesellschafter berechtigt sei.[62] *Oechelhäuser* selbst sah in seinem ersten Vorschlag aus dem Jahre 1884 ebenfalls nur die Schriftform zum Abschluss des Gesellschaftsvertrages vor.[63]

Die Behandlung des vom Bundesrat beschlossenen Gesetzesentwurfes im Reichstag

Der vom Reichskanzler, *Graf von Caprivi*, an den Reichstag übermittelte und dem vom Bundesrat bereits zugestimmten Entwurf eines Gesetzes, betreffend die Gesellschaften mit beschränkter Haftung vom 11. Februar 1892, sah in § 2 immer noch vor, dass der Gesellschaftsvertrag der schriftlichen Form bedarf.[64]

---

59 Ebd., S. 145 f.
60 Ebd., S. 148 f.
61 Ebd., S. 154.
62 Ebd., S. 155.
63 Siehe bereits Fn. 13.
64 Stenographische Berichte und Verhandlungen des Reichstages, VIII. Legislaturperiode, I. Session, 1890–1892, Anlage Nr. 660, S. 3715 ff.

Diese Fassung des Gesetzesentwurfes war Gegenstand der 177. Sitzung des Reichstages am 19. Februar 1892 und wurde dort in erster Lesung beraten.[65]

Die erste Lesung im Reichstag

Der erste Redner, der Bevollmächtigte zum Bundesrat, Staatssekretär des Reichsjustizamts und Wirkliche Geheime Rath *Robert Bosse*, wurde am 12. Juli 1832 in Quedlinburg geboren und verstarb am 31. Juli 1901 in Berlin. Im Jahre 1891 wurde der studierte Rechtswissenschaftler *Bosse* zum Staatssekretär des Reichsjustizamtes berufen und war zugleich Vorsitzender der Kommission für die Bearbeitung des Entwurfes eines Bürgerlichen Gesetzbuches. In der Zeit vom 23. März 1892 bis zum 4. September 1899 war *Bosse* preußischer Kultusminister.[66]

Bosse äußerte sich zum Bedürfnis nach der vorgesehenen neuen Gesellschaftsform der Gesellschaft mit beschränkter Haftung.[67] Allerdings ahnte *Bosse* bereits, dass der Reichstag den behandelten Gesetzesentwurf einer Kommissionsberatung unterziehen werden würde. Ferner führte er insofern aus, dass es sich von selbst versteht, „daß wir bereit sind, auch über alle Einzelheiten des Entwurfs in einer Kommission gemeinschaftlich mit Ihnen zu berathen, sie einer nochmaligen Prüfung zu unterziehen; und wo irgend wir helfen können, die Sache praktischer und den Bedürfnissen des Rechtslebens entsprechender zu gestalten, da werden Sie uns bereit finden, hilfreiche Hand zu leisten".

Der nächste Redner, der Abgeordnete *Wilhelm Oechelhäuser*, äußerte großes Lob für den vorgelegten Entwurf und stellte fest, dass es „dem Entwurf zu ganz besonderem Vortheil [gereicht], daß er mit außerordentlicher Schärfe das zwingende Recht von dem dispositiven Recht scheidet, welches letztere der Regelung

---

65 Stenographische Berichte und Verhandlungen des Reichstages, VIII. Legislaturperiode, I. Session, 1890–1892, 177. Sitzung des Reichstages am 19. Februar 1892, Erste Beratung des Entwurfes eines Gesetzes, betreffend die Gesellschaften mit beschränkter Haftung, S. 4303 ff.

66 Zum vorstehenden Absatz: *Bußmann* in: Bosse, Robert, Neue Deutsche Biographie 2 (1955), S. 484 [Online-Version], https://www.deutsche-biographie.de/pnd116266929.html#ndbcontent (zuletzt abgerufen am: 15. März 2022).

67 Auch die nachfolgenden Verweise/Zitate: Stenographische Berichte und Verhandlungen des Reichstages, VIII. Legislaturperiode, I. Session, 1890–1892, 177. Sitzung des Reichstages am 19. Februar 1892, Erste Beratung des Entwurfes eines Gesetzes, betreffend die Gesellschaften mit beschränkter Haftung, S. 4303 ff. (4303) sowie der Entwurf in der Anlage Nr. 660, S. 3715 ff.

durch den autonomen Gesellschaftsvertrag vorbehalten wird".[68] Weiter sagte er, dass er nicht glaube, „daß wir in irgend einem Lande handelsrechtliche Gesetze finden, worin der autonomen Regelung durch den Gesellschaftsvertrag ein gleich weiter Spielraum eingeräumt ist wie gerade hier". Durch diese Aussagen deutete der Abgeordnete *Oechelhäuser* bereits auf die Wichtigkeit und die enorm bedeutende Stellung des Gesellschaftsvertrages der Gesellschaft mit beschränkter Haftung hin. Bevor er den Antrag stellte, dass der Gesetzesentwurf einer Kommission von 14 Mitgliedern zur Beratung überwiesen werden solle, äußerte er sich ebenfalls positiv in Bezug auf die bevorstehende Abstimmung innerhalb der Kommission und drückte seine Freude darüber aus, dass sein Vorredner – gemeint war *Robert Bosse* – „in Bezug auf die Einzelheiten des Gesetzesentwurfs der Verständigung zugänglich sein wird, wenn sich manche Abänderungen oder Zusätze bei der Berathung in der Kommission als zweckmäßig ergeben sollten". Hierdurch wurde der Grundstein dafür gelegt, dass der Gesetzesentwurf Änderungen und Anpassungen zugänglich sein wird, insbesondere auch in Hinsicht auf die Regelungen über die Gründung der neuen Gesellschaft mit beschränkter Haftung unter Berücksichtigung der geäußerten Wichtigkeit des Gesellschaftsvertrages.

Auch der folgende Redner, der Abgeordnete der Deutschkonservativen Partei, *Theodor Hultzsch*, geboren am 8. November 1831 in Dresden, äußerte sich positiv über den Gesetzesentwurf und unterstrich dessen Bedeutung und Wichtigkeit, indem er sagte, dass er davon überzeugt sei, „daß dieser Entwurf dazu angethan ist, eine Lücke im Gewerbsleben auszufüllen, und daß derselbe einem wahren Bedürfnis entspricht."[69] Der königlich sächsische Kommerzienrath in Dresden, *Hultzsch*, war selbst Kaufmann und Präsident des Verwaltungsrats der Sächsischen Bank zu Dresden sowie seit dem Jahre 1882 Präsident der Handels- und Gewerbekammer Dresden.[70] Nachdem auch er sich dem Antrag des Abgeordneten *Oechelhäuser* zur Überweisung an eine Kommission mit 14 Mitgliedern anschloss, machte er deutlich, dass auch er hofft, dass unter Wahrung

---

68 Auch die nachfolgenden Verweise/Zitate: Ebd., S. 4303 ff. (4304 f.) sowie der Entwurf in der Anlage Nr. 660, S. 3715 ff.

69 Auch die nachfolgenden Verweise/Zitate: Stenographische Berichte und Verhandlungen des Reichstages, VIII. Legislaturperiode, I. Session, 1890–1892, 177. Sitzung des Reichstages am 19. Februar 1892, Erste Beratung des Entwurfes eines Gesetzes, betreffend die Gesellschaften mit beschränkter Haftung, S. 4303 ff. (4305) sowie der Entwurf in der Anlage Nr. 660, S. 3715 ff.

70 Zum vorstehenden Persönlichen: *Hirth*, Deutscher Parlaments-Almanach, 16. Ausgabe, März 1887, S. 127 f.

der bisher festgelegten Grundsätze (namentlich die „nicht wesentlich freiere Gestaltung“ und die „Beschränkung der Veräußerlichkeit der Gesellschaftsantheile“) die „Kommissionsberathungen zu einem solchen befriedigenden Resultate führen werden“.

Der nachfolgende Redner, der Abgeordnete der Deutschen Zentrumspartei und Jurist *Peter Joseph Spahn*, wurde am 22. Mai 1846 in Winkel im Rheingau geboren und verstarb am 31. August 1925 in Bad Wildungen. Bereits während seiner langjährigen Tätigkeit als Richter (u.a. Richter am Amtsgericht, Landgericht, Oberlandesgericht, Kammergericht, Reichsgerichtsrat in Leipzig, Präsident des Oberlandesgerichts Kiel sowie Frankfurt am Main) war *Spahn* Abgeordneter des Reichstages. In den Jahren 1882 bis 1888, 1891 bis 1898 sowie von 1904 bis 1907 war *Spahn* ebenfalls Abgeordneter des Preußischen Abgeordnetenhauses. Seine Abgeordnetentätigkeit im Reichstag begann mit der 6. Wahlperiode im Jahre 1884. Während der Zeit von 1895 bis 1898 sowie 1909 bis 1911 war *Spahn* Vizepräsident des Reichstages. Im Jahre 1912 gewann *Spahn* die Stichwahl gegen den Abgeordneten *August Bebel* zum Präsidenten des Reichstages, legte das Amt aber nach kurzer Zeit nieder. Im Jahre 1912 wurde er zum Fraktionsführer der Deutschen Zentrumspartei. Während der Zeit zwischen dem 8. August 1917 und dem 28. November 1918 war *Spahn* Justizminister von Preußen. Im Jahre 1818 war *Spahn* Mitglied des Preußischen Herrenhauses. In den Jahren 1919 und 1920 war *Spahn* als stellvertretender Vorsitzender des Ausschusses zur Vorberatung des Entwurfes einer Verfassung des Deutschen Reiches Mitglied der verfassungsgebenden Deutschen Nationalversammlung. Bis zu seinem Tod im Jahre 1925 gehörte *Spahn* den ersten drei Wahlperioden des Reichstages der Weimarer Republik an.[71]

Die Deutsche Zentrumspartei (auch genannt „Zentrum“) entstand im Winter zwischen den Jahren 1870 und 1871. Sie bildete sowohl im Preußischen Abgeordnetenhaus als auch im Reichstag eine katholische Fraktion. Ihr Ursprung ging auf die Nationalversammlung in der Paulskirche in Frankfurt am Main zurück. Ihren Namen verdankt die Partei den Sitzplätzen zwischen den konservativen Rechten und liberalen Linken im „Zentrum“. Die Zentrumspartei setzte sich für das Bestehen der Selbständigkeit der katholischen Kirche im preußisch-protestantisch dominierten Deutschen Reich ein und versuchte die Interessen des katholischen Bevölkerungsteils zu vertreten. Durch die kirchlichen

71 Zum vorstehenden Absatz: *Hainbuch* u. *Tennstedt* in: Biographisches Lexikon zur Geschichte der deutschen Sozialpolitik 1871 bis 1945, Band 1: Sozialpolitiker im Deutschen Kaiserreich 1871 bis 1918, S. 152–153.

Organisationen, die im Jahre 1894 gegründeten christlichen Gewerkschaften sowie durch zahlreiche Zeitungshäuser und Publikationsorgane war die Wählerschaft der Deutschen Zentrumspartei in allen sozialen Schichten verankert.[72]

Spahn schloss sich ebenfalls dem Antrag des Abgeordneten *Oechelhäuser* zur Überweisung an eine Kommission mit 14 Mitgliedern an.[73] Allerdings äußert *Spahn* Zweifel an dem Bedürfnis für eine neue Gesellschaftsform mit beschränkter Haftung und an dem konkreten Gesetzesentwurf. Er hält fest, dass seiner Ansicht nach der Entwurf „nach zwei Richtungen hin einer eingehenden Prüfung" seitens der Kommission bedarf. Insbesondere legt er der Kommission nahe, „zu prüfen, ob in dem Entwurf genügende Sicherheit getroffen ist gegen die Gefährdung des Publikums". Diese Empfehlung konkretisiert der Abgeordnete *Spahn* in dem er sagt, dass der Gesetzesentwurf „aus dem Wunsche [hervorgegangen ist], die Formen zu umgehen, welche für die Gründung von Aktiengesellschaften vorgesehen sind".

Zur Gründung einer Aktiengesellschaft war es im Jahre 1892 in Deutschland nach Art. 209 des Allgemeinen Deutschen Handelsgesetzbuches (in der Fassung der am 18. Juli 1884 in Kraft getretenen 2. Aktienrechtsnovelle) erforderlich, dass der Inhalt des Gesellschaftsvertrages (Statut) in gerichtlicher oder notarieller Verhandlung festgestellt wird. Zu dem Zeitpunkt der 1. Lesung war, wie bereits oben erwähnt, in § 2 des behandelten Gesetzesentwurfes über die Gesellschaft mit beschränkter Haftung lediglich vorgesehen, dass der Gesellschaftsvertrag der schriftlichen Form bedarf. Auf diesen Unterschied und die damit verbundene Gefahr der Umgehung der für die Aktiengesellschaft bestehenden Vorschriften über die Gründung machte der Abgeordnete *Spahn* ausdrücklich aufmerksam.

Der vorletzte Redner in der 1. Lesung, der Abgeordnete und studierte Rechtswissenschaftler *Otto Heinrich von Helldorff*, wurde am 16. April 1833 in Bedra (Provinz Sachsen) geboren und ist ebenda am 10. März 1908 verstorben. In den Jahren 1871 bis 1874, 1877 bis 1887 sowie 1890 bis 1893 war *von Helldorff*

---

72 Zum vorstehenden Absatz: *Asmuss* in: Die Deutsche Zentrumspartei (Zentrum), https://www.dhm.de/lemo/kapitel/kaiserreich/innenpolitik/deutsche-zentrumspartei-zentrum.html (zuletzt abgerufen am: 15. März 2022).

73 Auch die nachfolgenden Verweise/Zitate: Stenographische Berichte und Verhandlungen des Reichstages, VIII. Legislaturperiode, I. Session, 1890–1892, 177. Sitzung des Reichstages am 19. Februar 1892, Erste Beratung des Entwurfes eines Gesetzes, betreffend die Gesellschaften mit beschränkter Haftung, S. 4303 ff. (4305 f.) sowie der Entwurf in der Anlage Nr. 660, S. 3715 ff.

Abgeordneter des Reichstages. Während der Zeit zwischen 1879 und 1881 sowie 1884 bis 1892 bekleidete *von Helldorff* das Amt des Vorsitzenden sowohl der Partei als auch der Fraktion der Deutschkonservativen Partei, an deren Gründung er im Jahre 1876 bereits maßgeblich beteiligt war.

Die Deutschkonservativen Partei entstand am 7. Juni 1876 unter anderem aus Großgrundbesitzern, Adligen, Anhängern der Regierung Bismarcks (wie z.B. Generalfeldmarschall *Helmuth von Moltke*), traditionsorientierten Protestanten sowie christlich-sozialen Anhängern. Die Partei erkannte die Verfassung des Deutschen Kaiserreichs an. Sie sprach sich für die Bewahrung der monarchischen Vorrechte, Stärkung der Religion, gegen Zentralismus und Parlamentarismus sowie für die Bekämpfung der Sozialdemokratie aus. Unter anderem wegen des Einsatzes antisemitischer Propaganda im Reichstagswahlkampf von 1891 und Aussagen im sog. „Tivoli-Programm" von 1892 (z.B. unter § 1 „Wir bekämpfen den vielfach sich vordrängenden und zersetzenden jüdischen Einfluss auf unser Volksleben"), wird der Partei eine zumindest teilweise antisemitische Ausrichtung vorgeworfen.[74]

Von Helldorff machte gleich zu Beginn seiner Ausführungen darauf aufmerksam, dass er „mit den Ausführungen des letzten Herrn Vorredners insofern vollkommen einverstanden ist, als auch [er] glaube, daß die Frage, inwieweit § 2 des Gesetzes so bleiben kann, wie er ist, ernstlich erwogen werden muß".[75]

Der letzte Abgeordnete, der das Wort in der 1. Lesung erhielt, *Friedrich Franz Karl Schenck*, wurde am 19. November 1827 in Wiesbaden geboren und verstarb am 21. August 1900 in Groß-Lichterfelde. Nach seinem Studium der Rechts- und Staatswissenschaften an den Universitäten zu Gießen und Heidelberg war *Schenck* in der Zeit von 1850 bis 1854 im Justiz- und Verwaltungsdienst tätig. Anschließend war er bis ins Jahre 1859 Prokurator in Idstein, seit dem Jahre 1869 Prokurator bei dem Hof- und Appellationsgericht in Wiesbaden und anschließend bis zum Jahre 1883 Rechtsanwalt bei dem Landgericht in Wiesbaden sowie Königlicher Notar im Bezirk des Oberlandesgerichtes zu Frankfurt am Main. Im August des Jahres 1883 wurde *Schenck* zum Anwalt des

---

74 Zu vorstehenden Absätzen: *von Gaertringen* in: Helldorff, Otto von, Neue Deutsche Biographie 8 (1969), S. 474 f. [Online-Version], https://www.deutsche-biographie.de/pnd133263622.html#ndbcontent (zuletzt abgerufen am: 15. März 2022).

75 Stenographische Berichte und Verhandlungen des Reichstages, VIII. Legislaturperiode, I. Session, 1890–1892, 177. Sitzung des Reichstages am 19. Februar 1892, Erste Beratung des Entwurfes eines Gesetzes, betreffend die Gesellschaften mit beschränkter Haftung, S. 4303 ff. (4306) sowie der Entwurf in der Anlage Nr. 660, S. 3715 ff.

Allgemeinen Verbandes der Deutschen Erwerbs- und Wirthschaftsgenossenschaften in Berlin gewählt. Seit dem 1. Januar 1888 war *Schenck* Mitglied der Stadtverordnetenversammlung zu Charlottenburg. Mitglied des Reichstages war *Schenck* in der Zeit von 1871 bis 1873 als Abgeordneter der Deutschen Fortschrittspartei sowie in der Zeit von 1884 bis 1893 als Abgeordneter der Deutschen Freisinnigen Partei.[76]

Schenck begrüßte ebenfalls den Gesetzesentwurf, stellte aber gleichzeitig fest, dass „die Bestimmungen des Gesetzentwurfs dem vorhandenen Bedürfnis im allgemeinen entsprechen" und es „in der Kommission" „sich finden [wird], ob die eine oder die andere Bestimmung einer Abänderung bedarf".[77] Im Übrigen schloss auch er sich dem Antrag zur Einsetzung einer Kommission an.

Die Mehrheit beschloss, die Vorlage des Gesetzes einer Kommission von 14 Mitgliedern zu übermitteln.

Die zweite Lesung im Reichstag

Die 2. Beratung des Entwurfes eines Gesetzes, betreffend die Gesellschaften mit beschränkter Haftung fand am 19. März 1892 in der 198. Sitzung des Reichstages statt.[78] In dieser Lesung wurde bereits der auf Grund des Berichts der Kommission entstandene Entwurf[79] des Gesetzes zum Gegenstand der Beratung gemacht.[80] In diesem war insbesondere bereits § 2 derart geändert worden,

---

76 Zum vorstehenden Absatz: Amtliches Reichstags-Handbuch, Achte Legislaturperiode 1890/95, S. 243; *Hirth*, Deutscher Parlaments-Almanach, 16. Ausgabe, März 1887, S. 215.

77 Auch die nachfolgenden Verweise: Stenographische Berichte und Verhandlungen des Reichstages, VIII. Legislaturperiode, I. Session, 1890–1892, 177. Sitzung des Reichstages am 19. Februar 1892, Erste Beratung des Entwurfes eines Gesetzes, betreffend die Gesellschaften mit beschränkter Haftung, S. 4303 ff. (4306 f.) sowie der Entwurf in der Anlage Nr. 660, S. 3715 ff.

78 Stenographische Berichte und Verhandlungen des Reichstages, VIII. Legislaturperiode, I. Session, 1890–1892, 198. Sitzung des Reichstages am 19. März 1892, Zweite Beratung des Entwurfes eines Gesetzes, betreffend die Gesellschaften mit beschränkter Haftung, S. 4857 u. 4878 ff.

79 Stenographische Berichte und Verhandlungen des Reichstages, VIII. Legislaturperiode, I. Session, 1890–1892, Anlage Nr. 660, S. 3715 ff. und Anlage Nr. 744, S. 4005 ff.

80 Stenographische Berichte und Verhandlungen des Reichstages, VIII. Legislaturperiode, I. Session, 1890–1892, 198. Sitzung des Reichstages am 19. März 1892, Zweite Beratung des Entwurfes eines Gesetzes, betreffend die Gesellschaften mit beschränkter Haftung, S. 4857 u. 4878 ff.

dass der erste Satz des Paragraphen nun wie folgt lautete: „Der Gesellschaftsvertrag bedarf des Abschlusses in gerichtlicher und notarieller Form".[81] In der Begründung hierzu wird ausgeführt, dass „der Gesellschaftsvertrag [...] die rechtliche Grundlage der Gesellschaftsverhältnisse [bildet], durch denselben [...] der Betrag der Stammeinlage und damit die Haftung jedes Gesellschafters festgestellt [wird]" und deshalb die Vorgabe „der gerichtlichen oder notariellen Errichtung gerechtfertigt" ist.[82]

Der erste Redner in der zweiten Lesung des Gesetzesentwurfes, der Abgeordnete und Jurist *Karl Wilhelm Rudolf von Bennigsen*, wurde am 10. Juli 1824 in Lüneburg geboren und verstarb am 7. August 1902 in Bennigsen (Kreis Springe). Nachdem *von Bennigsen* zunächst im Jahre 1856 politisch aktiv als liberaler Regierungsführer in der zweiten Kammer der Ständeversammlung des Königreichs Hannover wurde, war er im Jahr 1859 Mitgründer und Vorsitzender des Deutschen Nationalvereins. Zwischen den Jahren 1871 bis 1883 sowie 1887 bis 1896 war *von Bennigsen* als Abgeordneter des Reichstages Vorsitzender der Fraktion der neuen Nationalliberalen Partei. Die Nationalliberale Partei war auf die nationale Einigung, zu deren Erreichung Parteivertreter auch auf *Bismarck* setzten, einen parlamentarischen und konstitutionellen Rechtsstaat sowie die Umwandlung des Deutschen Kaiserreiches in einen modernen Industriestaat ausgerichtet.[83]

Von Bennigsen erklärte unmittelbar, dass „über den Gesetzesentwurf [...] eine weitgehende Einigung in der Kommission stattgefunden [hat] in der Art, daß nach den einzelnen Beschlüssen zuletzt der Gesetzesentwurf von der Kommission einstimmig angenommen ist".[84] Weiter erklärte er, dass „mit Rücksicht hierauf und auf unsere Geschäftslage erlaube ich mir zu beantragen, die Vorlage nach der Kommission en bloc anzunehmen".[85] Der Hinweis auf die „Geschäftslage"

---

81 Stenographische Berichte und Verhandlungen des Reichstages, VIII. Legislaturperiode, I. Session, 1890–1892, Anlage Nr. 744, S. 4005 ff. (4007).

82 Ebd.

83 Zum vorstehenden Absatz: *Herzfeld* in: Bennigsen, Rudolf von, Neue Deutsche Biographie 2 (1955), S. 50–52 [Online-Version], https://www.deutsche-biographie.de/pnd118509136.html#ndbcontent (zuletzt abgerufen am: 15. März 2022); Amtliches Reichstags-Handbuch, Neunte Legislaturperiode 1893/98, S. 143; Amtliches Reichstags-Handbuch, Achte Legislaturperiode 1890/95, S. 144 f.

84 Stenographische Berichte und Verhandlungen des Reichstages, VIII. Legislaturperiode, I. Session, 1890–1892, 198. Sitzung des Reichstages am 19. März 1892, Zweite Beratung des Entwurfes eines Gesetzes, betreffend die Gesellschaften mit beschränkter Haftung, S. 4878 ff. (4878).

85 Ebd.

bezieht sich, wie der Abgeordnete *Max Albert Günther Broemel* in der 3. Lesung klarstellt[86], auf die Geschäftslage an diesem Sitzungstag und nicht auf das sehr schnelle Gesetzgebungsverfahren insgesamt.

Der zweite Redner, der Abgeordnete *Max Albert Günther Broemel*, wurde am 7. Juni 1846 in Berlin geboren und verstarb am 17. April 1925 ebenda. Der Schriftsteller (u.a. von volkswirtschaftlichen Schriften) und Generalsekretär des Vereins zur Förderung der Handelsfreiheit zu Berlin, *Broemel*, studierte von 1866 bis 1870 an der Universität Berlin und dem Statistischen Seminar des Königlich Preußischen Statistischen Bureaus. Während der Jahre 1872 bis 1879 war *Broemel* Sekretär der Kaufmannschaft zu Stettin. Anschließend engagierte sich *Broemel* als Generalsekretär des Vereins zur Förderung der Handelsfreiheit zu Berlin. Während der Jahre 1884 bis 1893 als Mitglied der Deutschen Freisinnigen Partei sowie von 1898 bis 1903 als Mitglied der Freisinnigen Vereinigung war *Broemel* Abgeordneter des Reichstages. In den Jahren 1887 bis 1903 war *Broemel* ebenfalls Abgeordneter des Preußischen Abgeordnetenhauses.[87]

Die Deutsche Freisinnige Partei war eine linksliberal ausgerichtete Partei, die sich für eine umfassende Umsetzung der Verfassungsgarantien, der Parlamentarisierung der konstitutionellen Monarchie, der Sicherung der Presse-, Versammlungs- und Vereinsfreiheit, der Trennung von Staat und Kirche sowie der Gleichstellung aller (auch jüdischen) Religionsgemeinschaften einsetzte. Gleichzeitig trat sie für Steuersenkungen, die Abschaffung der Bismarck'schen Schutzzollpolitik und die Stärkung der Arbeiterselbsthilfevereine ein. Daher lehnte sie die Bismarck'schen und die von den Sozialisten vorgeschlagenen Sozialgesetze ab, weil diese nach Auffassung *Eugen Richters* (Vorsitzender des politischen Führungsgremiums des siebenköpfigen „Engeren Ausschusses") die Initiative der Arbeiter zur Selbsthilfe schwächten. Die Freisinnige Vereinigung verstand sich als liberale Partei, die im Jahre 1893 aus einer Abspaltung von der Deutschen Freisinnigen Partei entsprang und im Jahre 1910 in der Fortschrittlichen Volkspartei aufging. Nach der Gründung wurde nicht unmittelbar ein neues Parteiprogramm geschaffen, sondern vielmehr auf die programmatischen

86 Stenographische Berichte und Verhandlungen des Reichstages, VIII. Legislaturperiode, I. Session, 1890–1892, 199. Sitzung des Reichstages am 21. März 1892, Dritte Beratung des Entwurfes eines Gesetzes, betreffend die Gesellschaften mit beschränkter Haftung, S. 4881 ff. (4881).

87 Zum vorstehenden Absatz: Amtliches Reichstags-Handbuch, Zehnte Legislaturperiode 1898/1903, S. 161; Amtliches Reichstags-Handbuch, Achte Legislaturperiode 1890/95, S. 151; *Hirth*, Deutscher Parlaments-Almanach, 16. Ausgabe, März 1887, S. 131 f.

Forderungen der Deutschen Freisinnigen Partei von 1884 zurückgegriffen. Im Gegensatz zur Freisinnigen Volkspartei (die aus dem um *Richter* verbliebenen linken Parteiflügel der Deutschen Freisinnigen Partei hervorging) unterstützte die Freisinnige Vereinigung die Flotten- und Kolonialpolitik der Regierung, so dass sie sich inhaltlich der Nationalliberalen Partei annäherte.[88]

Obwohl *Broemel* kundtat, dass er die Absicht hatte, „gegen den Vorschlag einer Enblocannahme des Gesetzesentwurfes in zweiter Lesung Widerspruch zu erheben, weil ich gewichtige Bedenken betreffs der meiner Ansicht nach ungenügenden Bürgschaften habe, welche der Gesetzesentwurf für die neue Gesellschaftsform hinsichtlich der Solidität [...] bei der Begründung [...] enthält", verzichtete er auf den Widerspruch, da er, unter anderem, erkannte, „daß die überwiegende Mehrheit des Hauses für die unveränderte Annahme des Gesetzesentwurfes einzutreten entschlossen ist".[89]

Der letzte Redner in der zweiten Lesung, der Abgeordnete und Jurist *Josef von Strombeck*, wurde am 7. September 1830 in Halberstadt geboren und verstarb am 18. August 1915 in Berlin. Der langjährig als Richter tätige *von Strombeck* war als Mitglied der Deutschen Zentrumspartei in den Jahren 1882 bis 1915 Abgeordneter des Preußischen Abgeordnetenhauses sowie in den Jahren 1884 bis 1912 Abgeordneter des Reichstages.[90]

Auch *von Strombeck* erklärte, dass er und einige seiner politischen Freunde „gegen mehrere Bestimmungen des vorliegenden Gesetzesentwurfs schwerwiegende Bedenken"[91] hätten. Allerdings verzichtete auch er, „mit Rücksicht darauf, daß wir im Falle der Berathung des Gesetzesentwurfes im Plenum doch keine Aussicht haben, die unseres Erachtens wünschenswerthen Aenderungen zu erreichen", auf die Erhebung eines formellen Widerspruches gegen die

88 Zum vorstehenden Absatz: *Seeber* in: Deutsche Freisinnige Partei (DFsP) 1884–1893, Lexikon zur Parteiengeschichte, Band 1, Alldeutscher Verband – Deutsche Liga für Menschenrechte, S. 657–666.

89 Stenographische Berichte und Verhandlungen des Reichstages, VIII. Legislaturperiode, I. Session, 1890–1892, 198. Sitzung des Reichstages am 19. März 1892, Zweite Beratung des Entwurfes eines Gesetzes, betreffend die Gesellschaften mit beschränkter Haftung, S. 4878 ff. (4879).

90 Zum vorstehenden Absatz: *Hirth*, Deutscher Parlaments-Almanach, 16. Ausgabe, März 1887, S. 226.

91 Auch das nachfolgende Zitat: Stenographische Berichte und Verhandlungen des Reichstages, VIII. Legislaturperiode, I. Session, 1890–1892, 198. Sitzung des Reichstages am 19. März 1892, Zweite Beratung des Entwurfes eines Gesetzes, betreffend die Gesellschaften mit beschränkter Haftung, S. 4878 ff. (4879).

Enblocannahme des „hochwichtigen Gesetzesentwurfes", erklärte aber, dass sich er und seine politischen Freunde der Abstimmung über den Gesetzesentwurf enthalten werden.

Der zulässigen Enblocannahme wurde anschließend von keinem Abgeordneten des Reichstages widersprochen. Daraufhin erfolgte die Vornahme der Enblocannahme durch die Mehrheit. Auf Antrag der Kommission soll durch die Beschlussfassung über den Gesetzesentwurf die zu diesem Entwurf eingegangen Petitionen für erledigt erklärt werden. Die Abstimmung wurde für die dritte Lesung bestimmt.[92]

Die dritte Lesung im Reichstag

Die dritte Beratung des Entwurfes eines Gesetzes, betreffend die Gesellschaften mit beschränkter Haftung fand am 21. März 1892, nur zwei Tage nach der zweiten Beratung, in der 199. Sitzung des Reichstages statt.[93] In dieser sprachen neun Redner in der Generaldiskussion zu dem Gesetzesentwurf.

Der Abgeordnete *Broemel* äußerte erneut Kritik sowohl inhaltlicher als auch verfahrenstechnischer Natur hinsichtlich des Gesetzesentwurfes.[94] Insbesondere bemängelte er die aus seiner Sicht viel zu kurze Zeit der Beratung des Gesetzesentwurfes sowie die teilweise noch zu wenig strengen Vorschriften betreffend den Gläubigerschutz. *Broemel* äußerte Bedenken wieso das Gesetz so schnell und noch in dieser Session durch das Gesetzgebungsverfahren gebracht werden soll, obwohl nach seiner Ansicht genügend Zeit bliebe, um den Gesetzesentwurf in der nächsten Session einer gebotenen gründlicheren Beratung zu unterziehen und somit in der Vergangenheit gemachte Fehler im Bereich des Gesellschaftsrechts bei dem Erlass dieses Gesetzes möglichst zu vermeiden. Zum Schluss seiner Ausführungen stellte er den Antrag, den Gesetzesentwurf von der Tagesordnung abzusetzen.[95]

Der nächste Redner, der Abgeordnete sowie Straf- und Völkerrechtslehrer *Carl Ludwig von Bar*, wurde am 24. Juli 1836 in Hannover geboren und verstarb am 20. August 1913 in Folkestone (United Kingdom). Neben seiner

---

92 Zum vorstehenden Absatz: Ebd.

93 Stenographische Berichte und Verhandlungen des Reichstages, VIII. Legislaturperiode, I. Session, 1890–1892, 199. Sitzung des Reichstages am 21. März 1892, Dritte Beratung des Entwurfes eines Gesetzes, betreffend die Gesellschaften mit beschränkter Haftung, S. 4881 ff.

94 Ebd., S. 4881 f.

95 Zum vorstehenden Absatz: Ebd., S. 4882.

Tätigkeit als Lehrstuhlinhaber (unter anderem an den Universitäten in Rostock sowie Breslau) betätigte sich *von Bar* als politischer Schriftsteller und wurde im Jahre 1890 als Mitglied der Deutschen Freisinnigen Partei für eine Legislaturperiode als Abgeordneter in den Reichstag gewählt.[96]

Von Bar schloss sich nicht nur den Ausführungen seines Vorredners (*Broemel*) an, sondern empfahl ebenfalls auf Grund der lediglich sehr kurzen Zeit, in der er sich mit dem Gesetzesentwurf habe vertraut machen können, sowie der Tatsache, dass er „allerdings nach näherer Erwägung einige erhebliche Bedenken in Beziehung auf verschiedene Punkte des Gesetzesentwurfes" fassen musste, auch den Antrag, die Erledigung des Gesetzgebungsverfahrens für die nächste Session aufzusparen.[97]

Der nächste Redner, der Herr Bevollmächtigte zum Bundesrat, Staatssekretär des Reichsjustizamts, Wirkliche Geheime Rath *Bosse*, äußerte sich dahingehend, dass er es begrüßen würde, wenn der Gesetzesentwurf „recht bald" (wohl gemeint noch in dieser Session) zur Verabschiedung kommen würde.[98] Er begründete seine Vorstellung nach einer zeitnahen Verabschiedung noch in der laufenden Session damit, dass der Gesetzesentwurf „im Wesentlichen ganz in der Gestalt, wie er hier in das Haus gekommen ist, schon zu Anfang Dezember" des Vorjahres (1891) veröffentlicht wurde und diese Veröffentlichung auch dazu führte, dass „in der Literatur sowohl zustimmende als auch abweichende Ansichten über den Entwurf laut geworden sind" und diese „Bedenken" inzwischen durch „die sehr gründliche und sachverstandige Kommissionsberathung" erledigt sind.[99]

Der nächste Redner, der Abgeordnete der Nationalliberalen Partei, *Friedrich Hammacher*, unterstütze die Ausführungen seines Vorredners (*Bosse*) dadurch, dass er sagte, dass „der gegenwärtige Entwurf bereits seit mehreren Monaten allen juristischen Kreisen Deutschlands zugänglich gemacht worden ist".[100]

---

96 Zum vorstehenden Absatz: *Lang-Hinrichsen* in: Bar, Carl Ludwig von, Neue Deutsche Biographie 1 (1953), S. 579–580 [Online-Version], https://www.deutsche-biographie.de/pnd119243148.html#ndbcontent (zuletzt abgerufen am: 15. März 2022); Amtliches Reichstags-Handbuch, Achte Legislaturperiode 1890/1895, S. 140 f.

97 Stenographische Berichte und Verhandlungen des Reichstages, VIII. Legislaturperiode, I. Session, 1890–1892, 199. Sitzung des Reichstages am 21. März 1892, Dritte Beratung des Entwurfes eines Gesetzes, betreffend die Gesellschaften mit beschränkter Haftung, S. 4881 ff. (4882).

98 Ebd., S. 4882 f.

99 Ebd.

100 Ebd., S. 4883.

Der Rechtswissenschaftler und Abgeordnete der Deutsche Freisinnige Partei, *Ludwig Bamberger*, wurde am 22. Juli 1823 in Mainz geboren und verstarb am 14. März 1899 in Berlin. *Bamberger* war seit dem Jahre 1866 Mitglied des Zollparlamentes und zwischen den Jahren 1871 und 1893 Mitglied des Reichstages; zunächst noch als Mitglied der Nationalliberalen Partei, anschließend als Mitglied der Liberalen Vereinigung sowie zuletzt als Mitglied der Deutschen Freisinnigen Partei. In der Zeit zwischen 1850 und 1856 war *Bamberger* in Bankhäusern in London, Paris, Antwerpen und Rotterdam beschäftigt. *Bamberger* gilt als „geistiger Schöpfer der Reichsbank", an deren Begründung er gegen die preußischen Ressortwiderstände maßgeblich beteiligt war.[101]

Bamberger ging auf die Ausführungen des Abgeordneten *Broemel* ein, der „etwas mehr Schutz des Publikums gegen Übervortheilung durch staatliche und gesetzliche Bestimmungen wünscht" und erklärte anschließend, warum er für das Gesetz stimmen werde, und gab hierbei zu bedenken, dass „in der Kommission verschiedene Mitglieder, zahlreiche Mitglieder, gesessen [haben], denen man nicht abstreiten kann, daß sie auch in praktischen Geschäften große Erfahrungen haben, und welche im ganzen nicht geneigt sind, die Vorsicht, die man dem Publikum gegenüber anzuwenden hat, allzu leicht zu nehmen".[102] Darüber hinaus hielt er es für angebracht, das Gesetz zu verabschieden und die Nutzungsweisen („Unternehmungen, die das Tageslicht zu scheuen hätten und darauf hinausgingen, das Publikum auszubeuten") der Praxis zu beobachten und gegebenenfalls korrigierend einzugreifen.[103]

Der nächste Redner, der Abgeordnete *Schenck*, griff die geäußerten Bedenken seiner Vorredner auf, erklärte allerdings, dass bereits die Kommission sich diesen Bedenken gestellt habe und er „nach sorgsamer Prüfung zu der Ueberzeugung gelangt [sei], daß die Bestimmungen des Gesetzentwurfs sowohl den Gläubigern als auch den Mitgliedern der Gesellschaften ausreichenden Schutz gegen Beschränkungen gewähren".[104] Ferner äußerte er, dass „die Kommission

---

101 Zum vorstehenden Absatz: *Heuss* in: Bamberger, Ludwig, Neue Deutsche Biographie 1 (1953), S. 572–574 [Online-Version], https://www.deutsche-biographie.de/pnd118656961.html#ndbcontent (zuletzt abgerufen am: 15. März 2022); Amtliches Reichstags-Handbuch, Achte Legislaturperiode 1890/1895, S. 139 f.

102 Stenographische Berichte und Verhandlungen des Reichstages, VIII. Legislaturperiode, I. Session, 1890–1892, 199. Sitzung des Reichstages am 21. März 1892, Dritte Beratung des Entwurfes eines Gesetzes, betreffend die Gesellschaften mit beschränkter Haftung, S. 4881 ff. (4883).

103 Ebd.

104 Ebd.

[sich] einmüthig bewußt der weittragenden Bedeutung dieses Gesetzentwurfs [sei], und daß gerade darin, daß derselbe eine so weit gehende Vertragsfreiheit gewährt und den Gesellschaftern damit die Möglichkeit gibt, ihre Bestimmungen und Einrichtungen je nach den Bedürfnissen und Zwecken jeder einzelnen Gesellschaft zu treffen, ein wesentlicher Fortschritt dieses Gesetzentwurfs zu finden ist, und daß dabei genügende Garantien dafür gegeben seien, daß die Mitglieder der Gesellschaft ebenso wie die Gläubiger und auch das Publikum gegen Ausbeutung und Mißbrauch geschützt sind".[105]

Der folgende Redner, der Abgeordnete *von Strombeck*, erklärte, dass er weiterhin „schwerwiegende Bedenken gegen den Gesetzesentwurf habe" und er „der Meinung [ist], daß durch die Kommissionsberathung das Gesetz in einigen Punkten nicht verbessert, sondern verschlechtert worden ist".[106] Er sprach hiermit wohl nicht die im Laufe des Gesetzgebungsverfahrens strenger gewordenen Gründungsvorschriften an. Im Ergebnis stellte er trotz der Bedenken in Aussicht, dass er nicht gegen die Enblocannahme des Gesetzesentwurfes stimmen werde, mit der die Enblocannahme verhindert werden würde, sondern sich der Abstimmung wieder (wie in der zweiten Lesung) enthalten würde, da auch er erkannte, dass das Gesetz „gewisse segensreiche Folgen" haben werde.[107]

Der nächste Redner, der Kommissar des Bundesraths, Kaiserlicher Geheimer Ober-Regierungsrath *Hoffmann*, griff ebenfalls die von seinen Vorrednern geäußerten Bedenken hinsichtlich des Gesetzesentwurfes auf und beabsichtigte davon zu überzeugen, dass nicht „die Meinung platzgreifen würde, als ob es bei diesem Gesetzentwurf nicht die nöthige Rücksicht darauf genommen wäre, die Gläubiger vor einer Benachtheiligung durch die Gesellschafter zu schützen".[108] Im weiteren Verlauf seiner Ausführungen versuchte *Hoffmann* insbesondere die Argumente seines Vorredners *Broemel* bezüglich der angeblich noch mangelnden Autonomie der Gesellschafter hinsichtlich der Möglichkeiten zur Regelung durch den Gesellschaftsvertrag sowie des befürchtenden mangelnden Gläubigerschutzes im Zusammenhang mit der nötigen Publizität bei der Gründung der Gesellschaft (insbesondere hinsichtlich der Sacheinlagen) zu entkräften. Im Ergebnis hielt er fest, dass der Vorwurf nicht gerechtfertigt sei, „daß das Interesse der Gläubiger im Entwurf nicht genügen gewahrt sei".[109]

---

105 Ebd.
106 Ebd., S. 4884.
107 Ebd.
108 Ebd.
109 Ebd., S. 4885.

In der sich anschließenden Reaktion des Abgeordneten *Broemel* äußerte sich dieser nicht mehr explizit zu den Gründungsvorschriften, sondern griff vielmehr die Kritik vom Vorredner, *Hoffmann*, auf. Am Ende seiner Ausführungen zog der Abgeordnete *Broemel* seinen Antrag auf Absetzung der Beratung über den Gesetzesentwurf im Hinblick auf die „Stimmung des Hauses und der Geschäftslage, nachdem diese Diskussion Aufklärung [...] gebracht hat", zurück.[110]

Aufgrund Widerspruches aus dem Plenum beharrte auch der Abgeordnete der Deutschkonservativen Partei, *Heinrich Hermann Klemm*, nicht auf seinem Standpunkt, dass der Antrag des Abgeordneten *Broemel* aufrechterhalten werde.[111]

Nachdem die Generaldiskussion Geschlossen und festgestellt wurde, dass der Antrag des Abgeordneten *Broemel* auf Absetzung des gegenständlichen Beratungsgegenstandes von der Tagesordnung zurückgezogen wurde, wurde in die Spezialdiskussion eingetreten.[112] Zunächst sollte über § 1 des Gesetzesentwurfes debattiert werden, allerdings äußerte sich der erste und einzige Redner in der Spezialdiskussion, der Abgeordnete *von Bennigsen*, nicht hierzu. Vielmehr äußerte er sich dahingehend, dass „in der Generaldiskussion den einzelnen Mitgliedern Gelegenheit gegeben ist, ihre Bedenken gegen den Entwurf zur Geltung zu bringen, aber auch von dieser Seite auf die Stellung von Abänderungsanträgen verzichtet worden ist" und stellte, wie bereits in der zweiten Beratung, den Antrag auf Enblocannahme des Gesetzesentwurfes.[113]

Nachdem kein Mitglied des Reichstages der Enblocannahme widersprach, wurde der Gesetzesentwurf betreffend die Gesellschaften mit beschränkter Haftung in dritter Lesung „in allen seinen Paragraphen und im ganzen" mit großer Mehrheit angenommen.[114] Anschließend wurde noch dem Antrag der Kommission, dass durch die Beschlussfassung über den Gesetzesentwurf die zu diesem Entwurf eingegangenen Petitionen für erledigt erklärt werden, mit der Mehrheit stattgegeben.[115]

---

110 Ebd.

111 Ebd.

112 Ebd., S. 4886.

113 Ebd.

114 Ebd.

115 Ebd.

2. Der Abschluss des Gesetzgebungsverfahrens

Der Bundesrat stimmte der vom Reichstag verabschiedeten Fassung des Gesetzes ohne die Vornahme von Änderungen am 7. April 1892 zu. Am 20. April 1892 fertigte der Kaiser das Gesetz aus. Im Reichsgesetzblatt wurde das Gesetz betreffend die Gesellschaften mit beschränkter Haftung am 26. April 1892 verkündet und trat am 10. Mai 1892 in Kraft. Entgegen des häufig genannten 19. Mai 1892 als Datum des Inkrafttretens[116], ist das Gesetz am 10. Mai 1892 in Kraft getreten, da ein Gesetz 14 Tage nach der Veröffentlichung im Reichsgesetzblatt nach Art. 2 Abs. 3 der Reichsverfassung von 1871 in Kraft trat, sofern das Gesetz keine andere Bestimmung enthält, was vorliegend nicht der Fall gewesen ist.

III. Zusammenfassung

Es ist festzustellen, dass hinsichtlich der Gründungsvorschriften verschiedene Auffassungen nicht nur vor dem Erlass des Gesetzes betreffend die Gesellschaften mit beschränkter Haftung, sondern auch noch während des Gesetzgebungsverfahrens vertreten worden sind.

Entgegen der vorschnellen Annahme, dass das schnelle Gesetzgebungsverfahren darauf schließen lässt, dass alle Mitglieder des Reichstages für das Gesetz betreffend die Gesellschaften mit beschränkter Haftung gewesen sind, spricht die teils deutlich ausgesprochene Kritik während der Beratungen des Gesetzesvorschlages. So äußerte der Abgeordnete *Spahn* im Rahmen der ersten Lesung Zweifel an dem Bedürfnis für eine neue Gesellschaftsform mit beschränkter Haftung und an dem konkreten Gesetzesentwurf. Insbesondere sorgte er sich darum, dass auszuschließen ist, dass das beabsichtigte Gesetz nicht dazu dient, die für die Aktiengesellschaft bestehenden Gründungsvorschriften zu umgehen. Ebenfalls kritisch äußerte sich der Abgeordnete *Broemel* während der zweiten und dritten Lesung hinsichtlich des im Entwurf des Gesetzes vorgesehenen Gründungsrechtes. *Broemel* zweifelte insbesondere die ausreichende Solidität bei der Gründung an. Ähnliche Bedenken äußerten die Abgeordneten *Strombeck* und *von Bar*. Der Enblocannahme wurde seitens dieser Abgeordneten nur nicht widersprochen, da sie erkannten, dass ihre Änderungswünsche keine Aussicht auf Erfolg auf Annahme durch die Mehrheit hätten. Einen pragmatischeren Weg zeichnete der Abgeordnete *Bamberger*, der sich dafür aussprach, das Gesetz zu verabschieden und dessen Auswirkungen in der Praxis zu beobachten und gegebenenfalls anschließend korrigierend Hand anzulegen.

---

116 So z. B.: *Fränkel*, Die Gesellschaft mit beschränkter Haftung: Eine volkswirtschaftliche Studie, S. 26.

Im Hinblick auf das Gründungsrecht werden die unterschiedlichen Meinungen unter anderem dadurch deutlich, dass der zunächst eingebrachte Gesetzesentwurf für den Abschluss des Gesellschaftsvertrages lediglich die Schriftform bestimmte und der erst während des Gesetzgebungsverfahrens abgeänderte Entwurf die notarielle bzw. gerichtliche Form zum Abschluss des Gesellschaftsvertrages vorsah.

Die ersten Entwürfe für ein Gesetz betreffend die Gesellschaften mit beschränkter Haftung sahen zumeist lediglich die Schriftform für den Abschluss des Gesellschaftsvertrages vor. Doch bereits der Entwurf von *Robert Esser* aus dem Jahre 1886 sprach sich dafür aus, für den Abschluss des Gesellschaftsvertrages die notarielle bzw. gerichtliche Form vorzusehen. Die während der Entwurfsverfassung befragten Handelskammern sprachen sich teilweise ebenfalls für eine Verschärfung der Gründungsvorschriften aus und forderten teilweise ausdrücklich die notarielle bzw. gerichtliche Form zum Abschluss des Gesellschaftsvertrages der noch zu schaffenden Gesellschaftsform.

Im Ergebnis wurde der Gesetzesentwurf angenommen, der in § 2 vorsah, dass der Gesellschaftsvertrag des Abschlusses in gerichtlicher oder notarieller Form bedarf. Ferner, dass er von sämtlichen Gesellschaftern zu unterzeichnen ist und die Unterzeichnung durch Bevollmächtigte nur aufgrund einer gerichtlich oder notariell errichteten oder beglaubigten Vollmacht zulässig ist.

Mit Blick auf die Regelungen über das Stammkapital wurde im Laufe des Gesetzgebungsverfahren festgelegt, dass ein Gesellschafter bei der Errichtung der Gesellschaft nur eine Stammeinlage übernehmen darf.

Gleichzeitig blieben die Regelungen über die Mindesthöhe des Stammkapitals (20 000 Mark nach § 5 Abs. 1 Gesetz betreffend die Gesellschaften mit beschränkter Haftung aus dem Jahre 1892), die zur Eintragung der Gesellschaft benötigte Mindesteinzahlung (bei Bareinlagen ein Viertel nach § 7 Abs. 2 Gesetz betreffend die Gesellschaften mit beschränkter Haftung aus dem Jahre 1892) sowie die Regelungen betreffend die Sacheinlagen im Laufe des Gesetzgebungsverfahrens unverändert.

Die meisten weiteren Regelungen betreffend das Gründungsrecht der Gesellschaft mit beschränkter Haftung veränderten sich – trotz teils intensiver Diskussion über einzelne Punkte – während des Gesetzgebungsverfahrens ebenfalls nicht mehr. So wurde insbesondere die Möglichkeit, eine Gesellschaft mit beschränkter Haftung zu jedem zulässigen Zweck gründen zu können (§ 1 Gesetz betreffend die Gesellschaften mit beschränkter Haftung aus dem Jahre 1892), unverändert durch das Gesetzgebungsverfahren beibehalten. Die Mindestinhalte des Gesellschaftsvertrages (§ 5 Gesetz betreffend die Gesellschaften mit beschränkter Haftung aus dem Jahre 1892) blieben ebenfalls während des Gesetzgebungsverfahrens unverändert.

2. Kapitel: Kritik der Rechtswissenschaft, der Rechtspolitik und der Wirtschaft

In diesem Teil der Arbeit wird untersucht, wie sich die Vertreter der Rechtswissenschaft, der Rechtspolitik und der Wirtschaft zu dem Gesetzgebungsverfahren des Gesetzes betreffend die Gesellschaften mit beschränkter Haftung und dem im Jahre 1892 verabschiedeten Gesetz geäußert haben. Hierzu werden die verschriftlichten Ansichten einzelner Vertreter der Rechtswissenschaften, der Rechtspolitik und der Wirtschaft, insbesondere im Hinblick auf das Gründungsrecht der Gesellschaft mit beschränkter Haftung, untersucht und wiedergegeben.

I. Kritik einzelner Vertreter der Rechtswissenschaften

Vertreter der Rechtswissenschaften äußerten sowohl im Rahmen des Gesetzgebungsverfahrens als auch nach der Verabschiedung des Gesetzes betreffend die Gesellschaften mit beschränkter Haftung im Jahre 1892 teils deutliche Kritik an dem verabschiedeten Gesetz. Diese geäußerten Ansichten werden nachfolgend untersucht.

1. *Otto Bähr*

Der Reichsgerichtsrat *Otto Bähr* veröffentlichte im Jahr 1892 in „Die Grenzboten: Zeitschrift für Politik, Literatur und Kunst“ einen Aufsatz mit dem Titel „Gesellschaften mit beschränkter Haftung“, in dem er deutliche Kritik an dem Gesetzesvorhaben betreffend die Einführung einer Gesellschaft mit beschränkter Haftung äußert.[117]

Hinsichtlich der Gründung äußert *Bähr* Bedenken, dass die Aktiengesellschaft, „deren ersten Anfänge in die vergangnen Jahrhunderte zurück[reichen]“, doch erst „in diesem Jahrhundert voll ins Leben getreten“ ist, und ähnlich wie die „Aktiengesellschaft (limited)“ in England teilweise dazu gegründet wurde, um sich „als Aktiengesellschaft eintragen“ zu lassen, im Übrigen aber „keine der Formen und Vorschriften des Aktienrechts“ zu beobachten, gleichzeitig aber „ganz wie die Teilhaber einer offnen Gesellschaft“ zu arbeiten.[118] Auch „bei uns“,

---

117 *Bähr* in: Gesellschaften mit beschränkter Haftung, Die Grenzboten 51 (1892), Erstes Vierteljahr, S. 210–226.

118 Ebd., S. 211, 215 f.

äußert er, „sei die Sitte, solche Aktiengesellschaften zu gründen, schon eingedrungen, und sie verbreite sich immer mehr".[119] Nach Ansicht von *Bähr* müsse man „dieser mißbräuchlichen Benutzung des Aktienrechts entgegentreten" und dies im Rahmen der Gesetzgebung betreffend die Gesellschaft mit beschränkter Haftung beachten.[120] Er stellt klar, dass das „Deutsche Handelsgesetzbuch [es] für notwendig [erachtete], die Errichtung jeder Aktiengesellschaft an die staatliche Genehmigung zu knüpfen", Art. 208 Allgemeines Deutsches Handelsgesetzbuch (in der Fassung bis zu der am 11. Juni 1870 in Kraft getretenen 1. Aktienrechtsnovelle).[121] Mit der 1. Aktienrechtsnovelle durch Reichsgesetz, welches am 11. Juni 1870 in Kraft getreten ist, wurde dieses Erfordernis aufgehoben. Dies führte nach Ansicht von *Bähr* dazu, dass schon „bald nach Erlaß dieses Gesetzes mit der Bildung von Aktiengesellschaften ein Schwindel ohne gleichen getrieben wurde, bei dem viele Menschen ihr Vermögen verloren".[122] Die aufgrund des „Wegfalls der Staatsgenehmigung" eingetretene, „in einem viel größeren Umfange [...], als es damals geahnt worden sei", „Periode des Aktienschwindels" wiederum veranlasste den Gesetzgeber dieser „durchaus ungesunde[n] Entwicklung" entgegenzutreten, indem hierzu am 18. Juli 1884 ein Gesetz in Kraft getreten ist (2. Aktienrechtsnovelle), welches „die Gründung und die Verwaltung der Aktiengesellschaften an weit strengere Formen knüpfte".[123]

Nach den Ausführungen über die Gesetzgebung bezüglich der Aktiengesellschaft, insbesondere hinsichtlich des Gründungsrechts, konstatiert *Bähr*, dass das vorgeschlagene Gesetz betreffend die Gesellschaften mit beschränkter Haftung „dem bestehenden Rechte den Boden ausschlüge".[124] Seiner Meinung nach wird das „noch im Jahre 1884 mit so großer Mühe neu aufgebaut[e]" Recht der Aktiengesellschaften durch das neue Gesetz betreffend die Gesellschaften mit beschränkter Haftung „größtenteils überflüssig" werden, da nur noch solche Gesellschaften, die beabsichtigen Inhaberaktien auszugeben, auf die Aktiengesellschaft zurückgreifen müssen und an das zugrundeliegende „Aktienrecht des Gesetzes vom 18. Juli 1884 gebunden sein" würden.[125] Diese Ansicht von *Bähr* ist damit zu begründen, dass der Entwurf eines Gesetzes betreffend die

119 Ebd., S. 211.
120 Ebd.
121 Ebd., S. 216.
122 Ebd.
123 Ebd.
124 Ebd., S. 217.
125 Ebd.

Gesellschaften mit beschränkter Haftung[126] vorsah, dass der Gesellschaftsvertrag der zu schaffenden Gesellschaft mit beschränkter Haftung die folgenden Angaben enthalten musste: Nach § 3 Abs. 1 Nr. 3 „den Betrag des Stammkapitals" sowie nach § 3 Abs. 1 Nr. 4 „den Betrag der von jedem Gesellschafter auf das Stammkapital zu leistenden Einlage (Stammeinlage)". Ferner musste nach § 8 Abs. 1 Nr. 2 des vorbezeichneten Gesetzesentwurfes[127] der Anmeldung der Gesellschaft zum Handelsregister „eine von den Anmeldenden unterschriebene Liste der Gesellschafter, aus welcher Name, Vorname, Stand und Wohnort der letzteren, sowie der Betrag der von einem jeden derselben übernommenen Stammeinlage ersichtlich ist" beigefügt werden. Folgerichtig konnte nach dem Vorschlag über ein Gesetz betreffend die Gesellschaften mit beschränkter Haftung ein Geschäftsanteil an einer Gesellschaft mit beschränkter Haftung nicht auf den Inhaber lauten, sondern musste namentlich einer Person in der erwähnten Liste zugewiesen werden. Nach Ansicht von *Bähr* würden sich „alle übrigen Gesellschaften, die bisher unter das Aktienrecht fielen, [...] nach dem neuen Gesetze [betreffend die Gesellschaften mit beschränkter Haftung] bilden können und damit alle erschwerenden Formen, die jenes Gesetz [betreffend die Aktiengesellschaften] geschaffen hat, überhoben" haben.[128] In dem Gesetzgebungsvorhaben betreffend eine Gesellschaft mit beschränkter Haftung sieht er eine Gesetzgebung, „die, durch zwingende Gründe veranlaßt, eine Reihe sorgfältig ausgearbeiteter Schutzmaßregeln für ein Verhältnis aufgestellt hat, nach wenigen Jahren diese Schutzmaßregeln wieder einreißen und alles freigeben will".[129]

Im weiteren Verlauf des Aufsatzes kritisiert *Bähr* die nach seiner Meinung viel zu leicht zu erlangende beschränkte Haftung für Unternehmungen zu jedem beliebigen, gesetzlich zulässigen, Zweck. Abschließend äußert er, dass „nichts [...] den Glauben an das Recht mehr [zerstört], als wenn das Gesetz selbst in

126 Entwurf eines Gesetzes betreffend die Gesellschaften mit beschränkter Haftung nebst Begründung und Anlagen, Amtliche Ausgabe, Berlin 1891; Stenographische Berichte und Verhandlungen des Reichstages, VIII. Legislaturperiode, I. Session, 1890–1892, Anlage Nr. 660, S. 3715 ff.; in dieser Hinsicht auch unverändert der auf Grund des Berichts der Kommission entstandene Entwurf des Gesetzes betreffend die Gesellschaften mit beschränkter Haftung: Stenographische Berichte und Verhandlungen des Reichstages, VIII. Legislaturperiode, I. Session, 1890–1892, Anlage Nr. 744, S. 4005 ff.

127 Siehe bereits Fn. 126.

128 *Bähr* in: Gesellschaften mit beschränkter Haftung, Die Grenzboten 51 (1892), Erstes Vierteljahr, S. 210–226 (217).

129 Ebd., S. 218.

handgreiflicher Weise die Mittel darbietet, Mißbrauch damit zu treiben".[130] Zum Schluss gibt *Bähr* zu bedenken, dass die am 11. Juni 1870 in Kraft getretene 1. Aktienrechtsnovelle Wirkungen mit sich brachte, von denen man „keine Ahnung gehabt habe" und die an die am 18. Juli 1884 in Kraft getretene 2. Aktienrechtsnovelle „geknüpften Hoffnungen zu einem wesentlichen Teile nicht in Erfüllung gegangen" seien.[131] Seiner Meinung nach sollte „man sich bei einem dritten Gesetze [Anmerkung des Verfassers: Gemeint ist ein Gesetz betreffend die Gesellschaften mit beschränkter Haftung] dieser Art nicht ähnlichen Täuschungen hingeben", denn diese würden vielleicht „die schlimmsten von allen sein".[132]

2. *Levin Goldschmidt*

Der Geheime Justizrath und ordentliche Professor der Rechtswissenschaften an der Universität Berlin *Levin Goldschmidt* hielt am 19. März 1892 in der Juristischen Gesellschaft zu Berlin einen Vortrag unter dem Titel: „Alte und neue Formen der Handelsgesellschaft". In seinem Vortrag widmete sich *Goldschmidt*, der sich nach eigener Aussage seit „40 Jahren unablässig mit der Ergründung von Bau und Funktionen des europäischen Gesellschaftsrechts" beschäftigt hat, der sich „noch in dem Stadium der legislativen Behandlung stehende[n] Gesellschaftsform" der Gesellschaft mit beschränkter Haftung.[133] *Goldschmidt* wurde im Jahre 1869 als Rat an dem Bundes-, später Reichsoberhandelsgericht in Leipzig, ernannt. Im Jahre 1875 wurde *Goldschmidt* auf das erste Ordinariat für Handelsrecht in Deutschland an die Universität Berlin berufen. Im Jahre 1874 gehörte *Goldschmidt* der sogenannten „Vorkommission" in Form einer Fünferkommission des Bundesrats zur Erarbeitung von gutachterlichen Vorschlägen für ein einheitliches Zivilgesetzbuch für Deutschland, dem letztendlichen Bürgerlichen Gesetzbuch, an. Die in dieser Vorkommission getroffene grundlegende Entscheidung der Beibehaltung der „Zweiteilung" von Handels- und Bürgerlichem Recht, geht insbesondere auf seinen erfolgreichen Einsatz hierfür in der Vorkommission zurück. In den darauffolgenden Kommissionen in den Jahren 1874 und 1890, die sich dann tatsächlich mit der Formulierung des Bürgerlichen Gesetzbuches befassten, wurde *Goldschmidt* vermutlich wegen seiner jüdischen Abstammung allerdings nicht mehr berufen. Noch als Privatdozent

---

130 Ebd., S. 226.
131 Ebd.
132 Ebd.
133 *Goldschmidt*, Alte und neue Formen der Handelsgesellschaft, S. 3 ff.

war *Goldschmidt* im Jahre 1858 Begründer der Zeitschrift für das Gesammte Handelsrecht. Politisch betätigte sich *Goldschmidt* ebenfalls und wurde im Jahre 1875 als Mitglied der Nationalliberalen Partei in den Reichstag gewählt. Während seiner Zeit als Reichstagsabgeordneter (1875–1877) agierte *Goldschmidt* als zweiter Vorsitzender der Kommission für die Konkursordnung.[134]

Zum Zeitpunkt des Vortrages war der Gesetzesentwurf bereits vom Bundesrat genehmigt, dem Reichstag zur Verhandlung vorgelegt, von der Kommission des Reichstages überarbeitet worden und befand sich am selben Tag in der zweiten Lesung im Reichstag.

Zunächst stellt *Goldschmidt* die geschichtliche Entwicklung der „Associationen" hin zu den zur Zeit des Vortrages vorherrschenden Gesellschaftsformen der im Allgemeinen Deutschen Handelsgesetzbuch geregelten „offenen (Handels-)Gesellschaft", der „Kommanditgesellschaft", der „Aktiengesellschaft" sowie der in dem am 1. Oktober 1889 in Kraft getretenen „Gesetz, betreffend die Erwerbs- und Wirthschaftsgenossenschaften" geregelten „Erwerbs- und Wirthschafts-Genossenschaften mit beschränkter Haftung" dar.[135] *Goldschmidt* erachtet das Gesetzgebungsverfahren betreffend die Gesellschaft mit beschränkter Haftung als „Versuch" der Erweiterung des deutschen Handelsrechts, „dessen Doktrin und Praxis in der Hauptsache auf eigenen Füssen steht", es „im erfreulichen Gefühle unserer Kraft es wagen, mit durchaus originellen Rechtsschöpfungen auch da vorzugehen, wo uns bisher jedes Vorbild fremdländischer Gesetzgebung fehlt".[136] Nach *Goldschmidt* handelt es sich bei dem „im Reichsjustizamt [...] mit grossem technischen Geschick ausgearbeitete[n]" Entwurf eines Gesetzes betreffend die Gesellschaften mit beschränkter Haftung um „eine durchaus neue, noch nirgends in der Welt erprobte Gesellschaftsform".[137] Im offen ausgesprochenen Gegensatz zu *Bähr* steht *Goldschmidt* der Gesetzesvorlage „durchaus sympathisch" gegenüber, erachtet es als „unzulässig, mit O. Bähr dem legislativen Versuche mit der Behauptung entgegenzutreten, dass solcher nur dem „Schwindel" zu Gute kommen werde", äußert allerdings auch, dass „grosse Vorsicht geboten" sei.[138] Insbesondere zeigt *Goldschmidt* auf, dass er in der beabsichtigten Gesellschaft mit beschränkter Haftung, die seiner Ansicht

---

134 Zum vorstehenden Absatz: *Lepsius* zu Levin Goldschmidt (1829–1897) in: Handwörterbuch zur deutschen Rechtsgeschichte. Band II, S. 459–463.

135 *Goldschmidt*, Alte und neue Formen der Handelsgesellschaft, S. 4–17.

136 Ebd., S. 17.

137 Ebd., S. 17 f.

138 Ebd., S. 18 f.

nach wegen des „bequemere[n], weil weniger verantwortungsvolle[m] System der beschränkten Haftung" wohl vermehrt ausgewählt werden würde, eine „keineswegs unbedenkliche Konkurrenz" für die bestehenden und sich bewährten „Gesellschaftsformen der offenen Gesellschaft, der Kommandit- und stillen Gesellschaft, desgleichen der unter Umständen sehr angezeigten Kommanditgesellschaft auf Aktien".[139] Hierin sieht er eine „Gefahr der Verdrängung dieser prinzipiell solideren Gesellschaftsformen" und nicht, wie unter anderem *Bähr*, „in der befürchteten Konkurrenz mit den Aktiengesellschaften".[140] Im weiteren Verlauf des Vortrages wirft *Goldschmidt* folgende Frage auf: „Ob denn solche Unternehmungen, für welche die beschränkte Haftbarkeit aller Betheiligten angemessen erscheint, nicht, wie bisher, in der Form der Aktiengesellschaften ihre ausreichende Gestaltung finden können".[141] *Goldschmidt* versucht gleich selbst die Antwort auf die aufgeworfene Frage zu geben und stellt fest, dass behauptet wird, „dass unser Aktienrecht, insbesondere das neue Gesetz von 1884 [Anmerkung des Verfassers: Gemeint ist das Allgemeine Deutsche Handelsgesetzbuch (in der Fassung der am 18. Juli 1884 in Kraft getretenen 2. Aktienrechtsnovelle)] dem Unternehmungsgeist kaum überwindliche Schranken gezogen habe".[142] Diese Schranken seien „insbesondere in den lästigen Gründungsvorschriften" zu finden, allerdings findet *Goldschmidt* „auch nicht, dass dasselbe [Anmerkung des Verfassers: Gemeint ist das vorstehend näher bezeichnete Allgemeine Deutsche Handelsgesetzbuch in der Fassung nach der 2. Aktienrechtsnovelle] erfahrungsmässig gute oder schlechte Gründungen verhindert hat".[143] Ferner ist er der Meinung, dass es „sehr verkehrt" wäre, wenn „man die Bildung von Gesellschaften mit durchaus gleichen Zielen ohne die strengen Vorschriften dieses Gesetzes [Anmerkung des Verfassers: Gemeint ist das vorstehend näher bezeichnete Allgemeine Deutsche Handelsgesetzbuch in der Fassung nach der 2. Aktienrechtsnovelle] gestattet".[144] Sollte man „wirklich diese Vorschriften", gemeint sind unter anderem die Gründungsvorschriften des Aktienrechts des Allgemeinen Deutschen Handelsgesetzbuches in der Fassung nach der 2. Aktienrechtsnovelle, als „unerträgliche Fessel des Unternehmensgeistes" ansehen, so schlägt *Goldschmidt* vor, dass man „an die direkte Reform des Aktiengesetzes gehen"

139 Ebd., S. 21 f.
140 Ebd., S. 22.
141 Ebd., S. 23.
142 Ebd., S. 24.
143 Ebd.
144 Ebd.

sollte.[145] Hiermit impliziert er, dass die Schaffung einer neuen Gesellschaftsform in Form der Gesellschaft mit beschränkter Haftung, nur um die „lästigen Gründungsvorschriften“ zu vermeiden, nicht notwendig erscheint, sondern vielmehr eine weitere Reform des Rechts der Aktiengesellschaften angezeigt wäre. Hierzu könnte nach *Goldschmidt* in „dem so gerne gepriesenen Englischen Recht mindestens ein ausreichendes Vorbild für sehr häufige legislatorische Wandelungen des Aktiengesellschaftsrechts“ gefunden werden.[146]

Hinsichtlich des Gründungsrechts der neu zu schaffenden Gesellschaft mit beschränkter Haftung greift *Goldschmidt* den „sehr gewichtigen“ Einwand von *Bähr* auf, dass man „die beliebige Kreirung von juristischen Personen ohne Staatsgenehmigung“ nicht gestatten dürfe.[147] Allerdings erklärt *Goldschmidt* sogleich, dass er „freilich auf einem durchaus abweichenden prinzipiellen Standpunkt“ stehe, indem er „die Freigebung der Korporationsbildung unter gesetzlichen Bedingungen für ein unabweisliches Bedürfniss“ erachtet, als auch annimmt, „dass, soweit nicht die freilich vorherrschende Landesgesetzgebung entgegensteht, nach geltendem gemeinen Recht der freien Korporationsbildung nur diejenigen Schranken gezogen sind, welche in der Natur der Sache, nämlich in der Art der Verbindung selbst gelegen sind“.[148] Mit dem Begriff „Korporation“ meint *Goldschmidt* eine „zu erlaubtem dauerndem Zweck“ errichtete „Verbindung der Art […], dass sie die Interessen nicht lediglich zeitiger, sondern auch künftiger Mitglieder durchzuführen bestimmt ist, gibt sie sich eine dem entsprechende Organisation“ und „will sie endlich für die entstehenden Verbindlichkeiten lediglich mit ihrem Vermögen einstehen, oder soll doch die Haftung auch ihrer einzelnen Mitglieder eine nur subsidiäre sein“.[149] Bezüglich dieser Korporationen erachtet *Goldschmidt* die „Aufgabe der Gesetzgebung“ nur darin, „die Voraussetzungen genau zu präcisieren, unter welchen eine derartige Verbindung das Recht hat, als juristische Person anerkannt zu werden“.[150] Anschließend geht *Goldschmidt* der Frage nach, ob die beabsichtigte, neue Gesellschaftsform der Gesellschaft mit beschränkter Haftung von Gesetzes wegen als juristische Person, das heißt, dass sie als solche selbständig Trägerin von Rechten und Pflichten sein kann, zu betrachten ist, oder, ob

145 Ebd.
146 Ebd., S. 24 f.
147 Ebd., S. 31.
148 Ebd.
149 Ebd., S. 31 f.
150 Ebd., S. 32.

die Entscheidung dieser Frage von der (Rechts-)Wissenschaft zu treffen ist.[151] Gleichzeitig geht *Goldschmidt* aber nicht mehr auf den zuvor aufgegriffenen Einwand von *Bähr* hinsichtlich der Staatsgenehmigung ein und lässt unbeantwortet, ob er ebenfalls Anhänger oder Gegner der Idee ist, auch die Möglichkeit der Gründung der beabsichtigten Gesellschaft mit beschränkter Haftung unter einen (Staats-)Genehmigungsvorbehalt zu stellen.

Im weiteren Verlauf des Vortrages kritisiert *Goldschmidt* bezüglich der Gründung der beabsichtigten Gesellschaft mit beschränkter Haftung deutlich die Maßgabe, dass sie zu jedem gesetzlich zulässigen Zweck errichtet werden darf.[152] Nach *Goldschmidt* sorgt diese zu jedem gesetzlich zulässigen Zweck zu errichtende juristische Person dafür, dass hierdurch „diese wunderliche Bildung von Pseudohandelsgesellschaften durch das neue Gesetz in hohem Masse erleichtert wird".[153] Ferner kritisiert *Goldschmidt*, dass während für das Bürgerliche Gesetzbuch „versucht wird, die gesetzlichen Voraussetzungen der freien Korporationsbildung genau zu fixieren, statuiert ein anderes Reichsgesetz [Anmerkung des Verfassers: Gemeint ist der sich noch in der zweiten Lesung im Reichstag befindliche Entwurf eines Gesetzes betreffend die Gesellschaften mit beschränkter Haftung] kurzer Hand: wenn sich zwei oder mehr Personen als Gesellschaft mit beschränkter Haftung [...] unter gewissen, auf das leichteste erfüllbaren Bedingungen registrieren lassen, so bilden sie eine juristische Person!".[154]

Gegen Ende seines Vortrages zeigt *Goldschmidt* auf, dass er sich „soweit möglich gegen Stückgesetzgebung erklärt" und das behandelte Gesetz betreffend die Gesellschaften mit beschränkter Haftung als „nun einmal unvermeidlich gewordene[s] Spezialgesetz [...] doch nicht über das als unabweislich erkannte Bedürfniss hinausgehen [darf] und es [...] nicht denjenigen legislativen Feststellungen vorgreifen [darf], welche mit voller Sicherheit nur im Zusammenhange der ganzen bürgerlichen und Handelsgesetzgebung getroffen werden können".[155] Seiner Meinung nach sollte der „Gefahr, dass stückweise der Boden unseres geltenden Rechts durchlöchert oder je nachdem ergänzt wird, ohne dass bei dem Einzelgesetz dessen direkte oder indirekte Rückwirkung auf das gesammte Rechtssystem in aller Schärfe ins Auge gefasst wird" hinsichtlich des von ihm als „unabweislich erkannte[s] Bedürfniss" nach der Gesellschaftsform

---

151 Ebd., S. 32 ff.
152 Ebd., S. 36.
153 Ebd.
154 Ebd., S. 37.
155 Ebd., S. 39 u. 41.

der Gesellschaft mit beschränkter Haftung durch eine Revision des Allgemeinen Deutschen Handelsgesetzbuches begegnet werden und nicht durch ein „Spezialgesetz“ (Anmerkung des Verfassers: Mit diesem Ausdruck ist ein Einzelgesetz gemeint), außerhalb des Bürgerlichen Gesetzbuches bzw. des Allgemeinen Deutschen Handelsgesetzbuches.[156]

Im Ergebnis erkennt *Goldschmidt* an, „dass der vorliegende Gesetzentwurf, ungehemmt von doktrinären Bedenken, dem wirthschaftlichen Unternehmungsgeist, welcher in Deutschland nur zu sehr darniederliegt, freiere Bahnen eröffnet und eine in der Hauptsache zweckmässig geordnete neue Gesellschaftsform aufstellt, deren einzelne Prinzipien sorgfältig erwogen, geschickt und in klarer Weise formulirt sind“.[157] Explizit auf die Gründungsvorschriften geht *Goldschmidt* in seinen abschließenden Worten nicht mehr ein, gibt aber nochmal zu bedenken, dass seiner Ansicht nach der Gesetzesentwurf betreffend die Gesellschaften mit beschränkter Haftung „weit über das erkennbare Bedürfniss hinaus[geht] und […] in seiner gegenwärtigen Gestalt geeignet [ist], unsere sämmtlichen, altbewährten Formen der Handelsgesellschaft in sehr bedenklicher Weise zu erschüttern, nicht am wenigsten dadurch, dass er der nur unter Umständen angemessenen Begrenzung der Haftung wirksamen Vorschub leistet“.[158]

In einem abgedruckten Nachwort zeigt *Goldschmidt* unter Bezugnahme auf die en bloc Annahme im Reichstag auf, dass der „Abschluss des vorstehend besprochenen Gesetzentwurfs […] in so ungewöhnlicher Weise beeilt worden [ist], dass auch die bescheidensten Bedenken nicht haben berücksichtigt werden können“.[159]

3. *Karl von Gareis*

Die systematische Darstellung in dem im Jahre 1883 publizierten Werk des ordentlichen Professors der Rechte in Königsberg in Preußen *Karl von Gareis* mit dem Titel: „Das Reichsgesetz, betreffend die Gesellschaften mit beschränkter Haftung. Vom 20. April 1892.“ stellte einen Anhang zur 4. Auflage seines Lehrbuches („Das deutsche Handelsrecht: ein kurzgefaßtes Lehrbuch des im Deutschen Reich geltenden Handels-, Wechsel- und Seerechts; systematisch dargestellt auf Grund der deutschen Reichsgesetze, unter Berücksichtigung der

156 Ebd., S. 41.
157 Ebd.
158 Ebd., S. 42.
159 Ebd., S. 43.

einschlägigen Literatur und der Rechtsprechung, insbesondere der Entscheidungen des Reichsoberhandelsgerichts und des Reichsgerichts") dar, nachdem die Veröffentlichung der 4. Auflage des vorgenannten Lehrbuches im Jahre 1892 „rascher erfolgen" musste, „als vorgesehen war", und dadurch seine Ausführungen zum neuen Gesetz betreffend die Gesellschaften mit beschränkter Haftung aus dem selben Jahr in der 4. Auflage seines vorgenannten Lehrbuches nicht mehr berücksichtigt werden konnten.[160] Nach seiner Tätigkeit an der Universität Königsberg übernahm *von Gareis* ab dem Jahre 1902 das Rektorat an der Ludwig-Maximilians-Universität München. In der Zeit von 1878 bis 1881 war *von Gareis* als Abgeordneter der Nationalliberalen Partei Mitglied des Deutschen Reichstages.

Hinsichtlich des Gründungsrechts der Gesellschaft mit beschränkter Haftung stellt *von Gareis* richtigerweise fest, dass der Gesellschaftsvertrag in „gerichtlicher oder notarieller Form festgestellt werden" muss, der Beitritt schriftlich erfolgen muss und der Gesellschaftsvertrag „von sämmtlichen Gesellschaftern oder deren gerichtlich oder notariell Bevollmächtigten zu unterzeichnen" ist.[161] Es ist davon auszugehen, dass *von Gareis* mit „festgestellt" die nach dem Gesetz notwendige gerichtliche oder notarielle Beurkundung des Gesellschaftsvertrages und nicht die lediglich gerichtliche oder notarielle Beglaubigung der Unterschriften der Gründungsgesellschafter meint.

Im weiteren Verlauf seiner systematischen Darstellung geht *von Gareis* nicht näher auf das Gründungsrecht der neuen Gesellschaft mit beschränkter Haftung ein.

4. *Karl Wieland*

Der Schweizer Jurist *Karl Wieland* war zur Zeit der Veröffentlichung seines Aufsatzes mit dem Titel: „Die Gesellschaften mit beschränkter Haftung" in der Zeitschrift für Schweizerisches Recht im Jahre 1895 als Privatdozent für schweizerisches Privatrecht an der Universität Basel tätig.[162] Im Jahre 1897 wurde *Wieland* zunächst zum außerordentlichen- und im Jahre 1905 zum ordentlichen Professor für Handelsrecht und Zivilrecht an der Universität Basel ernannt. Neben seiner Tätigkeit an der Universität bekleidete *Wieland* zwischen den

---

160 *von Gareis*, Das Reichsgesetz, betreffend die Gesellschaften mit beschränkter Haftung. Vom 20. April 1892., S. 3.

161 Ebd., S. 11.

162 *Wieland* in: Die Gesellschaften mit beschränkter Haftung, Zeitschrift für Schweizerisches Recht (ZSR) 36 (1895), S. 205–258.

Jahren 1897 bis 1930 ein Richteramt am Appellationsgericht Basel, war in der Zeit von 1908 bis 1918 Mitglied der Justizkommission und unter anderem Mitglied der Expertenkommission für die Revision des handelsrechtlichen Teils des Obligationenrechts des Jahres 1936, in dem unter anderem eine Gesellschaft mit beschränkter Haftung nach deutschem Vorbild in das schweizerische Gesetz aufgenommen wurde.

Wieland zeigt zunächst die Gründe für das Entstehen des Gesetzes betreffend die Gesellschaften mit beschränkter Haftung in Deutschland auf. Seiner Meinung nach beklagte man vor dem Gesetzgebungsverfahren betreffend die Gesellschaften mit beschränkter Haftung eine zurückgehende Zahl an „Privatunternehmung[en], die Zunahme kapitalistischer Gesellschaften wie der Aktiengesellschaft und die damit verbundenen Misstände, insbesondere das Ueberwuchern der Börsenspekulation".[163] Die wesentliche Ursache hierfür soll das „Prinzipe der unbeschränkten Haft" gewesen sein.[164] Aufgrund entsprechender Bestrebungen „verdankt das Reichsgesetz betreffend die Gesellschaften mit beschränkter Haftung vom 20. April 1892 [ihnen] seine Entstehung".[165] Richtigerweise erkennt *Wieland*, dass der Gesetzgeber mit dem Gesetz betreffend die Gesellschaften mit beschränkter Haftung vom 20. April 1892 ein Überwuchern der Börsenspekulation zumindest zu vermindern versuchte, da die Geschäftsanteile nach § 15 Abs. 1 des Gesetzes betreffend die Gesellschaften mit beschränkter Haftung vom 20. April 1892 zwar frei veräußerlich waren, allerdings sowohl der Verpflichtungs- als auch der Abtretungsvertrag nach § 15 Abs. 3 und 4 des vorstehenden Gesetzes der gerichtlichen oder notariellen Form bedurfte. Gleichzeitig wurde mit dem Gesetz betreffend die Gesellschaften mit beschränkter Haftung vom 20. April 1892 allerdings die „wesentliche Ursache", das „Prinzipe der unbeschränkten Haft", mit § 13 Abs. 2 des vorstehenden Gesetzes, der besagte, dass für die Verbindlichkeiten der Gesellschaft den Gläubigern derselben nur das Gesellschaftsvermögen haftet, auch für die neue Gesellschaftsform seitens des Gesetzgebers verabschiedet.

Insbesondere erachtet *Wieland* einen Grund für das Bedürfnis nach einer Erweiterung des bestehenden Gesellschaftsrechts in dem „Fehlen einer Rechtsform für Vereinigungen mit teils aktiver, teils nur passiver Beteiligung der Gesellschafter".[166] Seiner Ansicht nach scheint es zwar, „dass bereits die Form

163 Ebd., S. 206.
164 Ebd., S. 207.
165 Ebd.
166 Ebd., S. 214.

der Aktiengesellschaft die gedachten Vorteile in sich schliesse: die Aktiengesellschaft gewährt sämtlichen Mitgliedern die Wohlthat der beschränkten Haftbarkeit und zwar in der milden Form der indirekten und unpersönlichen Haft".[167] „Die Aktionäre sind die Träger des Unternehmens und bestimmen die Thätigkeit der geschäftsführenden Organe", allerdings kommt gleichzeitig der „Umstand, dass die Aktiengesellschaft in ihrer heutigen Gestalt nur auf Vereinigungen mit einer erheblichen Zahl nur lose mit einander verbundener Teilhaber angelegt ist, [...] in einer Reihe von Einrichtungen zum Ausdruck, die mit den Interessen kleiner Erwerbsgesellschaften völlig unvereinbar sind" – insbesondere „die Formalitäten der Gründung"; auf die er später auch nochmals als die „strengen Vorschriften der Aktiennovelle vom Jahre 1884 betr. die Gründung" hinweist.[168] Mit der Aussage „Formalitäten der Gründung" spricht *Wieland* allerdings nicht die „Formalitäten" im Sinne der Formvorschriften der Gründung an, sondern vielmehr die „Formalitäten" im Sinne aller Regelungen betreffend die Gründung, nachdem sowohl nach Art. 208 Allgemeines Deutsches Handelsgesetzbuch (in der Fassung vor und nach der am 11. Juni 1870 in Kraft getretenen 1. Aktienrechtsnovelle) über die Errichtung und den Inhalt des Gesellschaftsvertrages (Statuts) eine gerichtliche oder notarielle Urkunde aufgenommen werden musste, als auch nach Art. 209 Allgemeines Deutsches Handelsgesetzbuch (in der Fassung der am 18. Juli 1884 in Kraft getretenen 2. Aktienrechtsnovelle) der Inhalt des Gesellschaftsvertrages (Statut) durch mindestens fünf Personen, welche Aktien übernehmen, in gerichtlicher oder notarieller Verhandlung festgestellt werden musste. Vielmehr meinte *Wieland* u.a. die Änderung des Allgemeinen Deutschen Handelsgesetzbuches mit der 2. Aktienrechtsnovelle vom 18. Juli 1884 dahingehend, dass es nach dieser (Art. 209 Allgemeines Deutsches Handelsgesetzbuch) mindestens fünf Personen, welche Aktien übernehmen, zur Gründung einer Aktiengesellschaft bedurfte. Auch die Staatsgenehmigung, welche nach Art. 208 Allgemeines Deutsches Handelsgesetzbuch vor der 1. Aktienrechtsnovelle von 1870 zur Gründung einer Aktiengesellschaft zwingend erforderlich war, konnte von *Wieland* nicht gemeint sein, da diese bereits mit der 1. Aktienrechtsnovelle von 1870, auch auf landesgesetzlicher Ebene (Art. 249 § 2 Allgemeines Deutsches Handelsgesetzbuch (in der Fassung der am 11. Juni 1870 in Kraft getretenen 1. Aktienrechtsnovelle)), beseitigt wurde und auch nicht durch die 2. Aktienrechtsnovelle aus dem Jahre 1884 wieder eingeführt wurde. Ferner beabsichtigte er darauf hinzuweisen, dass nach

167 Ebd., S. 215.
168 Ebd., S. 215 f. u. 227.

Art. 207a Allgemeines Deutsches Handelsgesetzbuch (in der Fassung der am 18. Juli 1884 in Kraft getretenen 2. Aktienrechtsnovelle) die Aktien auf einen Betrag von mindestens 1 000 Mark gestellt werden mussten, während gleichzeitig auf Namen lautende Aktien, deren Übertragung an die Einwilligung der Gesellschaft gebunden ist, auf einen Betrag von weniger als 1 000, jedoch nicht von weniger als 200 Mark gestellt werden durften. Nach Art. 207a Allgemeines Deutsches Handelsgesetzbuch (in der Fassung der am 11. Juni 1870 in Kraft getretenen 1. Aktienrechtsnovelle) durften die Aktien oder „Aktienantheile" noch, wenn sie auf Namen lauten, auf einen Betrag von mindestens 50 Vereinsthalern, wenn sie auf Inhaber lauten, auf einen Betrag von mindestens 100 Vereinsthalern, gestellt werden. Nach Artikel 14 § 2 Münzgesetz vom 9. Juli 1873 wurde dem Vereinsthaler ein Wert von 3 Mark zugewiesen. Dies bedeutete, dass im Falle von Inhaberaktien (mindestens lautend auf 1 000 Mark nach dem Allgemeinen Deutschen Handelsgesetzbuch nach der 2. Aktienrechtsnovelle von 1884 und mindestens lautend auf 100 Vereinsthaler nach der 1. Aktienrechtsnovelle von 1870) der Mindestbetrag, auf den eine Inhaberaktie lauten musste, mehr als verdreifacht wurde. Mit den „Formalitäten der Gründung" meint *Wieland* weiter die in der 2. Aktienrechtsnovelle von 1884 mit Art. 209h Allgemeines Deutsches Handelsgesetzbuch (in der Fassung der am 18. Juli 1884 in Kraft getretenen 2. Aktienrechtsnovelle) eingeführte „Gründungsprüfung". Nach vorgenannter Vorschrift wurden die Mitglieder des Vorstandes und des Aufsichtsrats verpflichtet, den Hergang der Gründung zu prüfen. Sind deren Mitglieder zugleich Gründer, so musste außerdem eine Prüfung durch besondere Revisoren stattfinden, welche das für die Vertretung des Handelsstandes berufene Organ und in Ermangelung eines solchen der Vorstand und der Aufsichtsrat zu bestellen hat. Gründer in diesem Sinne waren nach Art. 209c Allgemeines Deutsches Handelsgesetzbuch (in der Fassung der am 18. Juli 1884 in Kraft getretenen 2. Aktienrechtsnovelle) die Aktionäre, welche das Statut festgestellt haben oder welche andere als durch Barzahlung zu leistende Einlagen machen. Auf diese Änderung möchte *Wieland* durch seine Aussage aufmerksam machen, da eine solche Vorschrift „mit den Interessen kleiner Erwerbsgesellschaften völlig unvereinbar" ist, da sie eine Gesellschaft, deren Gründer nicht nur Aktionäre, sondern auch Mitglieder des Vorstands bzw. des Aufsichtsrates sind, dazu zwingt, kostspielige „besondere Revisoren" zur Gründungsprüfung zu bestellen.

Ferner beobachtet *Wieland* hinsichtlich des Gründungsrechts und den Formvorschriften zur Gründung von Kapitalgesellschaften Folgendes: Die Praxis zeigte vor Erlass des Gesetzes betreffend die Gesellschaften mit beschränkter Haftung im Jahre 1892, „dass Unternehmungen mit kleinem Kapital und beschränktem Mitgliederkreis sich in wachsendem Umfange der Form der

Aktiengesellschaft zugewandt haben".[169] In England erreichte das in Deutschland jahrzehntelang beobachtete Phänomen des „Ueberhandnehmen der Aktiengesellschaft auf kleinere Geschäfte" einen solchen Umfang, dass die zu „tausenden [...] emporschiessenden Limited-Gesellschaften" nur „die vorgeschriebene Form der Gründung [beobachten]; von da ab bewirtschaften die Teilhaber ihr Kapital in derselben Freiheit, wie die Teilhaber einer offenen Handelsgesellschaft, und bekümmern sich nicht im geringsten mehr um die Vorschriften des Aktiengesetzes".[170] Um mit den Worten von dem von *Wieland* hierzu erwähnten *Levin Goldschmidt* zu gehen: „Diese angeblich erprobten Gesellschaften des Englischen Rechts mit beschränkter Haftbarkeit sind somit formell fertige, materiell unfertige – wir würden sagen: missbräuchliche – Aktiengesellschaften".[171] *Wieland* möchte mit seinen Ausführungen zu der teilweise und vermehrten „unpassenden" Gründung von Aktiengesellschaften, mangels passender Alternative mit beschränkter Haftung für die Gründer, zum Ausdruck bringen, dass selbst wenn die vom Gesetzgeber aufgestellten formalen Anforderungen an die Gründung einer Kapitalgesellschaft eingehalten werden, eine für die im Einzelfall zu betrachtende spezielle Unternehmung „passende" Gründung hiermit noch nicht verbunden ist.

Nach Ansicht von *Wieland* wird die neu geschaffene Gesellschaftsform der Gesellschaft mit beschränkter Haftung aufgrund des Gesetzes aus dem Jahre 1892 nicht durch die „Bestimmungen über die Gesamthaft bezwecken", wie vom Gesetzgeber beabsichtigt, „die Teilhaber enger unter einander und mit dem Ganzen zu verbinden und die Anwendbarkeit der neuen Rechtsform auf Unternehmungen mit einer grösseren Zahl stets wechselnder Mitglieder zu verhindern".[172] Er geht sogar vom Gegenteil aus, nachdem „die Teilhaber nur nach Verhältnis ihrer Stammanteile haftbar sind, wird der Einzelne in desto geringerem Masse betroffen, je mehr sich der Kreis der Mitglieder ausdehnt und je geringer die Beträge der Stammanteile werden".[173] Dadurch soll die „thunlichste Erweiterung des Mitgliederbestandes", nach Ansicht von *Wieland*, „im Interesse der Begründer" liegen.[174] Hierdurch „nähert sich die Gesellschaft

---

169 Ebd., S. 221.

170 Ebd., S. 221 f.

171 *Goldschmidt*, Alte und neue Formen der Handelsgesellschaft, S. 19.

172 *Wieland* in: Die Gesellschaften mit beschränkter Haftung, Zeitschrift für Schweizerisches Recht (ZSR) 36 (1895), S. 205–258 (230).

173 Ebd.

174 Ebd.

mit beschränkter Haftbarkeit der Aktiengesellschaft, ohne dass gegenüber den damit verbundenen Gefahren irgend welche Vorkehrungen getroffen sind".[175] In Bezug auf das Gründungsrecht und die Formvorschriften konkretisiert *Wieland* seine Ansicht und beklagt namentlich den „absolute[n] Mangel einer genügenden Kontrolle des Gründungshergangs".[176] Eine genauere Konkretisierung nimmt *Wieland* allerdings nicht vor. Es bleibt somit unklar, was *Wieland* unter dem „Mangel einer genügenden Kontrolle des Gründungshergangs" versteht und auf welche Vorschriften bzw. seiner Ansicht nach eventuell fehlenden Vorschriften des Gesetzes betreffend die Gesellschaften mit beschränkter Haftung aus dem Jahre 1892 er sich hiermit bezieht. Im Hinblick auf die Unterschiede zwischen der Aktiengesellschaft und der Gesellschaft mit beschränkter Haftung betreffend die „Kontrolle des Gründungshergangs" ist Folgendes zu beachten: Nach Art. 209h Allgemeines Deutsches Handelsgesetzbuch (in der Fassung der am 18. Juli 1884 in Kraft getretenen 2. Aktienrechtsnovelle) sind die Mitglieder des Vorstandes und des Aufsichtsrats verpflichtet, den Hergang der Gründung zu prüfen. Sind deren Mitglieder zugleich Gründer oder haben sie der Gesellschaft ein Vermögensstück überlassen oder sich einen besonderen Vorteil ausbedungen (Art. 209b Allgemeines Deutsches Handelsgesetzbuch (in der Fassung der am 18. Juli 1884 in Kraft getretenen 2. Aktienrechtsnovelle)), so musste außerdem eine Prüfung durch besondere Revisoren stattfinden, welche das für die Vertretung des Handelsstandes berufene Organ und in Ermangelung eines solchen der Vorstand und der Aufsichtsrat zu bestellen hat. Die vorgenannte Prüfung hat sich insbesondere auf die Richtigkeit und Vollständigkeit der Angaben zu erstrecken, welche rücksichtlich der Zeichnung und Einzahlung des Grundkapitals und der im Art. 209b Allgemeines Deutsches Handelsgesetzbuch (in der Fassung der am 18. Juli 1884 in Kraft getretenen 2. Aktienrechtsnovelle) vorgesehenen Festsetzungen von den Gründern, insbesondere in der im Art. 209g Allgemeines Deutsches Handelsgesetzbuch (in der Fassung der am 18. Juli 1884 in Kraft getretenen 2. Aktienrechtsnovelle) vorgeschriebenen Erklärung, gemacht sind. Nach Art. 209g i.V.m. Art. 209b Abs. 2 Allgemeines Deutsches Handelsgesetzbuch (in der Fassung der am 18. Juli 1884 in Kraft getretenen 2. Aktienrechtsnovelle) musste für den Fall, dass auf das Grundkapital von Aktionären Einlagen gemacht werden, welche nicht durch Barzahlung zu leisten sind, oder seitens der zu errichtenden Gesellschaft vorhandene oder herzustellende Anlagen oder sonstige Vermögensstücke übernommen werden,

175 Ebd.
176 Ebd.

die Person des Aktionärs oder des Kontrahenten, der Gegenstand der Einlage oder der Übernahme und der Betrag der für die Einlage zu gewährenden Aktien oder die für den übernommenen Gegenstand zu gewährende Vergütung in dem Gesellschaftsvertrage festgesetzt werden; die Gründer mussten in diesem Falle in einer von ihnen zu unterzeichnenden Erklärung die Umstände darlegen, mit Rücksicht auf welche ihnen die Höhe der für die eingelegten oder übernommenen Gegenstände gewährten Beträge gerechtfertigt erscheint. Eine solche „Gründungsprüfung" hat das Gesetz betreffend die Gesellschaften mit beschränkter Haftung vom 20. April 1892 nicht vorgesehen. Allerdings musste auch nach § 5 Abs. 4 Gesetz betreffend die Gesellschaften mit beschränkter Haftung aus dem Jahre 1892 für den Fall, dass von Gesellschaftern Einlagen, welche nicht in Geld zu leisten sind, auf das Stammkapital gemacht werden oder die Vergütung für Vermögensgegenstände, welche die Gesellschaft übernimmt, auf Stammeinlagen angerechnet werden soll, die Person des Gesellschafters, der Gegenstand der Einlage oder Übernahme sowie der Geldwert, für welchen die Einlage angenommen wird, oder die für die übernommenen Gegenstände zu gewährende Vergütung im Gesellschaftsvertrage festgesetzt werden. Nach § 8 Abs. 2 Gesetz betreffend die Gesellschaften mit beschränkter Haftung aus dem Jahre 1892 mussten die Geschäftsführer bei der Anmeldung der Gesellschaft die Versicherung abgeben, dass die in § 7 Abs. 2 bezeichneten Leistungen auf die Stammeinlagen bewirkt sind, und dass der Gegenstand der Leistungen sich in der freien Verfügung der Geschäftsführer befindet. Die Anmeldung war nach § 76 Abs. 1 Gesetz betreffend die Gesellschaften mit beschränkter Haftung aus dem Jahre 1892 durch sämtliche Geschäftsführer persönlich zu bewirken oder in beglaubigter Form einzureichen. Ferner mussten die Geschäftsführer nach § 8 Abs. 3 Gesetz betreffend die Gesellschaften mit beschränkter Haftung aus dem Jahre 1892 hierfür ihre Unterschrift persönlich vor dem Gericht zeichnen oder die Zeichnung in gerichtlich oder notariell beglaubigter Form einreichen. Nach § 7 Abs. 2 Gesetz betreffend die Gesellschaften mit beschränkter Haftung aus dem Jahre 1892 durfte die Anmeldung einer Gesellschaft erst erfolgen, nachdem von jeder Stammeinlage, soweit nicht andere als in Geld zu leistende Einlagen auf das Stammkapital gemacht sind, ein Viertel, mindestens aber der Betrag von 250 Mark eingezahlt war. Dies bedeutete für den Fall einer in Geld zu leistenden Einlage (Bareinlage), dass ein Viertel, mindestens aber ein Betrag i.H.v. 250 Mark eingezahlt und zur freien Verfügung der Geschäftsführer stehen musste und im Fall einer nicht in Geld zu leistenden Einlage (Sacheinlage), dass „der Gegenstand einer solchen Einlage [...] vielmehr unter allen Umständen der Gesellschaft schon vor der Eintragung ungekürzt zur Verfügung gestellt werden [muss], wenn auch unter Umständen die weiter zur Erfüllung der Einlageverpflichtung noch erforderlichen Rechtsakte, wie namentlich die grundbuchmäßige Uebertragung des Eigenthums an Immobilien, zunächst noch vorbehalten bleiben muß"[177] und den Geschäftsführern zur freien Verfügung stehen musste.[178] *Parisius* und *Crüger* sprechen insoweit von einer „nicht deutlichen Regelung des § 7 Abs. 2 und § 8 Abs. 2".[179] Auch wenn die Versicherung der Geschäftsführer im Rahmen der Anmeldung der Gesellschaft keine „Gründungsprüfung" im engeren Sinne darstellte, so wurden die wissentlich falsch gemachten Angaben der Geschäftsführer „behufs Eintragung des Gesellschaftsvertrages in das Handelsregister [...] hinsichtlich der Einzahlungen auf die Stammeinlagen" nach § 86 Abs. 1. Nr. 1 Gesetz betreffend die Gesellschaften mit beschränkter Haftung aus dem Jahre 1892 mit „Gefängniß bis zu einem Jahre und zugleich mit Geldstrafe bis zu fünftausend Mark" bestraft.

Abschließend und zusammenfassend äußert *Wieland* die Meinung, dass wenn „der vom Gesetzgeber eingenommene Standpunkt auch unrichtig gewählt [wurde], so berechtigt uns das nicht dazu, die ganze aus der Initiative des deutschen Handelsstandes hervorgegangene Bewegung zu verurteilen und ihr falsche Motive unterzuschieben, wie dies seitens Bähr geschehen ist, der in einseitiger Weise nur den vom Reichsjustizamte ausgearbeiteten Entwurf in Berücksichtigung zieht".[180] „Vielmehr verdient die Thatsache Beachtung, dass gerade jene Richtung, welcher es vor Allem um prinzipielle Erweiterung des bisherigen Rechts, um Übertragung der beschränkten Haft auf die Privatunternehmung zu thun war, einen Weg vorgezeichnet hat, auf welchem die Entfaltung des neuen und an und für sich berechtigten legislativen Gedankens durchführbar erscheint, wenn vielleicht auch der Erfolg zum Teil hinter den gehegten Erwartungen zurückbleiben wird."[181]

---

177 Begründung zu dem Entwurf eines Gesetzes betreffend die Gesellschaften mit beschränkter Haftung nebst Begründung und Anlagen, Amtliche Ausgabe, Berlin 1891; Stenographische Berichte und Verhandlungen des Reichstages, VIII. Legislaturperiode, I. Session, 1890–1892, Anlage Nr. 660, S. 3715 ff. (3735).

178 *Parisius* u. *Crüger*, Das Reichsgesetz betreffend die Gesellschaften mit beschränkter Haftung. Vom 20. April 1892., 2. Aufl., Berlin 1898, § 7 S. 85 u. § 8 S. 89.

179 Ebd.

180 *Wieland* in: Die Gesellschaften mit beschränkter Haftung, Zeitschrift für Schweizerisches Recht (ZSR) 36 (1895), S. 205–258 (258).

181 Ebd.

5. *Karl Lehmann*

In der Zeitschrift für das Gesammte Handelsrecht veröffentlichte der Professor an der Universität Rostock *Karl Lehmann* im Jahre 1902 einen Aufsatz mit dem Titel: „Die Entwicklung des deutschen Handelsrechts", in dem er sich auch zum Gesetz betreffend die Gesellschaften mit beschränkter Haftung äußerte.[182] Nach seiner Tätigkeit als Rektor der Universität Rostock ab dem Jahre 1904, folgte *Lehmann* im Jahre 1911 dem Ruf an die Universität Augsburg.

Im Rahmen seiner Ausführungen zur Geschichte vom Allgemeinen Deutschen Handelsgesetzbuch, welches *Lehmann* als „Gemeingut der Nation" bezeichnet, hin zur Ausarbeitung des Handelsgesetzbuches, welchem trotz Revision „zahlreiche umfangreiche Reichsgesetze zur Seite stehen" und in welches nach Ansicht von *Lehmann* das Gesetz über die Gesellschaft mit beschränkter Haftung eingegliedert hätte werden sollen, bezeichnet *Lehmann* die Gesellschaft mit beschränkter Haftung als „nur eine verkrüppelte Abart" der Aktiengesellschaft.[183] Inhaltlich äußert *Lehmann* allerdings keine weitergehende Kritik bezüglich des Gesetzes betreffend die Gesellschaften mit beschränkter Haftung aus dem Jahre 1892, insbesondere nicht hinsichtlich des Gründungsrechts und der Formvorschriften.

6. *Franz Fränkel*

Der Rechtswissenschaftler und Philosoph *Franz Fränkel* veröffentlichte im Jahre 1915 eine Arbeit mit dem Titel: „Die Gesellschaft mit beschränkter Haftung: Eine volkswirtschaftliche Studie".[184] In dieser zeichnet *Fränkel* zunächst die Entstehungsgeschichte des Gesetzes betreffend die Gesellschaften mit beschränkter Haftung aus dem Jahre 1892 nach.[185] Die Gründungsmodalitäten der Gesellschaft mit beschränkter Haftung aufgrund des vorstehenden Gesetzes werden allerdings nicht zum Gegenstand der Untersuchung von *Fränkel* gemacht. Vielmehr konzentrieren sich seine Ausführungen auf die Diskussion hinsichtlich der Begrifflichkeit „individualistische" und „kollektivistische" Gesellschaftsform sowie auf die Forderungen zum Schutze der Allgemeinheit, gehen aber diesbezüglich nicht auf die Gründungs-/Formvorschriften im Detail

182 *Lehmann* in: Die Entwicklung des deutschen Handelsrechts, Zeitschrift für das Gesammte Handelsrecht 52 (1902), S. 1–30.

183 Ebd., S. 17 f. u. 20.

184 *Fränkel*, Die Gesellschaft mit beschränkter Haftung: Eine volkswirtschaftliche Studie.

185 Ebd., S. 5 ff.

ein, sondern vielmehr auf die von Dritten geäußerten Ansichten zu Aufstellungs- und Publizitätspflichten hinsichtlich der Bilanz, das geforderte Stammkapital, die Möglichkeiten der Übertragung der Geschäftsanteile sowie der „Gründungsrevision" („Gründungsprüfung") und „Gründerverantwortlichkeit" („Gründerhaftung").[186] Bezüglich des Gesetzgebungsverfahrens stellt *Fränkel* fest, dass „so rasch wie dieser Entwurf [...] nie eine Vorlage von gleicher wirtschaftlicher Tragweite durch die Maschine der Gesetzgebung gelaufen" ist.[187] Im Ergebnis sieht *Fränkel* die neue Gesellschaftsform der Gesellschaft mit beschränkter Haftung „nicht [als] eine Unternehmungsform von wirtschaftlicher Eigenart, sondern [als] ein Proteus wirtschaftlicher Verbände", welche „alle Gesellschaftsformen zu ersetzen" vermag: „Sie ist eine offene Handelsgesellschaft mit beschränkter Haftung, eine Kommanditgesellschaft ohne Komplementär, eine Aktiengesellschaft ohne Aktie, eine Gesellschaft mit einem Gesellschafter".[188]

II. Kritik der Rechtspolitik und der Wirtschaft

Eine äußerst positive Kritik erfuhr das Gesetz betreffend die Gesellschaften mit beschränkter Haftung vom 20. April 1892, auch schon vor seiner endgültigen Verabschiedung durch den Reichstag, unter anderem durch den Reichstagsabgeordneten *Wilhelm Oechelhäuser.*

In Hinsicht auf die Konzeption des Gesetzesvorschlages äußert *Oechelhäuser,* dass „das zwingende Recht [...] in dem Gesetzentwurf aufs äußerste Maß beschränkt [wurde], und es sind insbesondere keine unnöthigen Beschränkungen eingeführt worden, wodurch die Anziehungskraft der neuen Gesellschaftsform für das Kapital vermindert werden könnte".[189] Hiermit bringt *Oechlhäuser* zum Ausdruck, dass für die neue Gesellschaftsform das zwingende Recht seiner Meinung nach lediglich ein Mindestmaß einnimmt, während das dispositive Recht, welches der neuen Gesellschaftsform zu Flexibilität und Individualität verhelfen soll, den Gründern und anschließend den Gesellschaftern einen „Spielraum" einräumt, wie in keinem handelsrechtlichen Gesetz irgend eines

186 Ebd.

187 Ebd., S. 26.

188 Ebd., S. 252.

189 Stenographische Berichte und Verhandlungen des Reichstages, VIII. Legislaturperiode, I. Session, 1890–1892, 177. Sitzung des Reichstages am 19. Februar 1892, Erste Beratung des Entwurfes eines Gesetzes, betreffend die Gesellschaften mit beschränkter Haftung, S. 4303 ff. (4304).

anderen Landes zu dieser Zeit.[190] Gleichzeitig sei nach seiner Ansicht allerdings „das zwingende Recht doch weitgreifend genug, um den verschiedenen Gesellschaftsarten, die auf Grund dieses Gesetzes errichtet werden können, die volle Solidität zu verbürgen".[191] Hiermit spricht *Oechelhäuser* insbesondere auch die Gründungsvorschriften und Formvorschriften des Gesetzes betreffend die Gesellschaften mit beschränkter Haftung an, da diese unter anderem dazu dienen sollen, sichere und solide Gründungen zu gewährleisten. Gleichwohl war zu dem Zeitpunkt der Äußerungen *Oechlhäusers*, im Rahmen der ersten Beratung des Entwurfes eines Gesetzes, betreffend die Gesellschaften mit beschränkter Haftung, z.B. hinsichtlich der Formvorschriften in § 2 lediglich die Schriftform zur Abfassung des Gesellschaftsvertrages vorgesehen.[192] Die Änderung des § 2 erfolgte sodann allerdings nach den Kommissionsberatungen und damit vor Abschluss des Gesetzgebungsverfahrens dahingehend, dass der Abschluss des Gesellschaftsvertrages nunmehr in gerichtlicher oder notarieller Form erfolgen musste.[193]

Diese Meinungsäußerung *Oechelhäusers* ist umso beachtenswerter, nachdem sich seine Grundvorstellung der zu schaffenden Gesellschaft mit beschränkter Haftung, als individualistische Gesellschaftsform mit beschränkter Haftung in starker Anlehnung an das Recht der offenen Handelsgesellschaft, in dem im Reichstag behandelten und letztlich verabschiedeten Gesetz nicht niedergeschlagen haben.

Als ein Vertreter der Wirtschaft äußerte sich der Syndikus der Berliner Kaufmannschaft, *Robert Beisert*, durchwegs positiv, indem er vor dem Deutschen Handelstag den Gesetzesentwurf wie folgt lobte: „Es ist in diesem Entwurf, während die früheren Gesetze immer Einschränkungen und immer Verbote hatten, von diesen polizeilichen Rücksichten nichts zu spüren. Der Entwurf trägt der Vertragsfreiheit, die doch der Urquell aller unserer Bestrebungen sein muß, in vollem Maße Rechnung".[194] Abschließend äußerte er, dass das zu

---

190 Ebd.

191 Ebd.

192 Stenographische Berichte und Verhandlungen des Reichstages, VIII. Legislaturperiode, I. Session, 1890–1892, Anlage Nr. 660, S. 3715.

193 Stenographische Berichte und Verhandlungen des Reichstages, VIII. Legislaturperiode, I. Session, 1890–1892, Anlage Nr. 744, S. 4005 ff. (4007).

194 *Beisert* zitiert nach *Oechelhäuser*, Stenographische Berichte und Verhandlungen des Reichstages, VIII. Legislaturperiode, I. Session, 1890–1892, 177. Sitzung des Reichstages am 19. Februar 1892, Erste Beratung des Entwurfes eines Gesetzes, betreffend die Gesellschaften mit beschränkter Haftung, S. 4303 ff. (4305).

verabschiedende Gesetz betreffend die Gesellschaften mit beschränkter Haftung „eine Zierde unserer Reichsgesetzsammlung" sein werde.[195]

Auch in weiteren Stellungnahmen der Wirtschaftspraxis überwog ein positives Echo: Mit dem Gesetz betreffend die Gesellschaften mit beschränkter Haftung „sei eine klaffende Lücke zwischen den Personengesellschaften und den Kapitalgesellschaften geschlossen" worden; es habe mit „sicherem Takt auf wirtschaftlichem und juristischem Gebiet die Grenzlinie zwischen zwingendem und dispositivem Recht gezogen".[196]

III. Zusammenfassung

Es ist festzustellen, dass hinsichtlich des Gesetzes betreffend die Gesellschaften mit beschränkter Haftung vom 20. April 1892 verschiedene Auffassungen nicht nur vor dem Erlass des Gesetzes, sondern auch noch während des Gesetzgebungsverfahrens sowie nach Abschluss desselben von Vertretern der Rechtswissenschaft geteilt und verschriftlicht worden sind. Insbesondere die Wortwahl einiger Rechtswissenschaftler verdeutlichte ihre Kritik. So befürchtete *Otto Bähr*, dass das Aktienrecht, welches man „noch im Jahre 1884 mit so großer Mühe neu aufgebaut" hat, durch das neue Gesetz betreffend die Gesellschaften mit beschränkter Haftung „größtenteils überflüssig" werden wird.[197] *Karl Lehmann* bezeichnete die neue Gesellschaftsform als „nur eine verkrüppelte Abart"[198] der Aktiengesellschaft und *Franz Fränkel* befand die neue Gesellschaftsform als einen „Proteus wirtschaftlicher Verbände"[199].

Hinsichtlich des Gründungsrechts, und insbesondere hinsichtlich der Formvorschriften, hielten sich die Kritiker des Gesetzes weitgehend zurück. Bemängelt wurde diesbezüglich unter anderem, dass das Gesetz betreffend die Gesellschaften mit beschränkter Haftung vom 20. April 1892 für die neue Gesellschaftsform

---

195 Ebd.; dies aufgreifend im Titel seines Festschriftenbeitrags: *Schubert*, Das GmbH-Gesetz von 1892 – „eine Zierde unserer Reichsgesetzsammlung", in: Festschrift 100 Jahre GmbH-Gesetz, 1992, S. 1–47.

196 *Koberg*, Die Entstehung der GmbH in Deutschland und Frankreich, S. 182 f. m.w.N.

197 *Bähr* in: Gesellschaften mit beschränkter Haftung, Die Grenzboten 51 (1892), Erstes Vierteljahr, S. 210–226 (217).

198 *Lehmann* in: Die Entwicklung des deutschen Handelsrechts, Zeitschrift für das Gesammte Handelsrecht 52 (1902), S. 1–30 (20).

199 *Fränkel*, Die Gesellschaft mit beschränkter Haftung: Eine volkswirtschaftliche Studie, S. 252.

eine ähnliche Gründungsprüfung wie für die Aktiengesellschaft hätte vorsehen sollen.

Die „Kritik“ der Rechtspolitik und der Wirtschaft fiel hingegen wesentlich wohlwollender aus. So stellte *Robert Beisert* fest, dass das neue Gesetz „eine Zierde unserer Reichsgesetzsammlung“ sein würde.[200]

200 Siehe Fn. 195.

3. Kapitel: Reformdebatten über das Gesetz betreffend die Gesellschaften mit beschränkter Haftung

Vorwort

Nach dem Rechtsanwalt *Otto Wilke* wird die Reform des Rechts betreffend die Gesellschaften mit beschränkter Haftung so lange gefordert, wie das Gesetz betreffend die Gesellschaften mit beschränkter Haftung besteht.[201] In ähnlicher Weise drückt sich der Rechtsanwalt und Notar *Carl Hans Barz* aus, der feststellt, dass man „häufig den Satz [hört], der Gedanke einer Reform der GmbH sei so alt wie die GmbH selbst".[202] Zuletzt schloss sich auch *Holger Fleischer* dieser Sichtweise an, indem er beschrieb, dass es wohl „reizvoll" erscheint, „die bewegte Geschichte gescheiterter und geglückter GmbH-Reformen [...] nachzuzeichnen".[203]

Wie bereits im 2. Kapitel (I. Kritik einzelner Vertreter der Rechtswissenschaften) beschrieben, forderte bereits *Goldschmidt*, in einem am Tage der zweiten Lesung des Gesetzes im Reichstag (19. März 1892) gehaltenen Vortrag vor der Juristischen Gesellschaft zu Berlin, Anpassungen und Änderungen, die allerdings aus „Zeitgründen" nicht mehr im Gesetzgebungsverfahren berücksichtigt werden konnten, nachdem das Gesetz bereits zwei Tage später, nämlich am 21. März 1892 en bloc angenommen wurde.[204]

Nachdem in dieser Arbeit die Kritik der Rechtswissenschaft seitens *Goldschmidt* und *Bähr* sowie die Kritik der Rechtspolitik und Wirtschaft noch der Epoche vor und noch nicht den nachfolgend untersuchten „Reformen" bzw. „Reformdebatten" zuzuordnen ist, lassen sich die allgemein umschriebenen „Reformdebatten" in folgende, in dieser Arbeit untersuchte zeitliche Phasen einteilen.

Zunächst wird unter der Überschrift „Zur ersten Reformdebatte in den Jahren 1909 bis 1914" in diesem Kapitel untersucht, wie die Reformdebatte in der

---

201 *Wilke* in: GmbHR 1936, Sp. 469–480 (469).

202 *Barz* in: GmbHR 1963, S. 124–128 (124).

203 *Fleischer* in: GmbHR 2009, S. 1–13 (1).

204 *Goldschmidt*, Alte und neue Formen der Handelsgesellschaft, S. 43; siehe hierzu bereits oben 2. Kapitel (I. Kritik einzelner Vertreter der Rechtswissenschaften, 2. *Levin Goldschmidt*).

vorbezeichneten Zeitspanne geführt wurde, indem insbesondere auf die Veröffentlichung von *Hachenburg* aus dem Jahre 1909, die Reaktionen hierauf, die volkswirtschaftliche Studie von *Fränkel* aus dem Jahre 1915 sowie auf Gutachten für den 31. Deutschen Juristentag im Jahre 1912 und den 32. Deutschen Juristentag im Jahre 1914 eingegangen wird.

Abschließend wird unter der Überschrift „Reformdebatte vor und während des Nationalsozialismus und Referentenentwurf des Reichsjustizministeriums aus dem Jahre 1939" die Zeit vor und zu Beginn der dreißiger Jahre bis zur „Krönung", dem Referentenentwurf des Reichsjustizministeriums aus dem Jahre 1939, untersucht.

I. Zur ersten Reformdebatte in den Jahren 1909 bis 1914

1. *Max Hachenburgs* Aufsatz aus dem Jahre 1909

Die erste Reformdebatte wurde durch den Aufsatz von *Max Hachenburg* mit dem Titel: „Bedarf die Gesellschaft mit beschränkter Haftung einer Reform?" in der Leipziger Zeitschrift für Handels-, Konkurs- und Versicherungsrecht im Jahre 1909 angestoßen.[205] Der am 1. Oktober 1860 in Mannheim geborene *Hachenburg* ist am 23. September 1951 in Berkeley (Kalifornien, USA) verstorben. Neben seiner Tätigkeit als Rechtsanwalt ab dem Jahre 1885 in Mannheim war *Hachenburg* Mitglied der Ständigen Deputation des Deutschen Juristentags sowie des Deutschen Anwaltvereins und wurde zuletzt dessen Vizepräsident. Darüber hinaus war er an der Universität Heidelberg und an der Wirtschaftshochschule Mannheim wissenschaftlich tätig. Neben zahlreichen Publikationen zum Zivil- und insbesondere Wirtschaftsrecht (u. a. war *Hachenburg* einige Jahre Mitherausgeber der „Juristischen Wochenschrift" und der „Deutschen Juristenzeitung") veröffentlichte *Hachenburg* zusammen mit *Adelbert Düringer* einen Kommentar zum Handelsgesetzbuch, den „Düringer-Hachenburg". Nach dem Tode des Rechtswissenschaftlers *Hermann Staub* im Jahre 1904 übernahm *Hachenburg* die Veröffentlichung dessen Kommentar zum Gesetz betreffend die Gesellschaften mit beschränkter Haftung.[206]

---

205 *Hachenburg* in: Leipziger Zeitschrift für Handels-, Konkurs- und Versicherungsrecht 1909, Sp. 15–36.

206 Zum vorstehenden Absatz: *Duden* in: Hachenburg, Max, Neue Deutsche Biographie 7 (1966), S. 405 f. [Online-Version], https://www.deutsche-biographie.de/pnd118544241.html#ndbcontent (zuletzt abgerufen am: 15. März 2022).

Seinen Aufsatz begann *Hachenburg* mit den folgenden Fragen: „Zeigt das Gesetz Missstände? Sind sie solche, die ein Eingreifen der Gesetzgebung fordern?“ und beantwortet diese dann sogleich mit der Antwort, dass das Gesetz betreffend die Gesellschaften mit beschränkter Haftung vom 20. April 1892 „zweifellos juristische Lücken und Fehler“ hat, insbesondere da es „ohne Vorbild“ geschaffen worden ist.[207]

Richtigerweise stellt *Hachenburg* hinsichtlich der Gründung einer Gesellschaft mit beschränkter Haftung fest, dass diese mittels eines Gesellschaftsvertrages erfolgt und dieser den Regelungen des Bürgerlichen Gesetzbuches über Willenserklärungen untersteht.[208] Hinsichtlich etwaiger Probleme im Rahmen des Gründungsprozesses – der Beitritt eines Gesellschafters mittels „Betrug“, z.B. im Falle, dass der Gesellschafter eine Sacheinlage übernimmt, diese aber wertlos ist oder der Gesellschaft „entwehrt“ wird – schlägt *Hachenburg* zur Schließung der nach seiner Meinung klaffenden „Lücke“ der Gesellschaft mit beschränkter Haftung vor, dass für solche Fälle eine „zwangsweise Amortisation“ nach § 34 Gesetz betreffend die Gesellschaften mit beschränkter Haftung vom 20. April 1892 zulässig sein sollte.[209] Anschließend wirft er noch die Frage auf, ob § 24 Gesetz betreffend die Gesellschaften mit beschränkter Haftung vom 20. April 1892[210] auch dann gelten soll, „wenn eine Beitrittserklärung ungültig ist?“[211] Diese Fälle sollen nicht nur bei dem „Geisteskranken“, sondern auch bei dem Abschluss des Gesellschaftsvertrages durch den „Bevollmächtigten ohne Vollmacht“ von Bedeutung sein.[212] *Hachenburg* geht davon aus, dass „Registerrichter [...] mitunter solche Mängel [übersehen]“.[213] Im Ergebnis konnte er sich

207 *Hachenburg* in: Leipziger Zeitschrift für Handels-, Konkurs- und Versicherungsrecht 1909, Sp. 15–36 (15 f.).

208 Ebd., Sp. 16.

209 Ebd., Sp. 17 f.

210 § 24 Gesetz betreffend die Gesellschaften mit beschränkter Haftung vom 20. April 1892 (in seiner vom 1. Januar 1900 an geltenden Fassung) lautet wie folgt: *Soweit eine Stammeinlage weder von den Zahlungspflichtigen eingezogen, noch durch Verkauf des Geschäftsantheils gedeckt werden kann, haben die übrigen Gesellschafter den Fehlbetrag nach Verhältniß ihrer Geschäftsantheile aufzubringen. Beiträge, welche von einzelnen Gesellschaftern nicht zu erlangen sind, werden nach dem bezeichneten Verhältniß auf die übrigen vertheilt.*

211 *Hachenburg* in: Leipziger Zeitschrift für Handels-, Konkurs- und Versicherungsrecht 1909, Sp. 15–36 (18).

212 Ebd.

213 Ebd.

aber „nicht entschliessen, eine Haftung der übrig bleibenden Gesellschafter für die fortfallenden eintreten zu lassen".[214] *Hachenburg* geht insoweit in seinem Aufsatz nur indirekt auf etwaige Gründungs-/Formvorschriften im Rahmen des Gründungsprozesses der Gesellschaft mit beschränkter Haftung ein. Allerdings zielt ein Teil seiner Kritik zumindest indirekt auf die Gründungs-/Formvorschriften ab, indem er zum Beispiel Probleme im Rahmen der Gründung hinsichtlich der Beteiligung von „Geisteskranken" oder Bevollmächtigten ohne Vollmacht ausfindig macht, welchen im Rahmen der vorsorgenden Rechtspflege nur durch ein sicheres Gründungsverfahren und die Beteiligung öffentlicher Einrichtungen (Notare, Registerrichter etc.) begegnet werden kann.

Hinsichtlich der „Nichtigkeit und ihrer Heilung", z.B. einer „nicht in öffentlicher Urkunde errichteten, aber dennoch eingetragenen" Gesellschaft mit beschränkter Haftung, verweist *Hachenburg* auf die Rechtsprechung des Reichsgerichts, wonach dieses dem Eintrag im Handelsregister „eine gewisse Heilkraft" zuspricht, indem sie die Gesellschaft vor der Eintragung für „absolut nichtig" und anschließend für vernichtbar und auflösbar hält, während die „Zeichner haften".[215] Er schlägt vor, dass derjenige, der „einen, wenn auch formlosen Akt der Gründung einer G. m. b. H. zeichnet […] nach deren Eintragung kein Recht mehr [haben sollte], diese Gesellschaft wieder zu vernichten, da ansonsten das „Aufsuchen solcher formellen Mängel […] zur Quelle von Schikanen eines Gesellschafters gegen die andern werden" könnte.[216] Deshalb plädiert er „wenigstens [für] die Heilbarkeit durch das Nachholen der Urkunde".[217]

Im sich anschließenden Teil über die „wirtschaftlich materiellen Mängel des Gesetzes" stellt *Hachenburg* die Nähe der Gesellschaft mit beschränkter Haftung zur Aktiengesellschaft fest; u.a. weil beide durch „notariellen Gesellschaftsvertrag und dessen Eintragung zum Handelsregister" entstehen.[218] Richtigerweise besteht die Gesellschaft nach § 11 Abs. 1 Gesetz betreffend die Gesellschaften mit beschränkter Haftung vom 20. April 1892 (auch in seiner Fassung vom 1. Januar 1900 an) vor der Eintragung in das Handelsregister als solche nicht; bis zum 1. Januar 1900 waren neben der Eintragung des Gesellschaftsvertrages zum Handelsregister u.a. nach § 7 Abs. 1 Gesetz betreffend die Gesellschaften mit beschränkter Haftung vom 20. April 1892 auch die Geschäftsführer

214 Ebd.
215 Ebd., Sp. 18 f.
216 Ebd., Sp. 19.
217 Ebd.
218 Ebd., Sp. 20.

anzumelden. Allerdings stellt er gleichzeitig fest, dass „schon bei der Gründung […] die für die Sacheinlagen im Aktienrechte getroffenen besonderen Massregeln [fehlen]" und es „keinen Gründerbericht, keine Revisoren, keine Nachgründungen, keine Gründerhaftung" gibt.[219] Hiermit nennt *Hachenburg* einige gewichtige Unterschiede des Gründungsvorganges zwischen der Gesellschaft mit beschränkter Haftung und der Aktiengesellschaft, geht aber insoweit weniger auf Formvorschriften im engeren Sinne ein, sondern vielmehr auf die die Gründung begleitenden Regelungen, wie den fehlenden Sachgründungsbericht. Gleichzeitig sei die „Sacheinlage […] bei der Gründung der G. m. b. H. behandelt, wie bei der Erhöhung des Grundkapitals der Aktiengesellschaft".[220] Es sei daher nach § 5 Abs. 4 Gesetz betreffend die Gesellschaften mit beschränkter Haftung vom 20. April 1892 (so auch in der ab 1. Januar 1900 an geltenden Fassung) „nur zur Gültigkeit erforderlich, dass die Begleichung der Einlage in anderer Weise als durch bare Zahlung im Gesellschaftsvertrage erwähnt wurde".[221] Allerdings sei an dieser Stelle auf die oben im 2. Kapitel (I. Kritik einzelner Vertreter der Rechtswissenschaften) in Bezug auf *Wieland* gemachten Ausführungen hinsichtlich der nach §§ 8 Abs. 2 i.V.m. 7 Abs. 2 Gesetz betreffend die Gesellschaften mit beschränkter Haftung vom 20. April 1892 (so auch in der ab 1. Januar 1900 an geltenden Fassung) auch bei Sacheinlagen notwendigen Versicherung der Geschäftsführer bei der Anmeldung der Gesellschaft mit beschränkter Haftung zum Handelsregister verwiesen.[222] Somit kann der Ansicht *Hachenburgs* entgegengehalten werden, dass es „zur Gültigkeit" einer Sacheinlage zwar lediglich deren „Erwähnung" im Gesellschaftsvertrage bedurfte. Gleichwohl musste/n der/die Geschäftsführer bei der Anmeldung der Gesellschaft mit beschränkter Haftung zum Handelsregister die der Gesellschaft ungekürzte Zurverfügungstellung und die freie Verfügbarkeit der Sacheinlage(n) zugunsten der Geschäftsführer versichern. An einer fehlenden Einstandspflicht für die Werthaltigkeit der Sacheinlage ändert dies allerdings nichts. Gleichzeitig relativierte *Hachenburg* seine Aussagen wieder, indem er sagt, dass „zugunsten der Gesellschafter […] sicher eine Einführung der aktienrechtlichen Gründungsvorschriften nicht geboten sein [wird]" und dies, obwohl er von Fällen spricht, „in denen sich der Gläubiger auf die Kapitalangabe im Gründungsakte verlässt und sich getäuscht

219 Ebd.
220 Ebd.
221 Ebd., Sp. 20 f., sowie wiederholend Sp. 26.
222 Siehe hierzu bereits oben 2. Kapitel (I. Kritik einzelner Vertreter der Rechtswissenschaften, 4. *Karl Wieland*).

sieht", denn „es kann allgemein zugegeben werden, dass bei der G. m. b. H. die Versuchung nahe liegt, die Sacheinlagen zu einem höheren Werte als ihnen bei objektiver Würdigung zukommt, einzubringen" und „wo der Gründung die soliden Prinzipien fehlen, wird die Ueberwertung sich rächen".[223] Allerdings spricht er sich im Ergebnis gegen eine Übertragung der Bestimmungen des Aktienrechts auf die Gesellschaft mit beschränkter Haftung hinsichtlich der Gründungsprüfung aus, da ansonsten „hierdurch der Unterschied zwischen Aktiengesellschaft und G. m. b. H. praktisch aufgehoben würde", obwohl man diese u.a. schuf, „um eine leichtere Art der Entstehung" zu bekommen.[224] Gleichzeitig befürwortet er, das zur Gründung notwendige Mindeststammkapital nicht heraufzusetzen und eine Einpersonen-Gesellschaft mit beschränkter Haftung zuzulassen, da „kein Grund vor[liegt], die Beschränkung der Haftung auf die Einlage des Geschäfts auch für die Einzelunternehmungen als etwas Unstatthaftes anzusehen", da der Gesetzgeber mit der Zulassung der beschränkten Haftung für Unternehmen (mit mindestens zwei Gründern), die ihnen „sobald nur die vorgeschriebene Formen gewahrt sind" zugesprochen wird, „nicht gegen die Wirtschaftsordnung und die Empfindung des redlichen Kaufmanns" ist und man daher auch „konsequenterweise […] den Wunsch des Einzelkaufmanns, sich diese Wohltat zu verschaffen, als berechtigt anerkennen" muss.[225] Würde man ihr noch die vereinfachte Gründung und die Anpassungsfähigkeit an den Bedürfnissen der Gesellschafter nehmen, so würden ihr keinerlei Vorzüge bleiben und „ihre Lebenswurzel wäre vernichtet".[226] Daher spricht sich *Hachenburg* hinsichtlich des Gründungsvorganges dafür aus, „dass alle Gesellschafter für die Existenz der Einlagen aufkommen und die Gründer auch für deren Wert".[227] Hinsichtlich dieser Einstandspflicht (wie *Hachenburg* sie auch umschreibt: dafür „bürgen", „dass die angegebenen Werte vorhanden sind") befürwortet *Hachenburg* in der Frage, über die sich „sehr streiten lässt", ob dem jeweiligen Gründer der „Nachweis" freigestellt wird, „dass er ohne Fahrlässigkeit sich über den wahren Wert der Einlage im Irrtum befand" (wie in § 202 Abs. 2 Handelsgesetzbuch für die Gründung der Aktiengesellschaft geregelt), dass die Einstandspflicht als „Garantie" der Gründer „für die Richtigkeit der Werte" ausgestaltet wird.[228]

223 *Hachenburg* in: Leipziger Zeitschrift für Handels-, Konkurs- und Versicherungsrecht 1909, Sp. 15–36 (23 ff.).
224 Ebd., Sp. 28.
225 Ebd., Sp. 21 f.
226 Ebd., Sp. 28.
227 Ebd., Sp. 29.
228 Ebd., Sp. 32 f.

Flankierend sollten Einlagen in bar bei Gesellschaften mit einem Stammkapital von bis zu 40 000 Mark zur Hälfte, und nicht wie von § 7 Abs. 2 Gesetz betreffend die Gesellschaften mit beschränkter Haftung vom 20. April 1892 (so auch in der ab 1. Januar 1900 an geltenden Fassung) verlangt nur zu einem Viertel, eingezahlt sein, bevor die Anmeldung der Gesellschaft erfolgen darf.[229]

Hachenburg stand der Gesellschaft mit beschränkter Haftung grundsätzlich positiv gegenüber, indem er z.B. sagte: „Darüber wird kein Zweifel herrschen, dass heute niemand die G. m. b. H. aus unserem wirtschaftlichen Leben wieder entfernen will" und, dass „sie sich in ihren Grundideen bewährte und in der Periode des wirtschaftlichen Aufschwungs in Deutschland segensreich wirkte".[230] Er setzte sich im Ergebnis, auch hinsichtlich des Gründungsrechtes, dafür ein, dass sie nicht zu einem „Institute des Großkapitals" wird, sondern „ihre zweifellose Wohltat dem Mittelstande erhalten" blieben solle und sich „der Mittelstand für seine Unternehmungen sich ihrer [weiterhin] mit Erfolg" bedienen solle, indem er sich auch für die Einpersonen-Gesellschaft mit beschränkter Haftung aussprach.[231] Die von *Hachenburg* aufgeworfenen Fragen und entsprechend geäußerten Vorschläge und seine Kritik können dahingehend verstanden werden, dass er dem Gründungsprozess eine elementare Bedeutung einräumt. Die Wichtigkeit der Einhaltung der gesetzlich normierten Regelungen, insbesondere der Formerfordernisse und die hierdurch gewährleistete Beteiligung der vorsorgenden Rechtspflege am Gründungshergang der Gesellschaft mit beschränkter Haftung, wird daher durch *Hachenburg* zum Ausdruck gebracht, indem er diese Institute seinen Fragestellungen zugrunde legt und auf diesen aufbauend weiterhin und trotzdem Probleme im Gründungsprozess sieht, welche seiner Meinung nach teilweise durch den Gesetzgeber behoben werden sollten.

2. Würdigung *Hachenburgs* Aufsatz aus dem Jahre 1909 in der rechtswissenschaftlichen Literatur

Wie bereits *Fleischer* äußerst passend feststellte, sind *Hachenburgs* Vorschläge aus seinem Aufsatz aus dem Jahre 1909 in der juristischen Literatur „auf ein lebhaftes und geteiltes Echo gestoßen".[232]

---

229 Ebd., Sp. 34.
230 Ebd., Sp. 21.
231 Ebd., Sp. 21, 22, 24.
232 *Fleischer* in: GmbHR 2009, S. 1–13 (2).

(1) *Ernst Neukamp*

Als erster veröffentlichte der Oberlandesgerichtsrat und spätere Reichsgerichtsrat *Ernst Neukamp* ebenfalls in der Leipziger Zeitschrift für Handels-, Konkurs- und Versicherungsrecht im Jahre 1909 einen Aufsatz mit dem selben Titel: „Bedarf die Gesellschaft mit beschränkter Haftung einer Reform?", in dem er ausschließlich auf die von *Hachenburg* „gemachten höchst anregenden und beachtenswerten Ausführungen" eingeht.[233] *Neukamp* wird in einem Nachwort beschrieben als eines der „bekanntesten Mitglieder" des höchsten Gerichtshofes und einen „überaus fruchtbaren Schriftsteller" des Juristenstandes und des Wirtschaftslebens, der es „in seltener Weise verstand [...], die Interessen von Handel und Verkehr mit denen des Rechts zu vereinigen" und dessen Schriften zum Gesetz betreffend die Gesellschaften mit beschränkter Haft zu seinen „größeren" zählten.[234]

Hinsichtlich des Gründungsrechts kritisiert *Neukamp* zunächst die Ansicht von *Hachenburg*, die Gründung bzw. das spätere Entstehen (durch Vereinigung aller Geschäftsanteile in einer Hand) einer Gesellschaft mit beschränkter Haftung mit nur einem Gesellschafter zulassen zu wollen.[235] Nach seiner Ansicht müsse der Missbrauch der „Vereinigung aller Geschäftsanteile in einer Hand" zu der Auflösung der Gesellschaft führen und „der Laie wird es jedenfalls niemals begreifen, wie Juristen dazu gelangen können, die Existenz einer **Gesellschaft** anzunehmen, wenn auch nur noch ein **einziger Gesellschafter** vorhanden ist, obwohl schon begrifflich die Gesellschaft das Vorhandensein **mehrerer** Personen voraussetzt".[236]

Ferner beobachtet auch *Neukamp*, dass im Rahmen des Gründungsprozesses der Gesellschaft mit beschränkter Haftung „jede Schutzmassregel [...], insbesondere jede Gewähr dafür fehlt, dass die eingebrachte Sacheinlage den von den Gründern angegebenen Wert hat".[237] Deshalb fordert *Neukamp*, u.a. um „‚faule' Gründungen nach Möglichkeit hintanzuhalten", dass „eine subsidiäre persönliche Haftung eines jeden Gesellschafters bis zur Höhe der von ihm übernommenen Stammeinlage" einzuführen sei.[238] Die Ausgestaltung dieser Haftung könne

---

233 *Neukamp* in: Leipziger Zeitschrift für Handels-, Konkurs- und Versicherungsrecht 1909, Sp. 417–422 (417).

234 Nachwort abgedruckt in: Deutsche Juristen-Zeitung 1919, Sp. 246–247 (247).

235 *Neukamp* in: Leipziger Zeitschrift für Handels-, Konkurs- und Versicherungsrecht 1909, Sp. 417–422 (417 f.).

236 Ebd., Sp. 418.

237 Ebd., Sp. 419.

238 Ebd., Sp. 419 f.

„nach dem Vorbilde des englischen Aktienrechts und nach Analogie des § 135 unseres GenG [Anmerkung des Verfassers: Gesetz betreffend die Erwerbs- und Wirtschaftsgenossenschaften]“ vorgenommen werden.[239] *Neukamps* Forderung bleibt hinter dem Vorschlag *Hachenburgs*, eine garantierte Einstandspflicht aller Gründer für den Wert der Sacheinlagen – ohne die Möglichkeit des Nachweises durch den Gründer, dass er sich ohne Fahrlässigkeit im Irrtum über den wahren Wert der Einlage befand – einzuführen, zurück.[240] Die von *Neukamp* vorgeschlagene Haftung der Gesellschafter soll im Gegensatz zu den Vorschlägen von *Hachenburg* der Gesellschaft mit beschränkter Haftung nicht die von *Neukamp* aufgegriffene „Wesenseigenart“ rauben, da sie zu einer bei der Gründung nicht kalkulierbaren „**bürgschaftsähnliche** [n] Haftung der Gesellschafter“ führe, und sie im Ergebnis „vernichten“, sondern lediglich von jedem Gründer verlangen, „die von ihm eingezahlte oder versprochene Summe“ zu riskieren.[241]

Im Ergebnis mag *Neukamp* die Vorschläge *Hachenburgs* zur Reform des Gesetzes betreffend die Gesellschaften mit beschränkter Haftung nicht „als Verbesserung des geltenden Rechts“ ansehen, sondern schlägt vor, dass man über seinen „gemachten Vorschlag nicht hinausgehen darf“.[242]

(2) *Sontag*

In der am 1. Mai 1909 erschienen 9. Ausgabe der Deutschen Juristen-Zeitung des Jahres 1909 veröffentlichte der Amtsrichter in Kattowitz *Sontag* einen Aufsatz mit dem Titel: „G. m. b. H.-Krankheit“, in dem er Probleme des Gründungsrechtes der Gesellschaft mit beschränkter Haftung aufzeigte, wie auch schon der von ihm gewählte Titel vorgibt, gleichzeitig aber auch entsprechende Reformvorschläge unterbreitete.[243] Zunächst stellt *Sontag* fest, dass der Gesetzgeber im Gesetz betreffend die Gesellschaften mit beschränkter Haftung keine Regelungen getroffen hat, „welche wie bei den Aktiengesellschaften den Mißbrauch von Gründung, Zeichnung und Prospekt verhindern sollen“, da es sich dem Gesetzgeber nicht aufgedrängt hat, dass die neu geschaffene Gesellschaftsform eine ähnlich große „Werbekraft, welche das Kapital der Aktiengesellschaft aus

239 Ebd.
240 *Hachenburg* in: Leipziger Zeitschrift für Handels-, Konkurs- und Versicherungsrecht 1909, Sp. 15–36 (32 f.).
241 *Neukamp* in: Leipziger Zeitschrift für Handels-, Konkurs- und Versicherungsrecht 1909, Sp. 417–422 (420).
242 Ebd., Sp. 421.
243 *Sontag* in: Deutsche Juristen-Zeitung 1909, Sp. 538–540.

den öffentlichen Aufforderungen zu Zeichnungen und aus dem Prospektwesen zieht" für sich in Anspruch nehmen wird.[244] Daher geht er davon aus, dass „gerade der Mangel jener Kautelen […] für manche Gründer von G. m. b. H. die Verlockung [gewesen] sein [mag], sich dieser Werbemittel des Aktienwesens zu bedienen" und hierdurch missbräuchliche Gründungen durch das Gesetz betreffend die Gesellschaften mit beschränkter Haftung ermöglicht und erleichtert worden sind.[245]

Hinsichtlich des Gründungsrechts der Gesellschaft mit beschränkter Haftung stellt *Sontag* daher die Frage, wieso bei Sachgründungen der Aktiengesellschaften nach den zum Zeitpunkt der Veröffentlichung des Aufsatzes geltenden §§ 191 i.V.m. 186 Abs. 2 Handelsgesetzbuch, aufgrund von schlechten Erfahrungen mit Sachgründungen in den „Gründerjahren", vorgeschrieben war, dass „die Gründer schriftlich die wesentlichen Umstände darzulegen haben, von welchen die Angemessenheit der für die übernommenen Gegenstände gewährten Beträge abhängt", insbesondere hierbei nach § 191 Abs. 2 a.E. Handelsgesetzbuch bei dem Übergang eines Unternehmens auf die Aktiengesellschaft die Betriebserträgnisse aus den letzten beiden Geschäftsjahren anzugeben, und warum sich solche missbräuchlichen bzw. unrichtigen Gründungen „jetzt nicht auch bei den G. m. b. H. […] wiederholen [sollen], solange hier der willkürlichen Bewertung übernommener Gegenstände kein gesetzlicher Riegel vorgeschoben ist".[246] *Sontag* bemängelt diesbezüglich, dass das Gesetz betreffend die Gesellschaften mit beschränkter Haftung einen solchen „analogen Zwang leider nicht" kennt und auch, dass eine Vorschrift wie die des § 192 Handelsgesetzbuch, wonach bei Sachgründungen „eine Prüfung durch von der Handelskammer bestellte Revisoren vor[gesehen ist], welche Prüfung sich ebensosehr auf die Richtigkeit und Vollständigkeit der Angaben zu erstrecken hat, die in Ansehung der Zeichnung und Einzahlung des Grundkapitals gemacht sind, wie auf die Angemessenheit der für die übernommenen Gegenstände bezahlten Beträge", im Recht der Gesellschaft mit beschränkter Haftung nicht vorgesehen ist.[247]

Deshalb und aufgrund fehlender zivilrechtlicher (§ 202 Handelsgesetzbuch in der Fassung vom 10. Mai 1897 für die Aktiengesellschaft) und strafrechtlicher (§ 313 Handelsgesetzbuch in der Fassung vom 10. Mai 1897 für die Aktiengesellschaft) Haftung der Gründer gegenüber der Gesellschaft „für die Richtigkeit und

244 Ebd., Sp. 538.
245 Ebd.
246 Ebd., Sp. 539.
247 Ebd.

Vollständigkeit der Angaben, welche die Gründer in Ansehung der Zeichnung und Einzahlung des Grundkapitals sowie in Ansehung der im § 186 HGB vorgesehenen Festsetzungen zum Zwecke der Eintragung der [Aktien-]Gesellschaft in das Handelsregister machen", fordert *Sontag* für die „Gründung dieser Gesellschaften" mit beschränkter Haftung eine Reform des Gesetzes betreffend die Gesellschaften mit beschränkter Haftung.[248] Hinsichtlich der Gründung einer solchen Gesellschaft sollen die aktienrechtlichen Gründungsvorschriften, „welche die herben Erfahrungen der siebziger Jahre uns für das Aktienrecht gelehrt haben", vorgesehen werden, da hierdurch die „Versuchung wegfallen [wird], die Form der G. m. b. H. deshalb an Stelle einer passenderen Gesellschaftsform zu wählen, weil hier Neuland ist, auf welchem man von den Warnungstafeln und Verboten des Gesetzes [Anmerkung des Verfassers: Gemeint ist das Handelsgesetzbuch] noch nicht belästigt wird".[249]

Mit Blick auf die Haftung der Gründer einer Gesellschaft mit beschränkter Haftung bleiben *Sontags* Reformvorschläge somit leicht hinter den weitgehenderen Reformverlangen *Hachenburgs* zurück. Im Ergebnis spricht er sich aber auch für eine deutliche Erweiterung der Gründungshaftung und somit Verschärfung des Gründungsrechtes der Gesellschaft mit beschränkter Haftung aus. Dies ist nach *Sontag* auch insbesondere deshalb zu erwägen, da der „Zeichnung von Anteilen analog der von Aktien […] kein Hindernis im Wege [steht]".[250] Dies äußert sich laut *Sontag* wohl schon darin, dass Unternehmungen für einen Beitritt mit Prospekten und Denkschriften werben, aus denen sich die Gründer nicht zweifelsfrei für geschäftsunerfahrene Mitgründer ergeben, da diese teilweise von Personen unterzeichnet werden, von denen „aber bei genauerem Zusehen […] von ihnen nur gesagt [ist], daß sie ‚dem Unternehmen befürwortend und beratend zur Seite stehen'", allerdings nicht, ob sie (Mit-)Gründer und (Mit-)Gesellschafter sind bzw. werden.[251] Gleichzeitig „wird zwar ein Teil dieser bedenklichen Lücken bei Eintragung der G. m. b. H. in das Handelsregister gemäß §§ 8 ff. G. G. m. b. H. [Gesetz betreffend die Gesellschaften mit beschränkter Haftung] ausgefüllt werden", allerdings wird „diese Klarheit […] denen, welche vorher im Vertrauen auf die geschickte Aufmachung einen Zeichnungsschein unterschrieben haben, zu spät" kommen.[252]

248 Ebd., Sp. 540.
249 Ebd.
250 Ebd.
251 Ebd., Sp. 539.
252 Ebd.

Der diesbezüglichen Kritik von *Sontag* ist an dieser Stelle im Rahmen eines Exkurses zum Teil entgegenzutreten: Grundlegend ist zunächst zwischen den zwei möglichen „Beitrittszeitpunkten" zu unterscheiden.

Erster Zeitpunkt eines möglichen Beitrittes

Sollte die Gesellschaft noch nicht als solche (nach außen hin) bestehen (§ 11 Abs. 1 Gesetz betreffend die Gesellschaften mit beschränkter Haftung), können sich Interessenten nur als echte Mitgründer und Mitgesellschafter an ihr beteiligen, in dem sie den in notarieller oder gerichtlicher Form abzuschließenden Gesellschaftsvertrag mit abschließen und unterzeichnen (§ 2 Abs. 1 S. 1 und 2 Gesetz betreffend die Gesellschaften mit beschränkter Haftung) sowie eine Stammeinlage übernehmen. Mit der Eintragung im Handelsregister entsteht die Gesellschaft mit beschränkter Haftung als solche und die Unterzeichner (bzw. die Vertretenen) des Gesellschaftsvertrages werden Mitglieder der Gesellschaft.[253] Der von den Gründern eigenhändig oder von einem Vertreter, dessen Vollmacht nach § 2 Abs. 2 Gesetz betreffend die Gesellschaften mit beschränkter Haftung gerichtlich oder notariell errichtet oder beglaubigt worden ist, zwingend zu unterzeichnende Gesellschaftsvertrag muss nach § 3 Abs. 1 Nr. 4 Gesetz betreffend die Gesellschaften mit beschränkter Haftung den Betrag, der von jedem Gesellschafter auf das Stammkapital zu leistenden Einlage (Stammeinlage) enthalten. Sollten die Mitgründer keinen Gebrauch von der auf ihr Verlangen zurückgehenden Einsetzung eines Vertreters machen, so können sie bereits aus dem Gesellschaftsvertrag bzw. der nach § 8 Abs. 1 Nr. 3 Gesetz betreffend die Gesellschaften mit beschränkter Haftung für die Eintragung notwendigen Liste der Gesellschafter entnehmen, wer die übrigen Gesellschafter der zu gründenden Gesellschaft mit beschränkter Haftung werden und wie hoch sie an dieser beteiligt sein werden.

Möglichkeiten eines späteren Beitrittes

Bei einem Beitritt eines Interessenten in eine bestehende Gesellschaft mit beschränkter Haftung greifen die Bedenken seitens *Sontag* allerdings durch. Der

253 *Parisius u. Crüger*, Das Reichsgesetz betreffend die Gesellschaften mit beschränkter Haftung. Vom 20. April 1892., 2. Aufl., Berlin 1898, Erster Theil. Entstehung und systematische Darstellung des Gesetzes, betreffend die Gesellschaften mit beschränkter Haftung vom 20. April 1892., Zweiter Abschnitt: Systematische Darstellung des Gesetzes., § 3 Erwerb und Verlust der Mitgliedschaft, S. 43.

Interessent ist hinsichtlich der (Un-)Kenntnis über seine (zukünftigen) Mitgesellschafter zum Teil schutzlos gestellt. Jede Möglichkeit des Beitritts nach Entstehung und Eintragung der Gesellschaft in das Handelsregister, der Verkauf und die Abtretung eines Geschäftsanteiles nach § 15 Gesetz betreffend die Gesellschaften mit beschränkter Haftung, die Veräußerung von Teilen eines Geschäftsanteiles (mit Genehmigung der übrigen Gesellschafter) nach § 17 sowie nach § 55 Abs. 1 die Übernahme einer Stammeinlage in Folge der Erhöhung des Stammkapitals, setzt eine bestehende Gesellschaft mit beschränkter Haftung voraus, deren Liste der Gesellschafter im Jahre 1909 noch keinen aktuellen Stand über die Gesellschafter (und die Höhe ihrer Beteiligung) lieferte. Zwar war sowohl die Gesellschafterliste, die im Rahmen der Gründung der Gesellschaft nach § 8 Abs. 1 Nr. 3 der Anmeldung beizufügen war, als auch die nach § 40 alljährlich im Januar einzureichende Gesellschafterliste nach § 9 Abs. 1 Handelsgesetzbuch für jedermann einsehbar, allerdings konnte ihre Aktualität nicht gewährleistet werden. Beispielsweise war eine aktualisierte Gesellschafterliste, wenn die Gesellschaft im Januar gegründet worden ist, erst im Januar des darauffolgenden Jahres einzureichen.[254] Sollte sich eine Änderung im Bestand der Gesellschafter, beispielsweise einen Tag nach der Anmeldung der Gesellschaft, ergeben haben (z.B. aufgrund einer Veräußerung und Abtretung), so war diese Änderung erstmalig für den Interessierten im Anschluss an die Einreichung der aktualisierten Gesellschafterliste im Januar des darauffolgenden Jahres ersichtlich. Im Gleichlauf zur fehlenden Aktualität konnte sich ein Interessent auch nicht auf den öffentlichen Glauben nach § 15 Handelsgesetzbuch in der Fassung vom 10. Mai 1897 berufen, da die Gesellschafterliste einen solchen nicht genoss, da sie weder im Handelsregister eingetragen noch publiziert wurde.[255] Daher stellte auch schon *Staub* zurecht fest, dass die korrelierende Norm des § 40 Gesetz betreffend die Gesellschaften mit beschränkter Haftung „irgendwelche erhebliche Bedeutung" nicht hat, „da die Liste nicht fortdauernd auf dem Laufenden zu erhalten, sondern nur alljährlich einmal einzureichen ist, während doch im Laufe des Jahres sehr erhebliche Veränderungen erfolgen können".[256]

254 *Staub*, Kommentar zum Gesetz betreffend die Gesellschaften mit beschränkter Haftung, § 40 Anm. 5.

255 Ebd., § 40 Anm. 11. und 12.

256 Ebd., § 40 Einleitung.

(3) *Jakob Liebmann*

In einem Aufsatz mit dem Titel: „Die Reform der Gesellschaften mit beschränkter Haftung" in der Deutschen Juristen-Zeitung im Jahre 1910 erörterte *Jakob Liebmann*, Justizrat aus Frankfurt am Main, den Reformbedarf der Gesellschaften mit beschränkter Haftung, insbesondere hinsichtlich des Gründungsrechtes, und nahm ebenfalls direkten Bezug zu *Hachenburgs* Aufsatz aus dem Jahre 1909.[257]

Zunächst bezieht sich *Liebmann* auf die vom Verband Mitteldeutscher Handelskammern und ebenso von der juristischen Literatur (insbesondere *Hachenburg* mit seinem Aufsatz aus dem Jahre 1909) gemachte Anregung, über eine „Revision des Gründungsherganges" der Gesellschaft mit beschränkter Haftung nachzudenken, für welche sich „die Handelskammern zu Altona, Düsseldorf, München-Gladbach und Ludwigshafen" ausgesprochen haben.[258]

Für die von *Hachenburg*[259] vorgeschlagene „zwangsweise Amortisation" zur Schließung der im Gesetz vorhanden „klaffenden Lücke" im Falle eines Beitrittes zu einer Gesellschaft mit beschränkter Haftung (z.B. im Rahmen der Gründung) – beispielweise mittels der Übernahme einer wertlosen Sacheinlage – sieht *Liebmann* keinen Bedarf.[260] Nach *Liebmann* sei die Sachlage bei der Gesellschaft mit beschränkter Haftung nicht anders als bei der Aktiengesellschaft zu bewerten.[261] Denn „ein Gesellschafter, welcher auf diese Weise die Gesellschaft geschädigt hat, ist ihr schon nach allgemeinen Grundsätzen des BGB. schadensersatzpflichtig, wie auch das RG. (Bd. 68 S. 277) annimmt".[262] Der Schadensersatzanspruch soll der Gesellschaft genügen, da sie im Falle von leistungsfähigen Schuldnern zu dem Betrag kommt, „der ihrem Stammkapital abgeht" und im Falle von nicht leistungsfähigen Schuldnern die übrigen Gesellschafter „durch die Amortisation zu einer Leistung herangezogen [würden], um das Stammkapital zu ergänzen, zu welcher sie sich niemals verpflichten wollten".[263] Nach *Liebmann* besteht daher keine diesbezügliche „Lücke des Gesetzes,

---

257 *Liebmann* in: Deutsche Juristen-Zeitung 1910, Sp. 675–682.

258 Ebd., Sp. 675.

259 *Hachenburg* in: Leipziger Zeitschrift für Handels-, Konkurs- und Versicherungsrecht 1909, Sp. 15–36 (17 f.); siehe hierzu auch oben 3. Kapitel (I. Zur ersten Reformdebatte in den Jahren 1909 bis 1914, 1. *Max Hachenburgs* Aufsatz aus dem Jahre 1909).

260 *Liebmann* in: Deutsche Juristen-Zeitung 1910, Sp. 675–682 (676).

261 Ebd.

262 Ebd.

263 Ebd.

die nicht durch die Rechtsprechung auszufüllen wäre“; Handlungsbedarf seitens des Gesetzgebers erkennt er somit nicht.[264]

Hinsichtlich der von *Hachenburg* aufgezeigten Situation betreffend die „Nichtigkeit und ihrer Heilung“[265], z.B. einer „nicht in öffentlicher Urkunde errichteten, aber dennoch eingetragenen“ Gesellschaft mit beschränkter Haftung schließt sich *Liebmann* der Ansicht von *Hachenburg* ausdrücklich an, dass die formelle Nichtigkeit der Gesellschaft „jedenfalls bei Nachholung der Form“ als geheilt betrachtet werden sollte, geht sogar darüber hinaus und fordert, dass die „Nichtigkeitserklärung überhaupt nach einem gewissen Zeitablauf der Eintragung auszuschließen“ wäre.[266]

Betreffend den von *Hachenburg* unterbreiteten Vorschlag, eine „Revision des Gründungsherganges einzuführen“, schließt sich *Liebmann* der in einer Denkschrift vom 12. Juni 1909 gemachten Kritik des Verbandes der Gesellschaften mit beschränkter Haftung sowie den dort zitierten Ausführungen der Aeltesten der Berliner Kaufmannschaft an und spricht sich gegen den Vorschlag aus.[267] Im Ergebnis würde die Übertragung der für die Aktiengesellschaften bestehenden Vorschriften der Gründung auf die Gesellschaften mit beschränkter Haftung dazu führen, dass „kein wesentlicher Unterschied mehr zwischen dieser [Anmerkung des Verfassers: Gemeint ist die Gesellschaft mit beschränkter Haftung] und der Aktiengesellschaft bestehen [würde] als die schwerfällige Art der Uebertragung der Geschäftsanteile, wogegen die Gründung der kleineren intimen Gesellschaften, aller Unternehmungen zum Versuche der Ausbeutung neuer Erfindungen usw., also ein großes Gebiet, für welches die G. m. b. H besonders geeignet ist, unterbunden würde“.[268] Im Ergebnis würde man nach *Liebmann* hiermit „den mittleren und kleinen Kaufmann treffen“, da „die finanzkräftigen großen Unternehmungen […] die Form der Aktiengesellschaft wählen [können]“.[269]

Im Rahmen eines Vergleiches der Gründungsmodalitäten der Gesellschaft mit beschränkter Haftung mit denen der Aktiengesellschaft erkennt *Liebmann*, dass hinsichtlich der „Gründung einer Gesellschaft [Anmerkung des Verfassers: Gemeint ist die Aktiengesellschaft], die aus zwei oder drei Personen mit

---

264 Ebd.

265 *Hachenburg* in: Leipziger Zeitschrift für Handels-, Konkurs- und Versicherungsrecht 1909, Sp. 15–36 (18 f.); siehe hierzu auch oben 3. Kapitel (I. Zur ersten Reformdebatte in den Jahren 1909 bis 1914, 1. *Max Hachenburgs* Aufsatz aus dem Jahre 1909).

266 *Liebmann* in: Deutsche Juristen-Zeitung 1910, Sp. 675–682 (676).

267 Ebd., Sp. 677.

268 Ebd.

269 Ebd.

einem Kapital zwischen 20 000 M. und 100 000 M. bestehen soll, [...] schon in dem schwerfälligen Apparat eines Gründerberichts, des Antrags an die Handelskammer, des Berichts der Revisoren – abgesehen von dem Kostenpunkt – ein abschreckendes Hindernis [liegt]".[270] Hiermit widerspricht *Liebmann* der von *Hachenburg* geäußerten Ansicht, dass im Gesetz betreffend die Gesellschaften mit beschränkter Haftung Vorschriften, die einen (Sach-)Gründungsbericht sowie die Überprüfung durch Revisoren vorsehen, fehlen. Gleichwohl äußert *Liebmann* den Vorschlag, dass zu verlangen ist, „daß die Bewertung der Sacheinlagen sich in den Grenzen hält, welche der Schätzung des sorgsamen Kaufmanns entsprechen".[271] Gleichzeitig gibt er aber zu bedenken, dass „auch der Verband [Anmerkung des Verfassers: Gemeint ist der Verband Mitteldeutscher Handelskammern] darauf hin[weist], daß die Sicherung durch den Gründerbericht und selbst durch die Revisorenprüfung in der Mehrzahl der Fälle eine problematische Formalität bleiben muß".[272] Denn nach *Liebmann* „entzieht von vornherein der Gesellschaft die vom Gesetz verlangte Kreditbasis", „wer eine Stammeinlage leistet (oder zugibt, daß sie von seinem Mitgründer geleistet wird), die mit einem fiktiven oder bewußt übersetzten Betrag bewertet wird".[273] Eine Erweiterung der Haftung der übrigen Gesellschafter, für den Fall, dass die Einlage eines anderen Gesellschafters nicht voll erbracht (*Liebmann* spricht von „belegt") ist, gehe gleichwohl aber zu weit.[274] Diese „solidarische Haftbarkeit aller Gesellschafter für den ganzen Betrag des Stammkapitals" würde insbesondere dem „kleinen Fabrikanten, der mangels eigenen Kapitals nicht vorankommen kann", eine „unbeschränkte Haftung mit seinem ganzen Vermögen", die er gerade durch die Wahl der Rechtsform einer Gesellschaft mit beschränkter Haftung nicht übernehmen möchte, aufbürden.[275] Folge wäre, dass das „hauptsächliche Anwendungsgebiet [Anmerkung des Verfassers: Gemeint ist das hauptsächliche Anwendungsgebiet der Gesellschaft mit beschränkter Haftung] entfallen" und „dem deutschen Unternehmergeist und der nationalen Industrie ein großer Schaden entstehen" würde.[276] Zusammenfassend würde dies „begabte, aber kapitalschwache Personen" am „Emporkommen" hindern.[277] Nach *Liebmann*

270 Ebd.
271 Ebd.
272 Ebd.
273 Ebd.
274 Ebd.
275 Ebd., Sp. 678.
276 Ebd.
277 Ebd.

fehle es insoweit überhaupt an einer „Lücke des Gesetzes", während ihm die „Lücke, welche sich in unserer volkswirtschaftlichen Bilanz ergeben würde, bedeutsamer" erscheint.[278] Gleiches solle für den Vorschlag *Hachenburgs* gelten, „die Gründer für die Einzahlung der ersten 25 % des gesamten Stammkapitals und auch den Vorgänger eines Gesellschafters nicht bloß für die auf den veräußerten Geschäftsanteil entfallenden weiteren Einzahlungen, sondern auch für alle insolventen Gesellschafter haftbar zu machen, weil dies jeden vorsichtigen Kaufmann von der Beteiligung abhalten muß".[279] Inhaltlich ist dem Verweis auf den „Vorschlag" entgegenzuhalten, dass sich *Hachenburg* selbst nicht „entschliessen" konnte, „eine Haftung der übrig bleibenden Gesellschafter für die fortfallenden eintreten zu lassen".[280]

Hinsichtlich der bereits thematisierten „Schutzmaßregeln gegen die Ueberbewertung der Sacheinlage" gibt *Liebmann* zu Bedenken, dass diese „nicht über die vernünftigen wirtschaftlichen Grenzen hinausgehen [können]".[281] Nachdem die „sämtlichen Gründer" der Gesellschaft mit beschränkter Haftung nach § 24 Gesetz betreffend die Gesellschaften mit beschränkter Haftung vom 20. April 1892 (so auch unverändert in der vom 1. Januar 1900 an geltenden Fassung) für den Fall haften, dass eine „Differenz zwischen wahrem Wert [der Sacheinlage] und dem auf die Stammeinlage angerechneten Betrag" besteht, „genügt das Gesetz in seiner jetzigen Fassung vollkommen".[282] Dies soll zumindest für solche Sacheinlagen gelten, „welche einen Verkehrswert haben und durch Sachverständige abgeschätzt werden können".[283] Für Sacheinlagen, die zwar als „im Rechtssinne vorhandene Gegenstände" zur Einlage geeignet sind („Patente, Konzessionen, langfristige Verträge usw."), „deren Bewertung jedoch immer nur nach subjektiven Ermessen erfolgen kann", schlägt *Liebmann* vor, dass man die Gründer „nicht ohne weiteres verantwortlich machen" sollte.[284] Eine Haftung solle nur in Betracht kommen, „wenn die Ueberbewertung in der Absicht erfolgt, Geschäftsanteile gegen Zahlung des Nominalbetrages Dritten aufzuhängen, wenn sie zwar gutgläubig aber in phantastischer Weise bemessen ist", „weil

278 Ebd.
279 Ebd.
280 Siehe Fn. 214.
281 *Liebmann* in: Deutsche Juristen-Zeitung 1910, Sp. 675–682 (678).
282 Ebd.
283 Ebd.
284 Ebd., Sp. 678 f.

sie nicht nach den Grundsätzen verfahren haben, mit welchen der Verkehr rechnen muß".[285]

Hinsichtlich der zum Zeitpunkt der Veröffentlichung des Aufsatzes bestehenden Rechtslage, dass die Gründung der Gesellschaft mit beschränkter Haftung nach § 5 Abs. 1 mindestens – nachdem nach § 7 Abs. 2 zur Anmeldung lediglich ein Viertel der in Geld zu leistenden Einlage auf das Stammkapital eingezahlt sein musste – einen Barbetrag in Höhe von 5 000 Mark forderte, schloss sich *Liebmann* der Kritik von *Hachenburg* an und erklärte diese Regelung für einen „Mißstand", obwohl „die G. m. b. H. [...] auch dem mittleren und kleineren Gewerbetreibenden zugänglich bleiben" muss.[286] *Liebmann* fordert vielmehr „eine obligatorische Einzahlung von 50 %".[287]

Zusammenfassend hält *Liebmann* fest, dass seine „vorgeschlagenen Reformen, wenn sie auch nur zu den sog. kleinen Mitteln gehören mögen, ausreichend" sein sollen, um „den hervorgetretenen Uebelständen zu begegnen".[288] Gleichwohl warnt er davor, „an den bewährten Grundgedanken des Gesetzes die Axt anzulegen", denn ein solches Vorgehen „gliche [...] dem Steinwurf, der den Kopf zerschmettert, um die Fliege zu verscheuchen".[289]

(4) *Franz Fränkel*

Wie bereits oben[290] ausgeführt veröffentlichte *Fränkel* im Jahre 1915 die Arbeit „Die Gesellschaft mit beschränkter Haftung: Eine volkswirtschaftliche Studie" und kam hierin zum Ergebnis, dass die neu geschaffene Gesellschaft mit beschränkter Haftung das Zeug habe „alle Gesellschaftsformen zu ersetzen".[291] Hinsichtlich des Gründungsrechtes der Gesellschaft mit beschränkter Haftung machte *Fränkel* in seiner Arbeit nur Ausführungen am Rande. Insbesondere äußerte er, dass die Schaffung einer „Einpersonen-Gesellschaft mit beschränkter Haftung" verboten sein sollte, die Zahl der (Gründungs-)Gesellschafter maximal 30 betragen dürfe und die Gründer, allerdings nicht die erst später eintretenden

285 Ebd., Sp. 679.
286 Ebd.
287 Ebd.
288 Ebd., Sp. 682.
289 Ebd.
290 Siehe 2. Kapitel (I. Kritik einzelner Vertreter der Rechtswissenschaften).
291 *Fränkel*, Die Gesellschaft mit beschränkter Haftung: Eine volkswirtschaftliche Studie, S. 252.

Gesellschafter, bei einem ihnen anzulastenden Verschulden für die Existenz und den Wert von Sacheinlagen haften müssen.[292]

3. 31. und 32. Deutscher Juristentag - Wien 1912 und Düsseldorf 1914

Nachdem im Jahre 1906 das Gesetz vom 6. März 1906 über Gesellschaften mit beschränkter Haftung (GmbH-Gesetz – GmbHG) in Österreich in Kraft getreten ist, wurde in Ansehung einer zu diskutierenden Rechtsvereinheitlichung der beiden deutschsprachigen Gesetze über die Gesellschaft mit beschränkter Haftung eine mögliche Reform des Gesetzes gleich zweimal auf die Tagesordnung der Deutschen Juristentage 1912 und 1914 genommen.[293]

(1) *31. Deutscher Juristentag - Wien 1912*

Der im Jahre 1912 in Wien stattfindende 31. Deutsche Juristentag sollte laut der „Übersicht über die Gutachten und Verhandlungen des 31. Deutschen Juristentages“ unter dem Ordnungspunkt Nr. 7 die folgende Frage: „Empfiehlt es sich, das im Deutschen Reich und in Österreich geltende Recht der GmbH. zu vereinheitlichen und welche Sonderbestimmungen des österreichischen Gesetzes vom 6. März 1906 würden sich vorzugsweise zur Aufnahme in das einheitliche Recht eignen?“ behandeln.[294] Gutachterlich Stellung nehmen sollten zum einen der Oberlandesgerichtspräsident *August Ritter von Pitreich* aus Österreich sowie zum anderen der Reichsgerichtsrat *Ernst Neukamp* aus Deutschland. Sowohl die vorbereiteten Gutachten als auch die angesetzten Vorträge von Justizrat *Jakob Liebmann* und Hof- und Gerichtsadvokat *Ewald Becher* schafften es wegen zeitlicher Knappheit nach den vorangehenden Ordnungspunkten nicht mehr zur Verhandlung.[295]

a) Gutachten des *Ernst Neukamp*

Das Gutachten des deutschen Reichsgerichtsrats *Ernst Neukamp* zu der oben gestellten Frage kommt zunächst zu dem Ergebnis, dass sich das österreichische

---

292 Ebd. S. 250 ff.

293 *Kalss/Eckert*, Zentrale Fragen des GmbH-Rechts, S. 130 f.

294 Verhandlungen des Einunddreißigsten Deutschen Juristentages (Wien 1912) – Stenographische Berichte, S. V.

295 Vgl. auch Verhandlungen des Einunddreißigsten Deutschen Juristentages (Wien 1912) – Stenographische Berichte.

Gesetz über die Gesellschaften mit beschränkter Haftung „ganz eng an das deutsche Vorbild" anschließe, „so daß es auch in Österreich mit nur verhältnismäßig geringen Änderungen eingeführt werden konnte."[296] Im weiteren Verlauf des Gutachtens nimmt *Neukamp* zu Unterschieden zwischen der österreichischen und der deutschen Gesellschaft mit beschränkter Haftung Stellung. Hierbei thematisiert er insbesondere die Unterschiede in den Möglichkeiten des Einsatzes von Haupt- und Zweigniederlassungen von ausländischen Gesellschaften in Österreich und Deutschland, den Unterschieden in der Organisation und der Rechtsstellung von Gesellschaftern (hierbei geht er insbesondere auf die Unterschiede zwischen der deutschen „Gesellschafterliste" und dem österreichischen „Anteilbuch", der österreichischen Pflicht zur Etablierung eines Aufsichtsrates unter bestimmten Umständen sowie der Verpflichtung des österreichischen Gesetzes zur Führung eines „Protokollbuches" ein) sowie den Änderungen in der Rechtsstellung der Gesellschafter. Im Rahmen des letzten Punktes spricht *Neukamp* die nach seiner Meinung konsequentere (Gründungs-)Vorschrift des österreichischen- gegenüber dem deutschen Gesetz hinsichtlich der Möglichkeit des Haltens mehrerer Geschäftsanteile von einem Gesellschafter an. Nach § 6 Abs. 3 und § 75 Abs. 1 des österreichischen Gesetzes vom 6. März 1906 sowie nach § 5 Abs. 2 und § 14 des deutschen Gesetzes vom 20. April 1892 (in der zur Zeit des Gutachtens geltenden Fassung vom 1. Januar 1900) konnte „jeder Gesellschafter bei der Errichtung einer Gesellschaft mit beschränkter Haftung nur eine Stammeinlage übernehmen und folglich nur einen Geschäftsanteil besitzen".[297] *Neukamp* stellt zutreffenderweise fest, dass die (Gründungs-)Vorschrift allerdings im deutschen Recht nicht stringent im weiteren Verlauf des Bestehens einer Gesellschaft mit beschränkter Haftung beachtet werden muss. Eine Vorschrift, wie § 75 Abs. 2 des österreichischen Gesetzes, nach der „der Geschäftsanteil eines Gesellschafters, der eine weitere Stammeinlage übernimmt, in dem der erhöhten Stammeinlage entsprechenden Verhältnisse erhöht wird, so daß also ein solcher Gesellschafter niemals mehr als einen Geschäftsanteil besitzen kann", fehle im deutschen Recht betreffend die Gesellschaften mit beschränkter Haftung.[298] Vielmehr könne ein Gründer einer deutschen Gesellschaft mit beschränkter Haftung § 5 Abs. 2 des deutschen Gesetzes einfach umgehen, indem er „bei der Gründung von Strohmännern Stammeinlagen für seine Rechnung übernehmen

---

296 Gutachten des Reichsgerichtsrats Dr. Neukamp in Leipzig in: Verhandlungen des Einunddreißigsten Deutschen Juristentages, Zweiter Band, S. 222.

297 Ebd., S. 230.

298 Ebd.

läßt und diese verpflichtet, ihm nachträglich die entsprechenden Geschäftsanteile zu übertragen".[299] Im Übrigen sah *Neukamp* keinen Anlass für weitergehende Harmonisierung der deutschen bzw. österreichischen Rechtsordnungen betreffend die Gesellschaften mit beschränkter Haftung. Das Gründungsrecht der deutschen Gesellschaften mit beschränkter Haftung bedurfte somit ausweislich des Gutachtens von *Neukamp* seiner Meinung nach keiner Reform.

b) Gutachten des *August von Pitreich*

Das Gutachten zum 31. Deutschen Juristentag des Oberlandesgerichtspräsidenten *August Ritter von Pitreich* zu der oben gestellten Frage kommt zunächst zum Ergebnis, dass das österreichische Gesetz über Gesellschaften mit beschränkter Haftung vom 6. März 1906 zwar teilweise wesentliche Abweichungen von dem als Vorbild anzusehenden deutschen Gesetzes über die Gesellschaften mit beschränkter Haftung vom 20. April 1892 aufweist, im Ergebnis aber nicht geeignet sei, solche „Wesensunterschiede" herbeizuführen, „welche die Gleichartigkeit der deutschen und der österreichischen Gesellschaftsform zu alterieren geeignet wären".[300] Ferner stellt er fest, dass betreffend des deutschen Gesetzes eine solche „Bewegung entstanden" ist, „die auf eine Reform des bestehenden Gesetzes abzielt, eine Reform, deren Inhalt sich aber ungefähr in denselben Bahnen bewegen soll, die man in Österreich beschritten hat: Revision des ursprünglichen Gesetzes zwecks Erlassung in ‚vermehrter und verbesserter Auflage'".[301] Eine vollumfängliche Angleichung der beiden Gesetze aneinander halt *von Pitreich* allerdings für „ausgeschlossen, aber auch weder notwendig, noch für beide Teile wünschenswert".[302]

Zur Entstehungsgeschichte der deutschen Gesellschaft mit beschränkter Haftung gibt *von Pitreich* wieder, dass ein Treiber der Schaffung der Gesellschaft mit beschränkter Haftung in Deutschland die bei der Gründung einer Aktiengesellschaft zu beachtenden strengen Bestimmungen waren, die „für große Unternehmungen" notwendig seien, aber „für Unternehmungen kleineren Umfanges und intimer Beziehungen der Teilhaber zueinander und insbesondere für die

299 Ebd.

300 Gutachten des Oberlandesgerichtspräsidenten Herrn Dr. August Ritter von Pitreich, Exzellenz, Graz in: Verhandlungen des Einunddreißigsten Deutschen Juristentages, Zweiter Band, S. 314 u. 315.

301 Ebd., S. 315.

302 Ebd.

Unternehmungen, die sich an einen offenen Geldmarkt nicht wenden wollen oder sollen, ein Hindernis der Entwicklung“ darstellten.[303]

Wie schon *Neukamp* in seinem Gutachten zum 31. Deutschen Juristentag festgestellt hat, bemängelt auch *von Pitreich* das nicht konsequente deutsche Gesetz über Gesellschaften mit beschränkter Haftung dahingehend, dass zwar nach § 5 Abs. 2 des deutschen Gesetzes die Übernahme mehrerer Geschäftsanteile bei der Errichtung der Gesellschaft durch einen Gründer nicht erlaubt ist, gleichwohl das spätere Halten mehrerer Geschäftsanteile durch einen Gesellschafter „in einer Hand“ nicht – wie in Österreich nach § 75 Abs. 2 des österreichischen Gesetzes über Gesellschaften mit beschränkter Haftung vom 6. März 1906 – untersagt ist.[304] Ebenso bemängelt *von Pitreich* die nicht durchgängige Umsetzung der für die Gesellschaft mit beschränkter Haftung sowohl in Deutschland als auch in Österreich zwingend vorgesehenen Gründungsvorschriften im Verlaufe des Bestehens einer Gesellschaft mit beschränkter Haftung, die seines Erachtens „Bedingung“ für das Abweichen „von den strengen Vorschriften des Aktienrechtes über den Gründungshergang“ sind.[305] Verdeutlichend zeigt *von Pitreich* das Problem wie folgt auf: § 5 Abs. 2 des deutschen Gesetzes sowie § 6 Abs. 3 des österreichischen Gesetzes verbieten die Übernahme mehrerer Geschäftsanteile durch einen Gründer im Rahmen der Errichtung der Gesellschaft mit beschränkter Haftung. Dieses „Verbot der Übernahme mehrerer Stammeinlagen bei der Gründung soll nicht nur die eigentliche Sukzessivgründung, sondern überhaupt den Appell an den offenen Markt durch Aufforderung zur Zeichnung von Geschäftsanteilen erschweren“.[306] Gleichwohl ist die der Gründung zeitlich nachgelagerte Veräußerung und Abtretung von „Teilen eines Geschäftsanteiles ohne Genehmigung der Gesellschaft“ sowohl in Deutschland als auch in Österreich – dort durch § 79 Abs. 5 des österreichischen Gesetzes zumindest zeitlich durch eine einjährige Sperrfrist (seit der Eintragung des Gesellschaftsvertrages in das Handelsregister) eingeschränkt für den Fall, dass der Teil eines Geschäftsanteiles an eine Person abgetreten werden soll, „die der Gesellschaft nicht schon als Gesellschafter“ angehört, „sowie für die Übernahme einer Verpflichtung hierzu“ – möglich.[307] Dieser Inkonsequenz vermag auch die Vorschrift des § 15 des deutschen Gesetzes, wonach sowohl die Verpflichtung zur Übertragung als

303 Ebd., S. 317 u. 318.
304 Ebd., S. 320.
305 Ebd.
306 Ebd.
307 Ebd.

auch die Abtretung eines Geschäftsanteiles nur in gerichtlicher oder notarieller Form erfolgen darf, keine Abhilfe zu leisten. Das Ziel des Gesetzgebers, welches er mit der zwingenden Gründungsvorschrift zu verfolgen versuchte, wird für den weiteren Verlauf des Bestehens der Gesellschaft mit beschränkter Haftung nicht konsequent fort- und umgesetzt. Eine solche Bestimmung wäre nach *von Pitreich* „in das neue einheitliche Recht aufzunehmen".[308]

Hinsichtlich des Gründungsrechtes der Gesellschaft mit beschränkter Haftung in Deutschland als auch in Österreich äußert *von Pitreich* noch weitergehende Bedenken betreffend das deutsche Recht. Für den Fall, dass der Gesellschaftsvertrag einer Gesellschaft mit beschränkter Haftung nicht die vorgeschriebenen Formerfordernisse aufweist, knüpfen sich in Deutschland und in Österreich unterschiedliche Rechtsfolgen an.

Sollte der Gesellschaftsvertrag einer deutschen Gesellschaft mit beschränkter Haftung entgegen § 2 Abs. 1 des deutschen Gesetzes nicht in gerichtlicher oder notarieller Form abgeschlossen worden sein, so führt dies zur Nichtigkeit der Gesellschaft. Eine Heilung sieht weder das deutsche Registerrecht noch das deutsche Gesetz über die Gesellschaften mit beschränkter Haftung vor. Nach § 76 des Gesetzes, der eine abschließende Aufzählung enthält, können lediglich Mängel, die die Bestimmungen über die Firma oder den Sitz der Gesellschaft oder den Gegenstand des Unternehmens betreffen, durch einstimmigen Beschluss der Gesellschafter geheilt werden. Eine Heilung des Formmangels des Gesellschaftsvertrages ist im deutschen Recht betreffend die Gesellschaft mit beschränkter Haftung zum Zeitpunkt des Gutachtens nicht vorgesehen.

Gleichzeitig sah das österreichische Recht in § 4 Abs. 3 Gesetz über Gesellschaften mit beschränkter Haftung vom 6. März 1906 für die Form des Gesellschaftsvertrages zwingend die Beurkundung durch einen Notariatsakt vor. Sollte die Form nicht eingehalten worden sein, sah § 87 Abs. 1 vor, dass die Auflösung der Gesellschaft mit beschränkter Haftung auf Antrag der Finanzprokuratur durch Beschluss des Handelsgerichtes ihres Sitzes auszusprechen ist. Gleichzeitig erklärte § 87 Abs. 2 die Vorschrift des § 43 Gesetz über Gesellschaften mit beschränkter Haftung vom 6. März 1906 auf das Verfahren für anwendbar. Nach § 43 Abs. 2 S. 1 ist vor der Entscheidung über die Nichtigkeit der Gesellschaft zur Erstattung einer schriftlichen Äußerung und nach Maßgabe der Sachlage zur Behebung der Nichtigkeit eine angemessene Frist zu bestimmen,

308 Ebd.

innerhalb deren die Nichtigkeit behoben werden kann.[309] Gleichzeitig ist nach § 43 Abs. 2 S. 2 die Einleitung des Verfahrens im Handelsregister zu verfügen.

Hinsichtlich dieses Unterschiedes in den Rechtsfolgen im Fall der Nichteinhaltung der gesetzlich zwingend vorgeschriebenen Formvorschriften für den Gesellschaftsvertrag zwischen dem deutschen und dem österreichischen Gesetz hat nach *von Pitreich* das österreichische Recht „den großen Vorzug, daß nicht ohne zwingende Notwendigkeit jene Komplikationen hervorgerufen werden, die unvermeidlich durch die Nichtigkeitserklärung eines bereits seit geraumer Zeit bestehenden Unternehmens eintreten".[310]

Nach den von *von Pitreich* zitierten Angaben des „Chefs der Wiener Finanzprokuratur" wurden von den zwischen dem 1. Januar 1907 und dem 1. Januar 1912 eingegangenen 850 Eintragungsbeschlüssen „85 Anfechtungen mit Rekurs, dagegen 73 Fälle sofortiger Behebung der Umstände durch die Gesellschaft" berichtet.[311]

Zum Ende seines Gutachtens führt *von Pitreich* aus, dass er der Ansicht ist, dass „das breite Tor, das sowohl im österreichischen als im deutschen Gesetze dem Risiko durch die Enthebung von der Prüfung der Sacheinlagen durch Revisoren offen steht, schon jetzt verschließen zu wollen" „mindestens verfrüht" wäre.[312] Vielmehr könnte man in Anlehnung an die nach österreichischem Recht obligatorische Bildung eines Aufsichtsrates für Gesellschaften größeren Umfanges (nach § 29 Abs. 1 Gesetz über Gesellschaften mit beschränkter Haftung vom 6. März 1906 liegt eine solche Gesellschaft größeren Umfanges vor, wenn sich das Stammkapital auf mehr als 1 000 000 Kronen beläuft und die Zahl der Gesellschafter 50 übersteigt) eine „Verschärfung der Bestimmungen über Sacheinlagen auch auf Unternehmungen größeren Stiles" in Betracht ziehen.[313]

(2) *32. Deutscher Juristentag - Düsseldorf 1914*

Der für das Jahr 1914 geplante 32. Deutsche Juristentag sollte in Düsseldorf stattfinden. In dessen Vorfeld wurde seitens des Justizrates *Hans Crüger* aus Charlottenburg unter dem Ordnungspunkt II. die folgende Frage: „Empfiehlt es sich, das Recht der GmbH. einer Neuordnung zu unterziehen, und ist hierbei eine Vereinheitlichung des im Deutschen Reich und in Österreich geltenden Rechts

---

309 Ebd., S. 328.
310 Ebd.
311 Ebd.
312 Ebd., S. 332 f.
313 Ebd., S. 333.

zu erstreben?" gutachterlich behandelt.[314] Darüber hinaus hatte der Oberlandesgerichtspräsident *August Ritter von Pitreich* aus Österreich (erneut) zu der Frage unter Ordnungspunkt IX: „Empfiehlt es sich, das im Deutschen Reich und in Österreich geltende Recht der Gesellschaft m. b. H. zu vereinheitlichen und gleichzeitig einer Neuordnung zu unterziehen?" gutachterlich Stellung bezogen.[315] Nachdem der 32. Deutsche Juristentag wegen des Kriegsausbruches nicht mehr stattfand, wurden die aufgeworfenen Fragen und Gutachten dort nicht weiter verhandelt.

a) Gutachten des *Hans Crüger*

Das Gutachten des Justizrates *Hans Crüger* aus Charlottenburg zum 32. Deutschen Juristentag beschäftigt sich insbesondere mit Fragen zur Gründung der Gesellschaft mit beschränkter Haftung. *Crüger* stellt fest, dass den Gesellschaften mit beschränkter Haftung in Deutschland ein „starkes Mißtrauen entgegengebracht wird" und man oft den Rat liest: „Vorsicht in der Kreditgewähr an GmbH.!"[316] Dies führt er insbesondere auf die „vielen kleinen in der Form der GmbH auftauchenden wirtschaftlichen Erscheinungen" zurück, die „dazu beigetragen haben, das Mißtrauen in der Geschäftswelt gegen die GmbH. großzuziehen".[317] Gleichwohl kommt er zu dem Schluss, dass „die durch Mißbrauch der GmbH. gezeigten Mißstände [nicht] so schwer sind, daß eine Revision des Gesetzes gefordert werden kann".[318] Dies führt er auch darauf zurück, dass „die Bestimmungen über die Haftpflicht der Gesellschafter in den §§ 24, 16 Abs. 3, 22, 31 [Gesetz über die Gesellschaften mit beschränkter Haftung vom 20. April 1892 (in der zur Zeit des Gutachtens geltenden Fassung vom 1. Januar 1900)] [...] von schwerwiegender Bedeutung" sind, „wenn die Gründung der Gesellschaft überhaupt solid angelegt ist, und wenn bei der Gründung der Gesellschaft ernsthafte Männer mitgewirkt haben".[319] Gleichwohl erkennt er, dass „während die Gesellschafter für die Bareinlagen solidarisch verhaftet sind, fehlt eine solche Haftpflicht für die

314 Verhandlungen des Zweiunddreißigsten Deutschen Juristentages (Düsseldorf 1914), Erster Band (Gutachten), Inhaltsverzeichnis, Ordnungspjuunkt II.

315 Verhandlungen des Zweiunddreißigsten Deutschen Juristentages (Düsseldorf 1914), Erster Band (Gutachten), Inhaltsverzeichnis, Ordnungspunkt IX.

316 Gutachten des Herrn Justizrats Professor Dr. Hans Crüger, Charlottenburg in: Verhandlungen des Zweiunddreißigsten Deutschen Juristentages (Düsseldorf 1914), Erster Band (Gutachten), S. 25.

317 Ebd., S. 26.

318 Ebd.

319 Ebd., S. 27.

Sacheinlagen".[320] Dieser „schwerste Mißstand" beruht darauf, „daß eine Unzahl Gesellschaften […] mit Sacheinlagen [bestehen], die wertlos erscheinen".[321] Eine Gründung einer Gesellschaft mit beschränkter Haftung unter Verwendung von Sacheinlagen ist „ohne jede amtliche Nachprüfung" möglich und bedarf bei der Anmeldung der Gesellschaft zum Handelsregister nach § 8 Abs. 2 der Erklärung, „daß die Sacheinlagen vorhanden sind, und daß sie zur freien Verfügung der Gesellschaft stehen".[322] „Das ist aber alles", so *Crüger*.[323]

Um dieser Erscheinung entgegenzutreten bringt *Crüger* zwei Reformvorschläge zur Diskussion, lehnt diese aber im Ergebnis beide selbst ab.

Zunächst zeigt *Crüger* auf, „daß das Kaduzierungsverfahren […] auf Sacheinlagen erstreckt" werden könnte, „d.h. für die Existenz der Sacheinlagen".[324] Dies könnte in Fällen helfen, in denen bereits bei der Gründung der Gesellschaft mit beschränkter Haftung die angegebenen Sacheinlagen entweder gar nicht existent bzw. nicht (ausreichend) werthaltig gewesen sein mögen. Gleichwohl meint *Crüger*, dass in solchen Fällen in der Regel die eingesetzten Gründer, die dem Publikum als vermeintliche „Geldleute" erscheinen würden, selbst lediglich „Strohmänner" sind.[325] Ein Schutz der „Rechte der Gläubiger", würde „ganz und gar nicht der Fall" sein.[326]

Auch der zweite Vorschlag, „daß für den Wert der Sacheinlagen die Gesellschafter haften sollen", wird von *Crüger* mit den gleichen Argumenten wie das auf die Sachgründung erweiterte Kaduzierungsverfahren abgelehnt.[327]

Auch wenn „Schwindelgründungen", so *Crüger*, „in der Regel auf hohen Sacheinlagen und kleinen Bareinlagen beruhen", würde man mit der Schaffung von „sehr weitegehende[n] Kautelen", insbesondere über eine Gründungsrevision, herbeiführen, „daß schließlich bei einer Gründung mit Sacheinlagen kein Unterschied mehr besteht zwischen der GmbH. und der Aktiengesellschaft".[328] Dies würde aber dem Willen des historischen Gesetzgebers, der die Gründung einer Gesellschaft mit beschränkter Haftung einfacher als die Gründung einer Aktiengesellschaft gestalten wollte, und der die öffentliche Bekanntgabe

320 Ebd.
321 Ebd.
322 Ebd.
323 Ebd.
324 Ebd.
325 Ebd., S. 27 f.
326 Ebd., S. 28.
327 Ebd.
328 Ebd.

des eingebrachten geschäftlichen Unternehmens vermeiden wollte, widersprechen.[329] Zusammenfassend hält *Crüger* fest, dass die „Neuordnung fundamentaler Bestimmungen dazu führen müßte, die GmbH. gerade den Zwecken zu entfremden, für die sie geschaffen ist – ohne daß auch nur die geringste Sicherheit dafür geboten wird, daß alsdann Mißstände in erheblichem Umfange sich nicht zeigen".[330]

Hinsichtlich der Gründungsvorschriften der Gesellschaft mit beschränkter Haftung ergänzt *Crüger* um die von ihm zusammengefassten Aussagen der Handelskammern. So haben die Handelskammern zu Altona und Ludwigshafen eine Änderung des Gesetzes über die Gesellschaften mit beschränkter Haftung angeregt, da „sie das Fehlen aller Kontrollvorschriften für sehr mißlich erklärten".[331] Hiergegen haben sich die Handelskammern zu Anrstadt und Oldenburg sowie der Ausschuss des Deutschen Handelstages 1907 ausgesprochen.[332] Im darauffolgenden Jahr 1908 hat sich die Handelskammer zu Düsseldorf in einem Brief an die preußischen Handelskammern dahingehend geäußert, dass sie sich den Anregungen der Handelskammern von Altona und Ludwigshafen anschließe, da „die Gründungsbestimmungen für die GmbH. nicht ausreichen".[333] Gegen eine Änderung der bestehenden Gründungsvorschriften sprachen sich gleichwohl die Handelskammern von Elberfeld, Barmen, Bochum und Berlin aus.[334] Die Handelskammer von Barmen weist darauf hin, dass für den Fall der wissentlich falschen Angaben im Rahmen der Gründung mittels Sacheinlagen die „allgemeinen Strafvorschriften" als „ausreichend" angesehen werden, um „die Schuldigen zur Rechenschaft zu ziehen".[335] Die Handelskammer zu Berlin äußert im Jahre 1908, dass sie eine Anpassung der Gründungsvorschriften nicht befürworten könne, da diese „Bestandteile eines wohl erwogenen Systems seien, das auf der einen Seite dem besonderen Charakter der Gesellschaft durch weitgehende Beschränkung der Übertragbarkeit der Anteile Rechnung trägt, auf der anderen Seite die erschwerenden Bestimmungen, mit denen das Aktienrecht die Errichtung der Gesellschaft umgibt, bewußtermaßen ablehnt".[336]

329 Ebd.
330 Ebd., S. 30.
331 Ebd.
332 Ebd.
333 Ebd., S. 30 f.
334 Ebd., S. 31.
335 Ebd.
336 Ebd.

An dieser Stelle sei darauf hingewiesen, dass die Diskussion unterschiedliche Anknüpfungsmomente betrifft. Während die Einführung einer Überprüfung der im Gesellschaftsvertrag festgelegten Sacheinlagen vor Eintragung derselben in von den Gründern angegebener Höhe dazu führen soll, dass „präventiv“ keine nicht existenten bzw. künstlich erhöhten Werte für Sacheinlagen zugrunde gelegt werden, zielt die Ahndung falscher Angaben im Rahmen der Gründung mittels Sacheinlagen darauf ab, „repressiv“ tätig zu werden. Die Gründer könnten, sollten sie im Rahmen der Gründung mittels Sacheinlagen eine Überbewertung dieser vorgenommen haben, anschließend strafrechtlich belangt werden. Dies würde nicht zwingenderweise dazu führen, dass der Geschäftsverkehr vor einer Überbewertung von Sacheinlagen verschont bleibt. Vielmehr würde durch die Strafbarkeit zwar ein Anreiz geschaffen werden, der Schutz des Geschäftsverkehrs würde aber weiterhin in den Händen der Gründer liegen.

Zum Ende seines Gutachtens hält *Crüger* noch einmal im Vergleich zwischen dem deutschen und dem österreichischen Recht fest, dass zwar das österreichische Recht Regelungen enthält, die die Zwecke, zu deren Erreichung eine Gesellschaft mit beschränkter Haftung nicht gegründet werden darf, festlegen, im Übrigen, mit Blick auf die vorstehend diskutierten Reformvorschläge hinsichtlich der „Sorgen“ betreffend die Gründung einer Gesellschaft mit beschränkter Haftung mittels Sacheinlagen, aber keine „Ausdehnung der Haftung auf die Sacheinlagen“ und keine „Prüfung des Gründungsvorgangs, wenn Sacheinlagen vorliegen“, vorsieht.[337]

b) Gutachten des *August von Pitreich*

In seinem Gutachten zum 32. Deutschen Juristentages kommt der Oberlandesgerichtspräsident *August Ritter von Pitreich* zunächst unter Verweis auf seine Ausführungen zum 31. Deutschen Juristentag zu dem Schluss, dass der Gedanke zur Vereinheitlichung des deutschen und österreichischen Gesetzes über die Gesellschaften mit beschränkter Haftung nun „mit aller Schärfe zum Ausdruck zu bringen“ sei.[338]

Kern der Auseinandersetzung und nach *von Pitreichs* Aussage „wichtigster“ Ansatzpunkt der Reform sei die „Vermehrung des Schutzes der Gläubiger gegen unsolide Gründungen“, durch eine „Verschärfung der Verantwortlichkeit für den

---

337 Ebd., S. 33.

338 Gutachten des Oberlandesgerichtspräsidenten Herrn Dr. August Ritter von Pitreich, Exzellenz, Graz in: Verhandlungen des Zweiunddreißigsten Deutschen Juristentages (Düsseldorf 1914), Erster Band (Gutachten), S. 314.

Wert von Sacheinlagen".[339] Aus diesem Grund dürfe eine etwaige „Gesetzesrevision an den Sacheinlagen nicht mit Stillschweigen vorübergehen".[340] Bisher sei, so *von Pitreich*, „der Untersuchung der Beschaffenheit der Sacheinlagen und ihres Verhältnisses zum gesamten Stammkapital zu wenig Beachtung geschenkt" worden.[341]

Zur Erreichung des vorgenannten Zieles schlägt *von Pitreich* vor, dass das künftige Recht betreffend die Sacheinlagen der Gesellschaft mit beschränkter Haftung „die Einbringung rein fiktiver, einen Vermögensgegenstand nach allgemeiner Anschauung nicht bildender Einlagen" ausgeschlossen wird.[342] Gleiches soll nach *von Pitreich* für Sacheinlagen in Form von Patenten gelten, welche „noch nicht erteilt, sondern erst angemeldet sind".[343] In diesem Fall bilde „die Anwartschaft auf ein Patent […] ebensowenig einen Vermögensgegenstand, wie die Anwartschaft auf einen Losgewinn, eine Erbschaft usw."[344] Für die Fälle, in denen bestehende Patente oder andere gewerbliche Schutzrechte in Form der Sacheinlage eingebracht werden sollen, bedarf es nach *von Pitreich* „einer Verschärfung der Verantwortlichkeit".[345] Zur „Verschärfung der Verantwortlichkeit" habe *von Pitreich* allerdings Bedenken „das Mittel der Präventivzensur durch Revisoren" vorzuschlagen, da zum einen eine „Offenlegung von Geschäftsgeheimnissen" stattfinden könnte, zum anderen dieses Mittel „nicht in einem richtigen Verhältnisse zu dem angestrebten Erfolge zu stehen scheint".[346] Weitere Gründe hierfür seien, dass es mancherorts wohl schwierig sein könnte, erfahrene und geschäftskundige Revisoren zu finden, und dass in schwierigen bzw. zweifelhaften Fällen eine Schätzung selten richtig liegen wird.[347] Im Ergebnis hält es *von Pitreich* daher weiterhin für verfrüht, „die Präventivzensur durch Revisoren allgemein obligatorisch einzuführen".[348] Gleichwohl schlägt er vor, dass Gründern einer Gesellschaft mit beschränkter Haftung die Möglichkeit eingeräumt wird, aus eigenem Interesse eine Prüfung der Werthaltigkeit der Sacheinlagen zu

339 Ebd.
340 Ebd.
341 Ebd.
342 Ebd., S. 315.
343 Ebd., S. 316.
344 Ebd.
345 Ebd.
346 Ebd.
347 Ebd.
348 Ebd.

ermöglichen, „was sodann in der Eintragung und in deren Kundmachung Platz zu finden hätte".[349]

Zur Vermeidung des Auftretens eines „fiktiven Stammkapitals" durch überbewertete Sacheinlagen schlägt *von Pitreich* folgendes vor: „Ideelle Werte, die zwar einen rechtlich faßbaren Vermögensgegenstand bilden, aber nur einen ideellen, der Abschätzung nach einem bestimmten Geldwerte nicht fähigen Inhalt haben", sollen „von der Behandlung als Sacheinlagen ganz" ausgeschlossen werden.[350] Vielmehr sollen sich Gesellschafter, die einen solchen „Wert" der Gesellschaft mit beschränkter Haftung zur Verfügung stellen, besondere Begünstigungen durch die Gesellschaft einräumen lassen.[351] Dies würde dem entsprechenden Gesellschafter „alle von ihm erwarteten Vorteile vor allem am Reingewinnanteil, aber auch am Liquidationserlös sichern, ohne daß ein fiktives Stammkapital in die Erscheinung tritt".[352]

Ein weiterer Reformvorschlag soll das „Verhältnis der Sacheinlagen zu den Bareinlagen" betreffen.[353] Um ein „offenbares arges Mißverhältnis zwischen dem Betrage der Sacheinlagen (namentlich Forderungen) und der Bareinlagen" zu verhindern, hält *von Pitreich* die Einführung einer Regelung, die „ein gewisses Minimum in perzentuellem Verhältnisse zur Gesamthöhe des Stammkapitals" von Bar- zu Sacheinlagen festlegt, für erstrebenswert.[354]

Hinsichtlich eines obligatorischen Aufsichtsrates für Gesellschaften mit hohem Stammkapital erachtet es *von Pitreich* für als nicht zwingend erforderlich, die Regelungen aus dem österreichischen Recht (nach § 29 Abs. 1 Österreichisches Gesetz über Gesellschaften mit beschränkter Haftung vom 6. März 1906 ist ein Aufsichtsrat obligatorisch, wenn eine solche Gesellschaft größeren Umfanges vorliegt, bei der sich das Stammkapital auf mehr als 1 000 000 Kronen beläuft und die Zahl der Gesellschafter 50 übersteigt) auf das deutsche Recht zu übertragen. Gleichwohl schlägt er diesbezüglich vor, „daß es der Gesellschaft freigestellt sein soll, zwischen der Bestellung eines Aufsichtsrates und dem Rechte der Gesellschafter auf Bucheinsicht zu wählen".[355] Im Ergebnis soll „eines von beiden Schutzmitteln in jeder Gesellschaft vorhanden sein".[356]

---

349 Ebd.
350 Ebd., S. 316 f.
351 Ebd., S. 317.
352 Ebd.
353 Ebd.
354 Ebd.
355 Ebd., S. 318.
356 Ebd.

II. Reformdebatte vor und während des Nationalsozialismus und Referentenentwurf des Reichsjustizministeriums aus dem Jahre 1939

1. Vorwort

Vor der Zeit der Weimarer Republik (1918–1933), noch während des Ersten Weltkrieges, wurde mit Verordnung des Bundesrates vom 2. November 1917, welche am 5. November 1917 in Kraft getreten ist, eine Konzessionspflicht für die Gründung der Gesellschaft mit beschränkter Haftung eingeführt.[357] Nach § 1 Abs. 1 der vorgenannten Verordnung war eine staatliche Genehmigung zur Errichtung einer Gesellschaft mit beschränkter Haftung erforderlich, wenn das Stammkapital mehr als 300 000 Mark betragen sollte. Nach dem Wortlaut des § 2 Abs. 1 S. 1 der vorgenannten Verordnung stand die Genehmigung im freien Ermessen der Zentralbehörde des Bundesstaates, in dessen Gebiet die Gesellschaft ihren Sitz haben soll. Ferner konnte der Reichskanzler nach § 2 Abs. 1 S. 2 der vorgenannten Verordnung bestimmen, dass die Genehmigung nur im Einvernehmen mit ihm oder mit einer von ihm beauftragten Stelle erteilt werden soll. Dies ist mit Ausführungsbestimmung vom gleichen Tag (2. November 1917) des Reichskanzlers geschehen.[358] Hiernach wurde bestimmt, dass die Landeszentralbehörden eine Genehmigung nur im Einvernehmen mit dem Reichsbankdirektorium erteilen sollen. Eine solche – im freien Ermessen einer Behörde stehende – Konzessionspflicht war dem deutschen Recht betreffend die Gesellschaft mit beschränkter Haftung bis zu diesem Zeitpunkt fremd. Die Möglichkeit der Gründung einer Gesellschaft mit beschränkter Haftung ohne eine Genehmigung einer staatlichen Stelle war, wie oben bereits aufgezeigt, ein Beweggrund zur Schaffung des „milderen" Gründungsrechtes der Gesellschaft mit beschränkter Haftung im direkten Vergleich zur Aktiengesellschaft.

Mit Verordnung vom 12. Februar 1920 schwächte die Reichsregierung die im freien Ermessen einer Behörde stehende Konzessionspflicht für die Gründung einer Gesellschaft mit beschränkter Haftung dahingehend ab, dass die Genehmigung nur versagt werden dürfe, „wenn außer Zweifel steht, daß die beabsichtigte Maßnahme gegen den Zweck der Verordnung, während der Zeit der

357 Bekanntmachung über die staatliche Genehmigung zur Errichtung von Aktiengesellschaften usw. vom 2. November 1917 in: RGBl. 1917, S. 987.

358 Ausführungsbestimmung, betreffend die staatliche Genehmigung zur Errichtung von Aktiengesellschaften usw. vom 2. November 1917 in: RGBl. 1917, S. 988.

Übergangswirtschaft volkswirtschaftlich nicht gerechtfertigte Ansprüche von dem Kapitalmarkt fernzuhalten, verstoßen würde".[359]

Mit weiterer Verordnung der Reichsregierung vom 9. Oktober 1920 wurde die Konzessionspflicht für die Gründung einer Gesellschaft mit beschränkter Haftung mit Wirkung zum 15. Oktober 1920 aufgehoben.[360]

Die Zeit der Konzessionspflichtigkeit der Gründung einer Gesellschaft mit beschränkter Haftung ging somit erst eine gewisse Zeit nach Ende des Ersten Weltkrieges ebenfalls zu Ende. Gesellschaften mit beschränkter Haftung konnten ab dem 15. Oktober 1920 wieder ohne das Vorliegen einer staatlichen Genehmigung gegründet werden.

Während der Zeit der Weimarer Republik wurden nur wenige rechtspolitische Vorschläge zum Recht der Gesellschaft mit beschränkter Haftung publik gemacht. Umso aufgeladener wurde die Reformdebatte in den 1930er Jahren geführt und gipfelte schließlich im Referentenentwurf des Reichsjustizministeriums aus dem Jahre 1939.

2. Zeit der Weimarer Republik (1918–1933)

Während der Weimarer Republik äußerten sich Rechtswissenschaftler nur vereinzelt zur Gesellschaft mit beschränkter Haftung, insbesondere hinsichtlich einer Reform dieser. *Erich Molitor* veröffentlichte im Jahre 1927 eine Abhandlung unter dem Titel: „Die ausländischen Regelungen der G.m.b.H. und die deutsche Reform", in welcher er vereinzelte Reformvorschläge unterbreitete. Zurückhaltender äußerte sich *Hans Erich Feine* in „*Ehrenbergs* Handbuch des gesamten Handelsrechts" im Jahre 1929.

(1) *Erich Molitor*

Im Rahmen seiner Abhandlung nimmt der am 3. Oktober 1886 in Göttingen geborene und am 24. Februar 1963 in Wiesbaden verstorbene Jurist, Richter und Universitätsprofessor *Erich Molitor* weitestgehend einen Vergleich zwischen den deutschen und ausländischen Regelungen betreffend die Gesellschaft mit

359 Verordnung zur Abänderung der Verordnung über die staatliche Genehmigung zur Errichtung von Aktiengesellschaften usw. vom 2. November 1917 (RGBl. 1917, S. 987) vom 12. Februar 1920 in: RGBl. 1920, S. 229.

360 Verordnung, betreffend die Aufhebung der Verordnung über die staatliche Genehmigung zur Errichtung von Aktiengesellschaften usw. vom 2. November 1917 (RGBl. 1917, S. 987) vom 9. Oktober 1920 in: RGBl. 1920, S. 1718.

beschränkter Haftung vor.[361] Gleichwohl äußert auch er sich kritisch zu einzelnen Aspekten betreffend die Gründung der Gesellschaft mit beschränkter Haftung.

Nach *Molitor* sei die Frage über die „Haftung für den Wert der Sacheinlagen, deren schuldhafte oder auch nicht schuldhafte Ueberbewertung die Folge hat, daß das angegebene Stammkapital in Wirklichkeit nicht zusammengebracht wird", „eine besonders schwierige Frage, die noch zu erörtern bleibt".[362] *Molitor* erachtet die bestehenden Gründungsvorschriften betreffend die Sacheinlagen als „erhebliche Gefahr, die mit am meisten dazu beigetragen hat, der G.m.b.H. die Kreditwürdigkeit zu nehmen".[363] Gleichwohl sei diese „Gefahr" nicht dadurch zu beseitigen, „daß man Sacheinlagen überhaupt verbietet" (wie *von Pitreich* es für „ideelle" Sacheinlagen fordert)[364] „oder wenigstens Einzahlung des Mindeststammkapitals in barem Gelde fordert".[365] Vielmehr erachtet *Molitor* die „Haftung für den Wert der Sacheinlagen" nicht nur als ein „wirtschaftliches Bedürfnis im Interesse der Gläubiger und des Kredits der Gesellschaft", sondern als „ein Gebot der juristischen Folgerichtigkeit".[366] Die Begründung hierfür sieht *Molitor* in der Tatsache, dass „sich schon jetzt nach der deutschen Praxis ein Gesellschafter nach der Eintragung nicht mehr auf die Nichtigkeit seines Beitritts wegen Willensmangels berufen kann, weil durch die Eintragung die Beitrittserklärung eine Wirkung gegen die Allgemeinheit erlangt hat".[367] Aus diesem Grund sei „erst recht nicht einzusehen, weshalb bei Sacheinlagen, wo der Einbringende mit der Eintragung gleichfalls der Allgemeinheit gegenüber erklärt, daß seine auf die Stammeinlage bewirkte Sacheinlage dem angegebenen Wert entspreche, etwas anderes gelten soll".[368] Dies, so *Molitor*, gelte „besonders wenn man sich im Gegensatz zum Aktienrecht auf die bloße Wertangabe verlässt".[369] Mit letzterem bringt er zum Ausdruck, dass im Rahmen der Gründung der Gesellschaft mit beschränkter Haftung mittels Sacheinlagen keine Gründungsprüfung

361 *Schlosser* in: Molitor, Erich, Neue Deutsche Biographie 17 (1994), S. 726 f. [Online-Version], https://www.deutsche-biographie.de/pnd128721103.html#ndbcontent (zuletzt abgerufen am: 15. März 2022).

362 *Molitor* in: Die ausländische Regelung der G.m.b.H. und die deutsche Reform, S. 43.

363 Ebd.

364 Siehe bereits Fn. 350.

365 *Molitor* in: Die ausländische Regelung der G.m.b.H. und die deutsche Reform, S. 43.

366 Ebd., S. 46.

367 Ebd.

368 Ebd.

369 Ebd.

stattzufinden hat, während dies für die Aktiengesellschaft nach §§ 192 ff. i.V.m 186 Abs. 2 Handelsgesetzbuch vorgeschrieben ist. Die „Haftung für den Wert der Sacheinlagen der G.m.b.H." würde nach *Molitor* auch nicht dazu führen, dass der Gesellschaft mit beschränkter Haftung „der Lebensnerv abgeschnitten würde".[370] Der Fakt, dass durch eine solche Haftung Gründungen der Gesellschaft mit beschränkter Haftung unterbleiben, bei denen „die Gesellschafter selbst nicht auf den angegebenen Wert der Sacheinlagen vertrauen", dürfe nach *Molitor* kein Beweggrund sein, eine solche nicht einzuführen.[371] Im Gegenteil erachtet er es als vorteilhaft, wenn solche Gründungen „ruhig unterbleiben oder ins Ausland abwandern"; „in Deutschland sollte für sie kein Raum sein".[372] Hinsichtlich der Frage, wer – die Gründer und/oder die Gesellschafter – letztlich für eine Überbewertung der Sacheinlagen einzustehen habe, spricht sich *Molitor* für eine kombinierte Lösung aus. Hiernach sollen die derzeitigen Gesellschafter gesamtschuldnerisch den Gläubigern für den Wert der Sacheinlagen haften, während der Gesellschaft als solche aber ein Anspruch gegen die Gründer für die vorgenommene Überbewertung der Sacheinlagen zustehen soll.[373] Eine Gründungsprüfung für die Gesellschaft mit beschränkter Haftung erachtet *Molitor* insgesamt als nicht erforderlich.[374] Die Gesellschafter würden regelmäßig den Anspruch der Gesellschaft gegen die Gründer bereits im eigenen Interesse verfolgen, „um sich selbst gegen die gesamtschuldnerische Inanspruchnahme durch die Gläubiger zu decken".[375] Die Gesellschafter würden durch die Gefahr der Haftung für den Wert der Sacheinlagen selbst „ebenso sichere Prüfer sein, wie amtlich dazu bestellte Personen".[376]

Molitor unterbreitet hinsichtlich der von ihm aufgeworfenen Probleme der Gründungsvorschriften der Gesellschaft mit beschränkter Haftung allerdings keine eigenen konkreten Reformvorschläge in Form von beispielhaften Änderungen des Gesetzes über die Gesellschaften mit beschränkter Haftung. Gleichwohl weist er darauf hin, dass, „wenn man eine Reform der deutschen G.m.b.H. ins Auge faßt, wird man sich dabei von vornherein darüber klar sein müssen,

370 Ebd.
371 Ebd.
372 Ebd.
373 Ebd., S. 47.
374 Ebd.
375 Ebd.
376 Ebd., S. 48.

daß eine solche nicht das Ziel haben kann, die Möglichkeit jedes Mißbrauchs schlechthin zu beseitigen“.[377]

(2) *Hans Erich Feine*

Der am 21. März 1890 in Göttingen geborene und am 6. März 1965 in Tübingen verstorbene Rechtswissenschaftler und Universitätsprofessor *Hans Erich Feine* äußerte sich in *Ehrenbergs* Handbuch des gesamten Handelsrechtes im Jahre 1929 nur am Rande zu einer Reform der Gesellschaft mit beschränkter Haftung. Gleichwohl betont er, dass sich „in manchen Punkten das Bedürfnis oder der Wunsch nach einer Änderung des Gesetzes ergeben“ wird und dieses „Verlangen nach einer mehr oder weniger tiefgreifenden Reform der GmbH. vorgebracht worden [ist] und [dies] gewiß nicht ohne Grund“.[378] *Feine* betont als Hauptgründe für die „Mißbräuche, die mit der GmbH. getrieben worden sind“, und welche für den Wunsch nach einer Reform vorgebracht werden, insbesondere die „mangelhaften Gründungen“, das „Fehlen einer Gründerverantwortlichkeit“ und die „Möglichkeit leichtfertiger und überbewerteter Sacheinlagen“.[379] Gleichwohl schließt *Feine* mit der Aussage, dass „tiefer eingreifende Reformen, die den rechtlichen Charakter und die wirtschaftliche Verwertbarkeit der GmbH. zu beeinflussen imstande wären, […] nur mit sehr behutsamer Hand in die Wege geleitet werden“ dürften.[380]

(3) *5. Deutscher Juristentag in der Tschechoslowakei im Jahre 1931*

Im Rahmen des 5. Deutschen Juristentages im Jahre 1931 in der Tschechoslowakei erstattete der am 9. September 1894 in Hamburg geborene und am 5. März 1944 in Königsberg (Preußen) verstorbene Universitätsprofessor an der Universität Prag, *Hans Großmann-Doerth*, ein Gutachten zu der „Reform des Gesetzes, betreffend die Gesellschaft mit beschränkter Haftung“.[381] Im Verlauf der sich an die Gutachten anschließenden Verhandlungen wurde über das vorgenannte Thema unter Beteiligung einiger Vertreter der Rechtswissenschaften am 23. Mai 1931 intensiv diskutiert. Zunächst wird untersucht, wie sich

---

377 Ebd., S. 74.

378 *Feine* in: *Ehrenberg*, Handbuch des gesamten Handelsrechts, Dritter Band, III. Abteilung, 1929, S. 26.

379 Ebd., S. 27.

380 Ebd., S. 28.

381 Gutachten von Dr. Hans Großmann-Doerth, Universitätsprofessor (Prag) in: Fünfter Deutscher Juristentag in der Tschechoslowakei, Gutachten, S. 165–262.

Großmann-Doerth im Rahmen des von ihm erstatteten Gutachtens zu Themen betreffend das Gründungsrecht der Gesellschaft mit beschränkter Haftung positionierte. Anschließend wird beleuchtet, wie sich die daraufhin stattgefundene Diskussion zu diesen Themen verhielt.

a) Gutachten des *Hans Großmann-Doerth*

Einleitend stellt *Großmann-Doerth* fest, dass eine „Reformdiskussion" über das Gesetz betreffend die Gesellschaften mit beschränkter Haftung in Deutschland bereits seit der Jahrhundertwende intensiver als im Ausland stattfinde, diese sich gleichwohl nur unter Juristen abspiele, daher „jedes Echo aus der Gesamtheit" fehle.[382] Dies beruhe insbesondere darauf, dass „diejenigen Kreise, welche rational wirtschaften und die Rechtsordnung als etwas Beeinflussbares anzusehen gewohnt sind, sich gegenüber der Ges. m. b. H. längst selbst, und zwar sehr drastisch, geholfen haben, nämlich durch zwangsweise Abschaffung der Haftungsbeschränkung, und im übrigen die Ges. m. b. H. längst als Mittel zur Erreichung der verschiedensten eigenen Zwecke schätzen gelernt haben, Zwecke, von denen an der Wiege der Ges. m. b. H. zum geringsten Teil die Rede war".[383] Mit der „Abschaffung der Haftungsbeschränkung" meint *Großmann-Doerth* vor allem die sich in der Wirtschaft etablierende Praxis der Kreditgeber von Gesellschaften mit beschränkter Haftung für weitere (solventere) Schuldner neben der Gesellschaft als solchen zu „sorgen", insbesondere durch die Übernahme einer persönlichen Haftung für die Verbindlichkeiten der Gesellschaft durch deren Gesellschafter.

Die Reformdiskussion betreffend die Gesellschaft mit beschränkter Haftung im Geltungsbereich eines „älteren" Gesetzes betreffend die Gesellschaften mit beschränkter Haftung (insbesondere in Deutschland) sei von besonderer Notwendigkeit, da sich die Gesellschaft mit beschränkter Haftung als eine solche „Rechtseinrichtung" zeige, „welche wegen ihrer Mängel und der mit ihr getriebenen Mißbräuche, welche durch eben diese Mängel möglich wurden, in solchem Maße zum Gespött der Allgemeinheit geworden ist [...], vor allem in Deutschland".[384] Das Gesetz betreffend die Gesellschaften mit beschränkter Haftung hält *Großmann-Doerth* als „in seinen Grundgedanken unbestreitbar gescheitert und die Ges. m. b. H. ein Gegenstand des Volkswitzes".[385] *Großmann-Doerth* verweist

382 Ebd., S. 170.
383 Ebd., S. 171.
384 Ebd.
385 Ebd., S. 172.

hinsichtlich des Standes der Reformdiskussion insbesondere auf die – eine Vielzahl von Meinungen wiedergebende – Arbeit von *Franz Fränkel* („Die Gesellschaft mit beschränkter Haftung: Eine volkswirtschaftliche Studie“) aus dem Jahre 1915. Diese fasst *Großmann-Doerth* als „ein einziges Plaidoyer gegen die deutsche Ges. m. b. H.“ zusammen.[386]

Die Schaffung der Gesellschaft mit beschränkter Haftung in Deutschland führt *Großmann-Doerth* zurück auf den „Wirtschaftsgeist der Vorkriegszeit“, die „aus jenem unbesieglichen Optimismus, uns heute unglaubwürdig anmutenden Glauben an das Immersoweitergehen, [geboren sei], zu tiefst gepaart mit einer tüchtigen Portion Unsolidität“.[387] Seiner Ansicht nach hätte man die Gesellschaft mit beschränkter Haftung „nach dem Kriege in Deutschland wahrscheinlich überhaupt nicht oder jedenfalls in ganz anderer Form geschaffen“.[388] In diesem Zusammenhang kann man die Aussage *Großmann-Doerths*, dass das deutsche Gesetz betreffend die Gesellschaften mit beschränkter Haftung „von dem einen Motiv der Reaktion auf die Strenge des Aktienrechts“ „beherrscht“ sei, dahingehend verstehen, dass hiermit insbesondere auch das Gründungsrecht gemeint sei.[389] Wie bereits oben aufgezeigt, war insbesondere die leichtere Zugänglichkeit (d. h. eine Möglichkeit der Gründung ohne (staatliche) Genehmigung („Konzessionspflicht“), Sachgründungsprüfung etc.) zu einer Rechtsform mit beschränkter Haftung neben der Aktiengesellschaft für Unternehmer ein Motiv für die Einführung des Gesetzes betreffend die Gesellschaften mit beschränkter Haftung im Jahre 1892.

Hinsichtlich des Gründungsrechtes der Gesellschaft mit beschränkter Haftung spricht sich *Großmann-Doerth* im Ergebnis gleichwohl gegen eine allgemeine Konzessionspflicht aus.[390] Abweichend von der in Deutschland im Jahre 1917 – zur Zeit des Ersten Weltkrieges – eingeführten, allerdings im Jahre 1920 wieder aufgehobenen Konzessionspflicht für die Gründung von Gesellschaften mit beschränkter Haftung, bestand zum Zeitpunkt der Erstattung des Gutachtens in der Tschechoslowakei weiterhin ein sog. „Einspruchsrecht“ des Ministerium des Innern gegen Gründungen von Gesellschaften mit beschränkter Haftung. Aufgrund einer entsprechenden Verordnung vom 27. Juli 1920 für „die Dauer der außerordentlichen Verhältnisse, die im wirtschaftlichen

386 Ebd., S. 175.
387 Ebd.
388 Ebd., S. 175 f.
389 Ebd., S. 176.
390 Ebd., S. 189 u. 197.

Unternehmungswesen durch den Krieg und den Übergang aus der Kriegs- in die Friedenswirtschaft verursacht wurden", wurde „die Eintragung der Gründung [...] davon abhängig gemacht, daß das Ministerium des Innern, von dem Antrage benachrichtigt, nicht binnen sechs Wochen Einspruch erhebt".[391] Dieses „Einspruchsrecht" stellt, wie *Großmann-Doerth* richtigerweise anführt, in Wahrheit eine Genehmigungspflicht zur Gründung einer Gesellschaft mit beschränkter Haftung dar.[392] Die rechtstechnische Gestaltung, gemeint ist, ob eine staatliche Einrichtung eine vor der Gründung erforderliche Zustimmung erteilen oder erst nach der Gründung von einem ihr zustehendem Einspruchsrecht Gebrauch machen kann, stellt die Gründung einer Gesellschaft in jedem Fall vor ein (weiteres) Hindernis und ermöglicht den legitimierten staatlichen Einrichtungen eine – nur in zeitlicher Hinsicht abweichende – Möglichkeit der Einflussnahme auf Gründungen und damit die gesellschaftsrechtliche Landschaft. Argumentativ lehnt *Großmann-Doerth* eine Konzessionspflicht – unabhängig von deren rechtstechnischen Gestaltungsform – ab, da sie seiner Meinung nach die falschen Ziele verfolgt. Nach *Großmann-Doerth* versucht der Gesetz- bzw. Verordnungsgeber (zumindest wohl in der Tschechoslowakei) mit der Konzessionspflicht zwei Ziele zu erreichen: Zum einen soll „auf eine angemessene Mindesthöhe des Stammkapitals" hingewirkt werden, zum anderen soll „die Entstehung von Ges. m. b. H. mit ausschließlich ausländischer Beteiligung" verhindert „und eine mindestens 50prozentige Mitwirkung inländischen Kapitals" erreicht werden.[393] Diese Ziele verfehlen aber den eigentlichen „Sinn" einer Konzessionspflicht zur Gründung einer Gesellschaft, nämlich die „Solidität der Gründung" zu sichern, Sacheinlagen zu untersuchen, verschleierte Sachgründungen nachzuprüfen, zu prüfen, ob als eingezahlt angegebene Gelder wirklich eingezahlt sind usw.[394]

In dieser Hinsicht ist dem Verfasser des Gutachtens zuzustimmen. Eine solch protektionistische gesellschaftsrechtliche Politik sollte nicht von – im Ermessen einer Behörde stehenden – Entscheidungen über die Angemessenheit eines Mindeststammkapitals bzw. der Höhe einer ausländischen Beteiligung bestimmt werden. Vielmehr sollte der Gesetzgeber durch parlamentarisch legitimierte Regelungen im Gesetz Einfluss auf die Gründungsmöglichkeiten bzw. einzuhaltende Mindeststammkapitalhöhen, (ausländische) Beteiligungsquoten etc. nehmen. Denn die Tatsache, dass nach erfolgtem Widerspruch seitens des

391 Ebd., S. 189.
392 Ebd., S. 196.
393 Ebd.
394 Ebd., S. 197.

Ministeriums des Innern in der Tschechoslowakei ein neuer Gang zum Notar für eine „neue" Gründung notwendig wird, stellt „eine schwere Belastung der Gründung dar", „welche um so schwerer wiegt, als die Gründung infolge Notariatszwanges und starker Überlastung der Gerichte ohnehin kein Vergnügen ist".[395] Im Ergebnis hält *Großmann-Doerth* daher in zutreffender Weise fest, dass „der Konzessionszwang […] den Parteien Zeit- und Geldverluste [verursacht] und […] den Staat Beamtenarbeit [kostet]".[396] Gleichzeitig sei „das Ziel der Heraufsetzung des Mindeststammkapitals besser durch eine Änderung des Gesetzestextes erreicht, und die Abwehr reiner Auslandsgründung kann durch den Konzessionszwang überhaupt nicht verwirklicht werden".[397] Dieser sei daher „ganz unabhängig von dem jeweiligen staatspolitischen Standpunkt und aus nüchternen reinen Nützlichkeitserwägungen heraus abzulehnen".[398]

Im weiteren Verlauf des Gutachtens bezieht *Großmann-Doerth* immer wieder Stellung zu Fragen des Gründungsrechtes der Gesellschaft mit beschränkter Haftung. Das gesetzgeberische Ziel, der Ausschluss von sog. „Zwergenunternehmungen" durch Heraufsetzung des Mindeststammkapitals zu erreichen, hält *Großmann-Doerth* für im Ergebnis nicht durchschlagend.[399] Ein bloßes Mindeststammkapital, welches zum Zeitpunkt der Gründung erforderlich ist, sichert – ohne weitergehende gesetzliche Regelungen betreffend die Kapitalerhaltung etc. – kaum Gläubigerrechte und verhindert wohl auch nicht die Gründung von „Zwerg-Ges. m. b. H."[400]

Hinsichtlich der sog. „Einmanngesellschaft" plädiert *Großmann-Doerth* dafür, dass diese weiterhin nicht einer originären Gründung zugänglich gemacht werden sollte.[401] Seiner Ansicht nach sei dies trotz der Zulassung des späteren Entstehens einer „Einmanngesellschaft" mit beschränkter Haftung, durch Vereinigung aller Geschäftsanteile in der Hand eines Gesellschafters, für die Gründung gerechtfertigt, da die zwingende Beteiligung eines „Strohmannes" im Rahmen der Gründung, welche nicht so einfach sei, „wie manche Theoretiker es sich vorstellen", eine „Erschwerung" des Entstehens sei, auf welche „nicht ohne zwingenden Grund" verzichtet werden sollte.[402]

---

395 Ebd., S. 200.
396 Ebd., S. 198.
397 Ebd.
398 Ebd., S. 199.
399 Ebd., S. 199 ff.
400 Ebd., S. 200.
401 Ebd., S. 202.
402 Ebd., S. 203 f.

In einer Zwischenbilanz zum deutschen Gesetz betreffend die Gesellschaften mit beschränkter Haftung bringt *Großmann-Doerth* zum Ausdruck, dass die bisherigen „Reformvorschläge der deutschen Juristen völlig einheitlich beherrscht von dem Gedanken [sind]: alles Übel kommt von der Gründungsregelung oder vielmehr Nichtregelung des deutschen Gesetzes und hier müsse die Reform anpacken".[403]

In einer sich anschließenden detaillierten Auseinandersetzung mit dem Gründungsrecht der Gesellschaft mit beschränkter Haftung zeichnet *Großmann-Doerth* ein verbesserungswürdiges Bild der geltenden Rechtslage in Deutschland im Vergleich zu den „neueren" ausländischen Gesetzen betreffend die Gesellschaften mit beschränkter Haftung, welche unter Beachtung des deutschen Gesetzes entstanden sind.

Hinsichtlich der Frage, inwieweit das gezeichnete Stammkapital zur Eintragung einer Gesellschaft mit beschränkter Haftung eingezahlt sein muss, positioniert sich *Großmann-Doerth* dahingehend, dass eine Reform im Ergebnis nicht angezeigt sei.[404] Seiner Ansicht nach ist die deutsche Regelung des § 7 Abs. 2 Gesetz betreffend die Gesellschaften mit beschränkter Haftung, nach der bis zu 75 % des Stammkapitals nicht geleistet sein müssen, ausreichend, da von dieser nach statistischer Auswertung sowieso kaum Gebrauch gemacht wird.[405] Ferner würde eine Pflicht zur „Volleinzahlung" im Rahmen der Gründung im Zweifel dazu führen, dass sich die Gesellschafter die eingebrachte Leistung nach der Gründung im Wege eines Darlehens von der Gesellschaft wieder „zurückleihen".[406] Eine dem heutigen § 19 Abs. 5 GmbHG entsprechende Regelung, die das sog. „Hin- und Herzahlen" unter bestimmen Voraussetzungen für zulässig

403 Ebd., S. 205 m.w.N., insbesondere Gutachten des Herrn Justizrats Professor Dr. Hans Crüger, Charlottenburg in: Verhandlungen des Zweiunddreißigsten Deutschen Juristentages (Düsseldorf 1914), Erster Band (Gutachten), S. 25 ff. und Gutachten des Oberlandesgerichtspräsidenten Herrn Dr. August Ritter von Pitreich, Exzellenz, Graz in: Verhandlungen des Zweiunddreißigsten Deutschen Juristentages (Düsseldorf 1914), Erster Band (Gutachten), S. 314 ff., zu beiden siehe bereits oben 3. Kapitel (I. Zur ersten Reformdebatte in den Jahren 1909 bis 1914, 3. 31. und 32. Deutscher Juristentag - Wien 1912 und Düsseldorf 1914, (2) 32. Deutscher Juristentag - Düsseldorf 1914).

404 Gutachten von Dr. Hans Großmann-Doerth, Universitätsprofessor (Prag) in: Fünfter Deutscher Juristentag in der Tschechoslowakei, Gutachten, S. 205 ff.

405 Ebd., S. 207.

406 Ebd.; so auch schon *Molitor* in: Die ausländische Regelung der G.m.b.H. und die deutsche Reform, S. 35.

erachtet, enthielt das Gesetz betreffend die Gesellschaften mit beschränkter Haftung zum Zeitpunkt der Erstattung des Gutachtens noch nicht. Nach heutigem Verständnis hindert die bei der Gründung bereits getroffene Absprache, die Bareinlage nach Einzahlung wieder an den Gesellschafter in Form eines Darlehens zurückzugewähren, die Erfüllungswirkung der Einlagenleistung bzw. führt dazu, dass es an einer Leistung zur freien Verfügung i.S.v. § 8 Abs. 2 S. 1 GmbHG fehle.[407] Nach *Großmann-Doerth* führe die den Gesellschaftern drohende Deckungspflicht (§ 24 Gesetz betreffend die Gesellschaften mit beschränkter Haftung) dazu, dass die „gestundeten" Beträge, stufenweise mit dem Erfolg der Unternehmung, eingefordert und eingezahlt werden.[408]

Auch hinsichtlich der von den Geschäftsführern in der Anmeldung – strafbewährten – nach § 8 Abs. 2 Gesetz betreffend die Gesellschaften mit beschränkter Haftung abzugebenden Versicherung, dass die in § 7 Abs. 2 bezeichneten Leistungen auf die Stammeinlagen bewirkt sind und sich in der freien Verfügung der Geschäftsführer befinden, sieht *Großmann-Doerth* im Ergebnis keinen Reformbedarf.[409] Gegen falsche Versicherungen sei „das Recht machtlos" und „nirgends ist das Recht so ausschließlich auf den guten Willen der Gesellschafter angewiesen".[410] Unsoliden Gründern stünde, selbst unter Abgabe einer „richtigen" Versicherung, das Recht zu, die geleisteten Einlagen „hinterher prompt in Form von Darlehen an die Gesellschafter zurückzugewähren".[411]

Hinsichtlich der beiden zuvor genannten Aspekte, die Höhe der zur Gründung zwingend einzuzahlenden Bareinlagen (§ 7 Abs. 2 Gesetz betreffend die Gesellschaften mit beschränkter Haftung) und der im Rahmen der Anmeldung der Gesellschaft zwingend abzugebenden Versicherung (§ 8 Abs. 2 Gesetz betreffend die Gesellschaften mit beschränkter Haftung), empfiehlt *Großmann-Doerth*, „diese unabänderlich dunklen Dinge auf sich beruhen" zu lassen.[412]

---

407 *Servatius* in: Noack/Servatius/Haas, GmbH-Gesetz, 23. Aufl. 2022, § 19 Rn. 23 ff. u. 70 m.w.N.; *Schwandtner* in: MüKoGmbHG, 4. Aufl. 2022, § 19 Rn. 317 ff. m.w.N.

408 Gutachten von Dr. Hans Großmann-Doerth, Universitätsprofessor (Prag) in: Fünfter Deutscher Juristentag in der Tschechoslowakei, Gutachten, S. 207; wie auch schon *Molitor* in: Die ausländische Regelung der G.m.b.H. und die deutsche Reform, S. 34 u. 35.

409 Gutachten von Dr. Hans Großmann-Doerth, Universitätsprofessor (Prag) in: Fünfter Deutscher Juristentag in der Tschechoslowakei, Gutachten, S. 208 f.

410 Ebd.

411 Ebd., S. 209.

412 Ebd.

Hinsichtlich der Sacheinlage stellt *Großmann-Doerth* fest, dass diese „im Brennpunkt des Interesses der gesamten Reform steht".[413] Nach *Großmann-Doerth* erlaube § 5 Abs. 4 Gesetz betreffend die Gesellschaften mit beschränkter Haftung in der Angabe des Geldwertes der Sacheinlage, für welchen die Einlage angenommen wird, der Gesellschaft „so lügnerisch oder leichtfertig zu sein, wie es ihr gefällt" und führe daher zu einer „staatlichen Erziehung zur Unsolidität".[414] Insoweit beschreibt er dieses Problem – in Anlehnung an die Worte *Fränkels* – als „Walpurgisnacht der Ges. m. b. H."[415] In seinem Gutachten macht *Großmann-Doerth* keinen Reformvorschlag hinsichtlich der Regelungen betreffend die Sacheinlagen, sondern verweist vielmehr auf das immer häufiger auftretende Problem der sog. „Nachgründungen".

Hinsichtlich der Begegnung der durch die sog. „Nachgründungen" entstehenden Probleme, erörtert *Großmann-Doerth* zunächst, ob nicht die aktienrechtliche Vorschrift des § 186 Abs. 4 Handelsgesetzbuch, mit welcher „über die verschleierte Sachgründung das Damoklesschwert späterer Ungültigkeitserklärung bezüglich des Erwerbsvertrages" gehangen wird, auch für die Gesellschaften mit beschränkter Haftung Anwendung finden sollte.[416] Im Ergebnis lehnt er diesen Gedanken allerdings ab, da eine solche Regelung nur gelegentlich von Erfolg gekrönt sein würde.[417] Hilfreicher erachtet *Großmann-Doerth* den Mechanismus, die „rechtliche Gleichstellung der Nach- mit der Sachgründung" herzustellen.[418] Hierdurch wäre der „Reiz" genommen, „daß die Kautelen der Sacheinlage dieser dorthin folgen, wohin sie vor ihnen flüchtet".[419] Dies würde zum erwünschten Ergebnis, „die modern-rechtliche Haftung für die richtige Bewertung der Sacheinlagen", führen und „Wirkung entfalten".[420] Hierzu formuliert *Großmann-Doerth* sodann einen Regelungsvorschlag, durch den nach seiner Ansicht auch „die dann naheliegende Umgehung durch offenen oder verschleierten Gründungserwerb von Strohmännern ausgeschlossen werden" könnte: „Erwirbt die Gesellschaft im Gründungsstadium [Anmerkung in der

---

413 Ebd.

414 Ebd.

415 Ebd.; *Fränkel*, Die Gesellschaft mit beschränkter Haftung: Eine volkswirtschaftliche Studie, S. 60.

416 Gutachten von Dr. Hans Großmann-Doerth, Universitätsprofessor (Prag) in: Fünfter Deutscher Juristentag in der Tschechoslowakei, Gutachten, S. 226.

417 Ebd.

418 Ebd.

419 Ebd., S. 227.

420 Ebd.

Fußnote: „Offener Gründungserwerb"] oder während des ersten Jahres seit der Eintragung [Anmerkung in der Fußnote: „Verschleierter Gründungserwerb"] Anlagen der bezeichneten Art, so gilt eine etwa erfolgte Einzahlung der Einlagen in Höhe des Entgeltes als nicht erfolgt, es sei denn, daß die Gesellschafter beweisen können, daß das Entgelt dem wahren Wert jener Anlagen entspricht".[421] Gleichwohl gibt *Großmann-Doerth* zu bedenken, dass man auch mit dieser Norm, „wenn man das Entgelt für die nachträglich eingebrachten Gegenstände „offiziell" niedrig ansetzt und die Differenz zum wirklichen Preis in anderer Form vergütet", mit einer „Übergehung dieser Regelung" rechnen müsse, „gegen welche wenig auszurichten sein würde".[422]

Im Hinblick auf die Frage, ob ein „Revisionszwang" für die Bewertung der Sacheinlagen einzuführen sei, stellt *Großmann-Doerth* fest, dass dies „wohl die schwerst lösbare Frage der Ges. m. b. H.-Reform" sei.[423] Gleichwohl misst er dieser Frage nicht mehr eine solche Bedeutung zu, „wenn es gelingt, die moderne Sacheinlagenhaftung durch Einbeziehen der Nachgründung aus der guten Absicht in die Wirklichkeit zu überführen", denn „so würde ihre hervorstechende Wirkung die De facto-Einführung der obligatorischen Gründungsrevision sein".[424] Im Ergebnis spricht sich *Großmann-Doerth* dafür aus, dass es „einer Rechtspflicht zur Gründungsrevision nicht" bedürfe, wenn die – wie oben näher dargelegte – „modern-rechtliche Sacheinlagen- und Nachgründungshaftung eingeführt würde".[425] Sollte dies allerdings nicht geschehen, „müßte man die Gründungsrevision als Rechtspflicht einführen".[426] Gleichwohl würde dieser zur Begegnung der problematischen Nachgründung „die Garantien fehlen: wer sollte die Erfüllung dieser Pflicht kontrollieren?", fragt *Großmann-Doerth* zurecht, da nach einer zur Eintragung der Gesellschaft notwendigerweise durchgeführten Gründungsrevision eine weitere Revision der erst zu einem Zeitpunkt nach der Eintragung auftretenden Nachgründung wohl nicht vorgesehen wäre.[427] Nach *Großmann-Doerth* müsste der Gesetzgeber auch hinsichtlich der Rechtsfolgen der Feststellung einer Überbewertung der Sacheinlagen tätig werden.[428] Den Vorschlag, eine Regelung in Anlehnung an das geltende

---

421 Ebd.
422 Ebd.
423 Ebd., S. 230.
424 Ebd.
425 Ebd., S. 232.
426 Ebd.
427 Ebd.
428 Ebd.

Aktienrecht (§§ 195 Abs. 2 Nr. 5 i.V.m. 193 Abs. 2, Abs. 1 i.V.m. 186 Handelsgesetzbuch in der Fassung zur Zeit der Erstattung des Gutachtens) zu übernehmen, so dass die Überbewertung offenzulegen ist, hält *Großmann-Doerth* für nicht ausreichend wirkungsvoll.[429] Seiner Meinung nach werden insbesondere „die kleinen Kreditgeber, welche auf die Revision allein angewiesen wären, [...] wenig Neigung [haben], solche Berichte aus dem Handelsregister nachzuschlagen".[430] Somit würde nach *Großmann-Doerth* ein Revisionszwang nur nützen, wenn man ihn mit „einem Verbote der Einbringung von Sacheinlagen über dem Werte" verbindet und für den Fall der Sachgründung die Gesellschaft nicht eingetragen werden würde, „wenn der Revisionsbericht ungünstig ausfällt".[431] Hinsichtlich der Nachgründung und einer für diese vorgenommenen Revision sieht *Großmann-Doerth* keine andere sinnvolle Konsequenz, als die Gesellschaft aufzulösen, „wenn die Nachgründung als unsolid nachgewiesen ist und keine Abhilfe geschaffen wird".[432]

In Bezug auf die Folgen für die Gründer bzw. die Gesellschaften mit beschränkter Haftung als solche gibt *Großmann-Doerth* zu bedenken, dass „privatwirtschaftlich gesehen, die Einführung der Gründungsrevision erhebliche Nachteile" mit sich bringen würde.[433] Insbesondere die hierdurch erhöhten Kosten für die Gründung einer Gesellschaft mit beschränkter Haftung würden dieser faktisch einen „ihrer größten privatwirtschaftlichen Vorzüge vor der A.-G." nehmen.[434] Dies beruht insbesondere darauf, dass für eine Revision, die „ernsthaft sein soll", teure Experten einzubinden wären, „welche an Intelligenz und Erfahrung sehr weit über dem Durchschnitt des Kaufmanns stehen" müssten.[435] Hinzukommt die nach aktienrechtlichem Vorbild einzuführende Offenlegungspflicht des Gründungsberichtes und der dazugehörigen Akten im Handelsregister: Dieser wäre nicht nur für Gläubiger, sondern auch für Konkurrenten von großem Interesse.[436] Diesem Nachteil könnte begegnet werden, indem man die Eintragung der Gesellschaft mit beschränkter Haftung „von dem Ausgange der Revision [...] abhängig macht".[437] Dies würde vom aktienrechtlichen Vorbild

429 Ebd.
430 Ebd.
431 Ebd.
432 Ebd.
433 Ebd.
434 Ebd., S. 233.
435 Ebd.
436 Ebd.
437 Ebd.

der Gesellschaft mit beschränkter Haftung wiederum zugunsten der Gesellschaft mit beschränkter Haftung abweichen, da die Aktiengesellschaft trotz Überbewertung nach einem Umkehrschluss aus §§ 195 Abs. 2 Nr. 5 i.V.m. 193 Abs. 2, Abs. 1 S. 2 i.V.m. 191 u. 186 Abs. 2 Handelsgesetzbuch (in der Fassung zur Zeit der Erstattung des Gutachtens) einzutragen ist.[438]

Zusammenfassend stellt *Großmann-Doerth* klar, dass eine für die Gründung der Gesellschaft mit beschränkter Haftung einzuführende zwingende Gründungsrevision obsolet werden würde, wenn man die Nachgründung im Rahmen der Sacheinlagenhaftung einbeziehen würde, denn hieraus ergebe sich ein „de facto […] Revisionszwang".[439] Sollte man die Nachgründung nicht de lege ferenda berücksichtigen, so wäre eine „obligatorische Gründungsrevision de jure einzuführen" und mit folgenden drei Regelungen zu begleiten: 1. Die Überbewertung von Sacheinlagen ist unzulässig, 2. Die Eintragung der Gesellschaft mit beschränkter Haftung ist für den Fall eines nicht bedenkenlosen Gründungsberichtes zu verweigern und 3. Im „Falle der überbewerteten Nacheinbringung [ist] die Gesellschaft aufzulösen".[440] Gleichwohl würden auch diese verschärften Gründungsvorschriften im Ergebnis „hinsichtlich der Nachgründung wahrscheinlich nicht viel Wirklichkeitswert erlangen, und außerdem würde die Regelung der Folgen, welche man an den Tatbestand überbewerteter Nachgründung zu binden hätte, Schwierigkeiten machen".[441]

Auch die weiteren Folgen der „Einführung der modern-rechtlichen Gründungshaftung, verschärft durch die hier empfohlene Nachgründungsregelung", hat *Großmann-Doerth* im Blick und hält fest, dass dann hinsichtlich der Gesellschaft mit beschränkter Haftung wohl nicht mehr „genügend privatwirtschaftliche Vorzüge […] übrig bleiben würden, um diese Gesellschaftsform der Wirtschaft als reizvoll erscheinen zu lassen".[442] Gleichwohl befindet *Großmann-Doerth* bereits die „Selbsthilfe der Wirtschaft", das heißt die (größere) Kreditvergabe an eine Gesellschaft mit beschränkter Haftung nur unter Übernahme der persönlichen Haftung der/des Gesellschafter/s, bereits für einen Beleg und ein „vernichtenderes Urteil derjenigen Stellen, die es wissen müssen".[443] Bereits hierdurch zeige sich, dass die Gesellschaft mit beschränkter Haftung, deren „Recht

438 Ebd.
439 Ebd.
440 Ebd.
441 Ebd., S. 234.
442 Ebd., S. 235 f.
443 Ebd.

zu leichtfertiger Gründung geradezu einlädt", „im Auslande ihren sogenannten ‚Siegeszug'" feiere, „dieselbe Ges. m. b. H. [ist], welche in den Heimatländern von der eigenen Wirtschaft zum erheblichen Teile zwangsweise abgeschafft ist".[444] Das Vorgehen der Wirtschaftsakteure gegenüber der Gesellschaft mit beschränkter Haftung, die „Selbsthilfe" bei der Kreditvergabe anzuwenden, führe zu keiner Reform, sondern zur Abschaffung der Gesellschaftsform in Form der zwangsweisen Umwandlung der Gesellschaft mit beschränkter Haftung in die offene Handelsgesellschaft.[445]

In einem der letzten Abschnitte seines Gutachtens geht *Großmann-Doerth* explizit auf den Reformbedarf hinsichtlich des „Notariatszwanges" ein.[446] Hierzu stellt er fest, dass der für den Abschluss des Gesellschaftsvertrages bestehende Zwang zur Einschaltung eines Notars gem. § 2 Abs. 1 S. 1 Gesetz betreffend die Gesellschaften mit beschränkter Haftung die Gesellschaft mit Kosten belastet, gegen die sich „Interessenvertretungen und Freunde der Ges. m. b. H." wenden.[447] Für die Argumentation der Kritiker des Formzwanges spricht nach *Großmann-Doerth*, dass „der typische Ges. m. b. H.-Vertrag keine größeren Schwierigkeiten bietet als die Gründung einer off. H.-G. oder einer Genossenschaft".[448] Gleichwohl zitiert *Großmann-Doerth* eine abweichende Ansicht von *Saenger*, der meint, dass „allein die Tatsache, daß die Ges. m. b. H. je nach Bedarf mehr einer A.-G. oder mehr einer off. H.-G. angenähert werden könne, mache die Mitwirkung des Juristen bei der Gründung weniger als irgendwo entbehrlich".[449] Gleichwohl, so der von *Großmann-Doerth* zitierte *Saenger*, wird „die Ges. m. b. H. [...] meist als off. H.-G. m. b. H. gegründet, und dann bedarf der Gesellschaftsvertrag keines erheblichen Aufwandes an Rechtskenntnis".[450] Denn „auch der off. H.-G.-Vertrag ist manchmal schwierig, und ein nichtiger off. H.-G.-Vertrag ist für Dritte nicht weniger unangenehm als eine nichtige Ges. m. b. H."[451] In einem Aufsatz mit dem Titel: „Zur Reform des GmbH.-Gesetzes" spricht sich der von *Großmann-Doerth* zitierte *Saenger* dafür aus, dass „in bezug auf die Errichtung der Ges. [...] den Bestrebungen, den

---

444 Ebd., S. 236.
445 Ebd., S. 235.
446 Ebd., S. 244 f.
447 Ebd., S. 244.
448 Ebd., S. 244 f.
449 Ebd., S. 245 Fn. 11.
450 Ebd.
451 Ebd.

Beurkundungszwang einzuschränken, mit Nachdruck entgegengetreten werden" muss.[452]

Darüber hinaus bestehe, so *Großmann-Doerth*, die „Mitwirkung des Juristen im typischen Falle doch nur in der Wiederholung dessen [...], was die Parteien überreichen".[453] Ferner sei „insbesondere die Bescheinigung des Notars über die Richtigkeit der Versicherung der Geschäftsführer betr. Einzahlung der Einlage in der Regel rein formeller Natur".[454] Gleichwohl sei „das einzige, was man gegen die Aufhebung des Formzwanges für die Gründung einwenden kann, [...] die in solcher Aufhebung liegende Erleichterung für die Entstehen neuer Ges. m. b. H. und die Gefahr, daß als Folge die Ges. m. b. H.-Gründungen zunehmen möchten".[455] Allein wegen des zuletzt angeführten „Risikos", der indirekt geförderten Steigerung der Gründungszahlen, spricht sich *Großmann-Doerth* im Ergebnis dafür aus, dass eine „Erleichterung des Formzwanges für die Gründung [...] nicht befürwortet" wird.[456]

Die von *Großmann-Doerth* gezogene Zwischenbilanz zum mittlerweile beinahe 40-jährigen Bestehen der Gesellschaft mit beschränkter Haftung im Deutschen Reich fällt im Ergebnis kritikvoll aus. Einleitend fasst er seine Erkenntnisse zusammen und hält fest, dass „die Bilanz des Ges. m. b. H.-Gedankens aufgestellt aufgrund 40jähriger Erfahrungen der alten Ges. m. b. H.-Länder [...] von niederdrückender Passivität" sei.[457] Seiner Ansicht nach ist die im Jahre 1892 neu geschaffene Gesellschaftsform eine solche, „welche zu leichtfertigen Gründungen und zu unredlichen Geschäftsgebaren geradezu anreizt, deren häufige mißbräuchliche Benutzung daher nichts Verwunderliches – vielmehr wäre das Gegenteil unverständlich! – hat, sondern die absolut selbstverständliche Konsequenz des leichtfertig gemachten Gesetzes ist".[458] Diese Gesellschaftsform, „welche von gerade den führenden Teilen der Wirtschaft zwangsweise abgeschafft und zur off. H.-G. umgewandelt wird", bezeichnet *Großmann-Doerth* abschließend als vom Gesetzgeber geschaffenen „Schädling".[459]

---

452 *Saenger* in: Deutsche Juristen-Zeitung 1931, Sp. 667–672 (671).

453 Gutachten von Dr. Hans Großmann-Doerth, Universitätsprofessor (Prag) in: Fünfter Deutscher Juristentag in der Tschechoslowakei, Gutachten, S. 245.

454 Ebd.

455 Ebd.

456 Ebd.

457 Ebd., S. 238.

458 Ebd., S. 239.

459 Ebd.

b) Verhandlungen des 5. Deutschen Juristentages im Anschluss an das Gutachten des *Hans Großmann-Doerth*

Im Rahmen der Verhandlungen des 5. Deutschen Juristentages am 23. Mai 1931 betreffend die „Reform des Gesetzes betreffend die Gesellschaft mit beschränkter Haftung" im Anschluss an das von *Großmann-Doerth* erstattete Gutachten fand eine lebhafte Diskussion, insbesondere auch hinsichtlich des Gründungsrechtes, statt.[460]

Die von *Großmann-Doerth* verfassten Leitsätze, mit denen die Verhandlungen eingeleitet wurden, umfassten insbesondere auch Reformvorschläge hinsichtlich des Gründungsrechtes. Unter der Überschrift „Der Schutz Dritter" fordert der Gutachter *Großmann-Doerth* unter anderem, dass die Zahl der Gesellschafter [...] auf 30 einzuschränken" ist, „das Bankgeschäft [...] der Ges. m. b. H. schlechthin zu sperren" ist und „die gesetzlichen Mindestziffern betreffend Stammkapital und Stammeinlagen [...] zu verzehnfachen" sind.[461] Ferner schlägt *Großmann-Doerth* vor, dass „die Gründung unter Einbeziehung der Nachgründung und zugleich mit der Haftung ganz neu zu regeln" ist und „die Gesellschafter [...] in Höhe des Stammkapitals gesamtschuldnerisch für die Schulden der Gesellschaft" haften und „von dieser Haftung nur frei [werden], insoweit sie Geld oder sonstige Gegenstände eingebracht haben; bei Sacheinlagen entscheidet der wirkliche Wert".[462] Gleichzeitig brauche „die Pflicht zu externer Gründungsrevision [...] bei Einführung solcher Sacheinlagenhaftung nicht gesetzlich auferlegt zu werden".[463] Unter der Überschrift „Innergesellschaftliches Recht" empfiehlt *Großmann-Doerth*, dass „der Notariatszwang [...] für [den] Gesellschaftsvertrag [...] beibehalten" werden muss.[464]

Der erste Referatserstattende, der Handelskammersekretär *Ernst Libich*, bezeichnet zunächst das Gutachten von *Großmann-Doerth* zur behandelten Frage als „mustergültig".[465] Hinsichtlich der grundsätzlichen Frage, „ob überhaupt und in welchem Umfange eine Reform unseres Gesetzes notwendig ist", erklärt *Libich*, dass „tatsächlich [...] weder aus den Kreisen der praktischen

---

460 Session I., Erste Sessionsberatung zum Thema: „Reform des Gesetzes betreffend die Gesellschaft mit beschränkter Haftung" in: Fünfter Deutscher Juristentag in der Tschechoslowakei, Verhandlungen, S. 43–85.

461 Ebd., S. 43.

462 Ebd., S. 44.

463 Ebd.

464 Ebd.

465 Ebd., S. 46.

Juristenwelt, also insbesondere von Richtern, Notaren und Advokaten, noch aus den Kreisen der Wirtschaft Beschwerden über unhaltbare Zustände oder auch nur bescheidene Wünsche nach Änderung der Grundlagen des Gesetzes laut geworden" sind.[466] Aus diesem Grunde äußert *Libich* die Ansicht, dass er eine Reform des Gesetzes betreffend die Gesellschaften mit beschränkter Haftung für nicht dringlich erachtet, „wenigstens soweit die Grundlagen des geltenden Gesetzes in Betracht kommen".[467] *Libich* beschreibt die von *Großmann-Doerth* in seinem Gutachten vorgenommene Wertung dahingehend, dass *Großmann-Doerth* „dieses Kind der Gesetzgebung für unter dem Einfluß des unglaublich anmutenden Optimismus und der Unsolidität der Vorkriegszeit gezeugt und für durchaus mißraten [hält], er will aber doch eine Verbesserung versuchen".[468] Diese nachvollziehbare „Skepsis" dränge sich allerdings hauptsächlich „dem Juristen, insbesondere dem Theoretiker sehr häufig auf".[469]

Im Hinblick auf das Gründungsrecht äußert sich *Libich* ebenfalls. Die Frage, ob der Notariatszwang für die Gründung einer Gesellschaft mit beschränkter Haftung aufrecht erhalten bleiben solle, beantwortet *Libich* wie folgt: Der „Zwang zum Notariatsakt", im Sinne einer notariellen Beurkundung (nicht einer notariellen Beglaubigung), solle vollständig aufgehoben werden.[470] Dieser „Zwang zum Notariatsakt" führe zu „Schäden" und sei eine „Überflüssigkeit", denn „auf dem Gebiete der modernen Wirtschaft erscheint diese Form der Bevormundung und Fürsorge etwas überlebt" und sei „gerade für die G. m. b. H. [...] durchaus entbehrlich".[471] So zeige bereits der Vergleich zu den „Verfügungen der Regierung", welche „nicht mehr in Form von Bullen, mit schweren Amtssiegeln versehenen Pergamenten usw. erlassen und unter Hörnerklang und Paukenschlag dem Volke verkündet" werden, dass „die Kundmachung im Gesetzblatte, mitunter auch nur in einer von fast niemand gelesenen amtlichen Zeitung", genüge.[472]

Hinsichtlich des bereits näher erörterten „Einspruchsrechtes" zur Gründung einer Gesellschaft mit beschränkter Haftung in der Tschechoslowakei schließt sich *Libich* dem im Gutachten von *Großmann-Doerth* geäußerten Vorschlag an und empfiehlt „natürlich auch die Beseitigung dieses Einspruchsrechtes".[473]

---

466 Ebd.
467 Ebd., S. 47.
468 Ebd., S. 48.
469 Ebd.
470 Ebd., S. 52.
471 Ebd.
472 Ebd.
473 Ebd.

Die „Revisionspflicht hinsichtlich der Gründung [...], aber auch eine periodische Revisionspflicht über alle G. m. b. H." einzuführen, erachtet *Libich* als „Selbsthilfe auf diesem Gebiete zweifellos von Nutzen" und für erwünschenswert.[474] *Libich* ist der Ansicht, dass der „Zusammenschluß gewisser Wirtschaftsgruppen, die sich autonom einer Aufsicht und Kontrolle unterwerfen", dazu verhilft, „die Solidität und Kreditfähigkeit zu heben".[475] Als „Möglichkeit zum Schutze der Gläubiger" erachtet *Libich* den „Revisionszwang", „dessen Wirksamkeit aber doch mehr oder weniger vom guten Willen der Gesellschafter, bzw. der Geschäftsführer abhängt".[476] Nach *Libich* haben bereits die Erfahrungen mit der Aktiengesellschaft gezeigt, dass die „durchgeführten Revisionen nicht immer die nötige Klarheit und Sicherheit gebracht haben".[477] Wie bereits erwähnt wäre nach *Libich* „eine ständige Revision [...] dem bewährten Wege der Selbsthilfe zu überlassen".[478]

Gleichwohl könne man sich nach *Libich* der „Lösung der Reformfrage nicht mit dem billigen Einwand entziehen [...], die Wirtschaft habe sich mit den Schwächen und Mängeln dieser Gesellschaftsform im großen und ganzen abgefunden".[479] Vielmehr sei „es Aufgabe der Gesetzgebung, die in Erscheinung getretenen Mängel zu beseitigen und künftigen Schädigungen des Wirtschaftslebens nach Tunlichkeit vorzubeugen".[480]

In Bezug auf die Regelungen über die Sacheinlagen stellt *Libich* ein „Hauptinteresse" fest, „hauptsächlich veranlasst durch die Schilderungen Fränkels, der den Hexentanz der Umtriebe als Walpurgisnacht der G. m. b. H. bezeichnet".[481] Als Reaktion hierauf habe das Ausland „die Sicherheiten durch besondere Maßnahmen, so die Beschränkung der Sacheinlagen nach Gegenstand und Höhe, die Gründungsrevision und die Haftung der Gründer oder Gesellschafter für richtige Bewertung" verstärkt.[482] Das geltende Recht „läßt den Parteien hinsichtlich des Gegenstandes und der Höhe der Sacheinlagen volle Freiheit" und verlangt, wie *Libich* richtigerweise feststellt, nach § 5 Abs. 4 Gesetz betreffend die Gesellschaften mit beschränkter Haftung „nur eine genaue und vollständige

---

474 Ebd.
475 Ebd., S. 52 f.
476 Ebd., S. 56.
477 Ebd., S. 57.
478 Ebd.
479 Ebd., S. 53.
480 Ebd.
481 Ebd., S. 55.
482 Ebd.

Festsetzung im Gesellschaftsvertrag".[483] Mit Blick auf die Frage, ob „unser Recht [...] Verschärfungen hinsichtlich der Bewertung und Haftung bei Sacheinlagen übernehmen soll, darf eine Erscheinung nicht außer Betracht bleiben, die zeigt, daß strenge Vorschriften die Wirtschaft veranlassen, nach einem Ausweg zu suchen".[484] Hiergegen würde die „rechtliche Gleichstellung der Nachgründung mit der Sachgründung helfen".[485] Eine entsprechende Regelung könnte nach *Libich* in Anlehnung an das schweizerische Recht wie folgt ausgestaltet sein: „Wenn die Gesellschaft im Gründungsstadium aber während des ersten Jahres seit der Eintragung Anlagen erwirbt, so gilt eine etwaige Einzahlung der Einlagen in der Höhe des Entgeltes als nicht erfolgt, wenn die Gesellschafter nicht beweisen, daß das Entgelt dem wahren Wert der Anlage entspricht".[486]

Zusammengefasst fordert *Libich* in einer „ersten Etappe" der „Novellierung in einigen Punkten, deren Abänderung allseits gewünscht wird und die Grundlagen des geltenden Rechtes nicht berührt", unter anderem folgende Reformvorschläge im Hinblick auf das Gründungsrecht der Gesellschaft mit beschränkter Haftung: „1. die zehnfache Valorisierung der Mindestbeträge für Stammeinlagen und Gesellschaftsanteile; 2. die vollständige Aufhebung des Zwanges zum Notariatsakte und die Bestimmung, daß für die in den §§ [...] angeführten Beurkundungen die gerichtliche oder notarielle Beglaubigung der Unterschriften [...] erforderlich ist; 3. die Aufhebung des Einspruchsrechtes des Ministeriums des Innern".[487] In einer „zweiten Etappe wären alle übrigen Leitsätze des Gutachtens für eine künftige grundlegende Reform in eingehendste Erwägung zu ziehen".[488]

Der zweite Referatserstattende, der Senatspräsident *Franz Scholz*, schilderte hinsichtlich des Gründungsrechtes zunächst, dass er davon ausgehe, dass sich der Gutachtenerstatter, *Großmann-Doerth*, und er sich einig sind, dass „gewisse Garantien bei der Beschaffung des Stammkapitals fehlen", da im geltenden Recht „nur ein ganz geringer Teil eingezahlt" sein muss.[489] Hinsichtlich der Sachgründung bemängelt *Scholz*, dass es keine gesetzliche Verpflichtung – neben der nach § 5 Abs. 4 Gesetz betreffend die Gesellschaften mit beschränkter Haftung vorgesehenen Aufnahme der Verpflichtung zur Übertragung der Sacheinlage im

483 Ebd.
484 Ebd., S. 56.
485 Ebd.
486 Ebd.
487 Ebd., S. 58.
488 Ebd., S. 59.
489 Ebd., S. 60.

Gesellschaftsvertrag – gibt, die regelt, wann die Einlagenverpflichtung zu erfüllen ist.[490] Gleichzeitig bemängelt der Vortragende, „daß man den Gläubigern das Recht wird geben müssen, eine [Anmerkung des Verfassers: Gründungs-] Revision zu beantragen, und daß die Revisoren vom Gerichte ernannt werden müßten", die „objektive (neutrale) Revisoren" seien müssten.[491]

Den Beginn seiner Anträge formulierte *Scholz* zum Ende seines Vortrages hin wie folgt: „Aufrechterhaltung des Notariatszwanges für Kapitalserhöhung und Geschäftsanteilsübertragung".[492] Aus einem Umkehrschluss könnte man folgern, dass *Scholz* mit dieser Aussage zum Ausdruck bringt, dass er die im Gutachten von *Großmann-Doerth* und von seinem Vorredner, *Libich*, bereits diskutierte Aufhebung des Beurkundungserfordernisses für den Gesellschaftsvertrag im Rahmen der Gründung einer Gesellschaft mit beschränkter Haftung für nicht mehr aufrechterhaltenswert erachtet. Gleichwohl schließt *Scholz* seine Anträge mit dem Satz, dass er es für wünschenswert hält, dass, „wenn die Gründung nicht notariell abgeschlossen ist, […] der Akt durch Eintragung in das Handelsregister wirksam werden" soll, woraufhin er Beifall erntete.[493] Hieraus kann man schlussfolgern, dass er die für den Gesellschaftsvertrag vorgeschriebene notarielle Form (gemeint war wohl die Form der notariellen Beurkundung) nicht nur de lege lata, sondern auch de lege ferenda, für normierungsbedürftig erachtet.

In Bezug auf das sonstige Gründungsrecht fordert *Scholz* in seinen Anträgen, dass „Sacheinlagen […] sofort eingebracht werden" müssten und, dass ein „Revisionsrecht einer gewissen Mindestgläubigerschaft, die in ein gewisses Verhältnis zum Stammkapital zu setzen wäre und die das Recht hätte, aus wichtigem Grund eine Revision zu beantragen" im Rahmen einer Reform des Gesetzes betreffend die Gesellschaften mit beschränkter Haftung einzuführen wäre.[494]

Als Reaktion auf die Anträge des Referatserstattenden *Scholz* erklärte der Vorredner, *Libich*, dass er „den Antrag, daß 20 Prozent der Gläubiger, die 20 % des Stammkapitals repräsentieren, eine Revision verlangen können, […] nicht für zweckmäßig [erachte], denn diese Gläubiger, wenn sie 20 % des Stammkapitals repräsentieren, sind keine Organisation, sind nichts Greifbares".[495] Gleichzeitig

490 Ebd.
491 Ebd.
492 Ebd., S. 61.
493 Ebd.
494 Ebd.
495 Ebd., S. 61 f.

wäre nach *Libich* „der wirtschaftliche Effekt einer solchen in die Öffentlichkeit gelangenden Zwangsrevision […] Kreditentziehung und Zugrundegehen der Gesellschaft".[496] Dieser Ansicht schloss sich im weiteren Verlauf der Diskussion auch der Rechtsanwalt *Georg Weis* an.[497]

Als weitere Reaktion meldete sich der Rechtsanwalt *Julius Großmann* zu Wort und gab zu bedenken, dass er es nicht einsehe, dass, „wenn es den Gläubigern freisteht, im Falle ihre Forderungen nicht beglichen werden, den Konkursantrag bei Gericht einzubringen, […] warum es nicht möglich wäre, daß Gläubiger, die größere Forderungen besitzen, den Antrag auf Revision stellen können".[498]

Anschließend erklärt sich *Scholz* erneut zu seinem Vorschlag des Revisionsrechtes auf Verlangen von Gläubigern und stellt klar, dass dies „nicht dazu dienen [soll], daß die Gründer selbst geschützt werden; der Revisionsgedanke ist vielmehr zugunsten der Gläubiger".[499]

Im Anschluss an die Diskussion zum Vorschlag von *Scholz*, ein Revisionsrecht der Gläubiger einzuführen, lenkte der Rechtsanwalt *Rosenberg* die Debatte wieder in Richtung der Frage, ob die notarielle Form für die Gründung einer Gesellschaft mit beschränkter Haftung aufrechterhalten werden sollte.[500] *Rosenberg* äußert eine klare Meinung: „Bezüglich der Form des Notariatsaktes werden alle Herren Praktiker bestätigen, daß es gleichgültig ist, ob ein Notariatsakt errichtet wird oder nicht".[501] Nach *Rosenberg* kann die „Form des Notariatsaktes" keinerlei „Grundlage für die Richtigkeit oder Korrektheit der G. m. b. H. abgeben", sie „beinhaltet nur eine Erschwerung der Gründung".[502]

Ferner spricht sich *Rosenberg* auch gegen das Einspruchsrecht des Ministeriums des Innern gegen Gründungen von Gesellschaften mit beschränkter Haftung aus.[503] Mit Blick auf den diskutierten „Gedanke[n] der Revision", der „ein sehr gesunder ist", spricht sich *Rosenberg* gegen die Einführung eines Revisionsrechtes auf Verlangen von Gläubigern aus.[504] Nach *Rosenberg* werden „sich

496 Ebd., S. 62.
497 Ebd.
498 Ebd.
499 Ebd., S. 64.
500 Ebd.
501 Ebd.
502 Ebd.
503 Ebd., S. 64 f.
504 Ebd., S. 65.

immer so viel Gläubigergruppen bilden, die gegen die G. m. b. H. losgehen [...], daß in kurzer Zeit das Geschäft vernichtet sein wird".[505]

Zusammenfassend formuliert *Rosenberg* einen klaren Leitsatz „vom rein praktischen Standpunkt" her: „Die Notariatsaktsform [ist] überflüssig [...], die Zustimmung der Regierung [soll] abgelehnt werden und [...] wir [sollen] uns gegen die Revisoren stellen".[506] Zuspruch erhielt *Rosenberg* insbesondere von dem anschließenden Redner, dem Rechtsanwalt *Hans Frank*, der kundgab, „daß die G. m. b. H. auf dem besten Wege ist, eines sang- und klanglosen Todes zu sterben".[507]

Der nächste Redner, der Syndikus *Kuschnitzky* stellte fest, dass „in der Vorkriegszeit [...] im Reiche Einhelligkeit darüber geherrscht [hat], daß dieses Gesetz sich bewährt hat".[508] Ergänzend äußert *Kuschnitzky*, dass „wenn Mißstände nach dem Kriege aufgetreten sind, so liegt das nicht im Gesetz, sondern daran, daß die Menschen schlechter geworden sind".[509] Nach *Kuschnitzky* wird sich die Situation durch eine Reform des Gesetzes betreffend die Gesellschaften mit beschränkter Haftung nicht verbessern, denn „man wird die Menschen nicht dadurch besser machen, daß man die Gesetze ändert".[510] Denn, „solange die Moral eine sinkende ist, so lange wird man nicht restlos damit rechnen können, daß die Mißstände beseitigt werden, auch wenn man noch so schöne Gesetze macht".[511] Dies sei insbesondere auch im Hinblick auf das Gründungsrecht zu berücksichtigen, denn „eine G. m. b. H. hat nur dann Wert, ist nur dann brauchbar, wenn sie leicht, bequem und billig ins Leben treten kann".[512] Sollte man dieser Sichtweise widersprechen, sprich das „Mißtrauen gegen die Gesellschaft so weit [gehen], daß man mit ihr aufräumen will, dann soll man einfach tabula rasa machen".[513] Sollte man aber „der Auffassung [sein], daß ein dringendes Wirtschaftsbedürfnis aus sozialen Erwägungen besteht, ist man der Auffassung, daß tatsächlich das brennende Interesse immer noch besteht, dann soll man die Wirtschaft nicht weiter reglementieren".[514] Gleichwohl

505 Ebd.
506 Ebd.
507 Ebd.
508 Ebd., S. 66.
509 Ebd.
510 Ebd.
511 Ebd.
512 Ebd.
513 Ebd., S. 66 f.
514 Ebd., S. 67.

erachtet *Kuschnitzky* die „Valorisierung des Stammkapitals auf Vorkriegshöhe“ für zweckmäßig.[515]

Zum Gründungsrecht äußerte sich anschließend auch der Rechtsanwalt *Richard Grau*, insbesondere hinsichtlich des Konzessionssystems zur Gründung einer Gesellschaft mit beschränkter Haftung.[516] Hierzu betont *Grau*, dass es seines Erachtens notwendig sei, „den Konzessionszwang unter die strengste Herrschaft des Gesetzes zu stellen und im Gesetz die Gründe für eine Ablehnung zu spezialisieren, etwa dahin, daß jeder Betrieb verhindert werden soll, der entweder ohne wirtschaftliche Nachteile auch in Form einer Aktiengesellschaft geführt werden könnte oder dazu dienen soll, kapitalschwache Personen in das Wirtschaftsleben einzuführen“.[517] Ferner wäre nach *Grau* „ein solches Konzessionssystem […] auszudehnen auf den Fall der G. m. b. H., die den Betrieb niedergelegt hat und neu in das Wirtschaftsleben eintritt“.[518] *Grau* spricht mit letzterem Vorschlag eine wohl eher seltene Form der „Wiedergründung“ bzw. heutzutage sog. „wirtschaftlichen Neugründung“ an. Sollte man diese beiden Fälle, die „Neugründung und erneute Betriebsaufnahme […] gleich behandeln“, dann geht *Grau* davon aus, „daß das Konzessionssystem doch eine große Waffe sein würde auf dem Wege der Bekämpfung der unsoliden G. m. b. H.“[519]

Der Notar *Gustav Raynoschek* äußerte sich unter Einbeziehung seiner „Erfahrungen […], die bei Durchführung der G. m. b. H. gemacht wurden“, ebenfalls zum Gründungsrecht der Gesellschaft mit beschränkter Haftung.[520] Hierzu führt er aus, dass „der Formenzwang […] abzuschaffen [wäre], wenn er nicht mehr als bloße Form wäre“.[521] Nach *Raynoschek* sei aber das „Wesentlichste der öffentlichen Urkunde“, dass „die Parteien über Rechte und Pflichten“ belehrt werden.[522] „Nicht auf die bloße Form kommt es an, sondern auf die Rechtsbelehrung, die mit der öffentlichen Urkunde verbunden ist“, so *Raynoschek*.[523] Aufgrund der Debatte, die er bis zu seinem Vortrag verfolgt habe, stellte *Raynoschek* klar, dass „zwischen öffentlicher Urkunde und legalisierter [Anmerkung des Verfassers: Gemeint ist die bloße notarielle

515 Ebd.
516 Ebd., S. 69.
517 Ebd.
518 Ebd.
519 Ebd.
520 Ebd., S. 72.
521 Ebd.
522 Ebd.
523 Ebd.

Unterschriftenbeglaubigung] Urkunde [...] ein himmelweiter Unterschied" besteht.[524] Für die Gründung hält *Raynoschek* das Aufrechterhalten des Formzwanges für empfehlenswert, denn „es handelt sich meistens um Personen, die kein großes Kapital aufbringen können, nicht viel haben, oft nicht die nötigen Rechtskenntnisse besitzen und auch nicht mit dem Letzten haften wollen".[525] Die „Aufklärung" der Gründer „kann durch eine öffentliche Urkunde besser geschehen als durch eine legalisierte Urkunde", denn „nur die Form einer öffentlichen Urkunde kann eine Gewähr dafür bieten".[526] Abschließend hält *Raynoschek* fest, dass „eine Valorisierung der Anteile" notwendig wäre, „der Gedanke der G. m. b. H. sehr gut ist", gleichzeitig „sich größere Mißstände nicht ergeben haben".[527]

Nach dieser umfangreichen Diskussion durfte sich erneut *Ernst Libich* zu Wort melden und konnte zu einzelnen Punkten Stellung nehmen.

Hinsichtlich des Gründungsrechtes betont *Libich*, dass sich „der sogenannte Konzessionszwang [...] bei Aktiengesellschaften nicht bewährt und daher überlebt hat und insbesondere gar keinen Schutz bietet, also zu einem Formalakt geworden ist, und zwar bei Aktiengesellschaften und Gesellschaften m. b. H. umso mehr, als er bei uns dazu benützt wird, um auf eine Zurückdrängung des ausländischen Einflusses hinzuwirken".[528] Ferner entfalle der „wichtige Grund für den Konzessionszwang", der sich nach *Libich* als „reine Form" darstellt, wenn die Valorisation des Stammkapitals erfolgt.[529]

Mit Blick auf den „Notariatsakt" stellt *Libich* fest, dass „dieser [...] aus einer Zeit [stammt], die ziemlich weit hinter uns liegt und jedenfalls dem modernen Rechtsverkehr nicht mehr entspricht, soweit es sich um wirtschaftliche Organisationen handelt".[530] Denn „für wirtschaftliche Gebilde braucht man die Form des Notariatsaktes überhaupt nicht, sie hält niemanden von Schwindelgründungen ab, sie schützt niemanden vor Rechtsungültigkeit".[531] Nachdem der „Notar in erster Linie auf die Angaben der Parteien angewiesen" ist, schützt der „Notariatsakt [...] vor gar nichts und bringt den Parteien nur Beschwerden".[532] Mit

524 Ebd.
525 Ebd.
526 Ebd.
527 Ebd.
528 Ebd., S. 73.
529 Ebd.
530 Ebd.
531 Ebd.
532 Ebd.

Beschwerden meint *Libich* insbesondere die Vergütung der Notare, denn „die Herren würden staunen, was Notare nach dem gesetzlichen Tarif verlangen können".[533] Im Ergebnis spricht sich *Libich* sogar gegen die beantragte (notarielle) Beglaubigung für bisher beurkundungsbedürfte Geschäfte aus, denn nach ihm könnte „der Notariatszwang ruhig entfallen".[534]

Bevor die Diskussion beendet und über die Leitsätze, inklusive Ergänzungs- und Abänderungsanträge, abgestimmt wurde, meldete sich noch einmal der Gutachter *Großmann-Doerth* zu Wort. Hervorheben wollte *Großmann-Doerth* im Hinblick auf das Gründungsrecht der Gesellschaft mit beschränkter Haftung zum einen „die stark unterstrichene Forderung [...] nach Aufhebung des Notariatszwanges" und zum anderen die Diskussion betreffend das „Einspruchsrecht" und den „Konzessionszwang".[535] Ebenfalls stellt *Großmann-Doerth* dar, dass er davon ausgehe, „daß die Rechtsform der G. m. b. H. in stärkerem Maße als irgendeine andere Gesellschaftsform und vor allem als die offene Handelsgesellschaft die Möglichkeit und die Versuchung zu unsolider Gründung und Geschäftsgebarung in sich trägt".[536] Ob die bloße Änderung des Gesetzes in dieser Hinsicht zu einer Verbesserung führen mag, lässt *Großmann-Doerth* unbeantwortet, da „wir Juristen und auch die Theoretiker gelernt haben, die Grenzen der Lebensgeltung unserer Paragraphen zu sehen".[537] Gleichwohl würde aber auch „der Wirtschaftler [...] entsprechend lebensfremd denken, wenn er aus solcher Erkenntnis auf die Hilfe der Rechtsordnung ganz verzichten wollte".[538] Schließen möchte *Großmann-Doerth* die Debatte mit einer „Grundthese über die Bewertung der G. m. b. H.-Form vom volkswirtschaftlichen Standpunkt aus", gegen welche „kein Wort in der stundenlangen Debatte vorgebracht" worden ist, die dahingehend lautet, dass die Gesellschaft mit beschränkter Haftung „vielfach schädlich und nirgends nützlich" sei.[539]

Im Rahmen der Abstimmung über die Leitsätze wurde im Hinblick auf das Gründungsrecht unter anderem folgendes mehrheitlich, unter Abstimmung über Ergänzungs- und Abänderungsanträge, zum „Schutz Dritter" beschlossen: 1. „Das Einspruchsrecht des Innenministeriums gemäß Verordnung vom

533 Ebd., S. 73 f.
534 Ebd., S. 74.
535 Ebd., S. 75.
536 Ebd., S. 77.
537 Ebd.
538 Ebd.
539 Ebd., S. 78.

27. Juli 1920 ist aufzuheben", 2. „Die gesetzlichen Mindestziffern betreffend Stammkapital und Stammeinlage sind zu verzehnfachen", 3. „Es wird vorgeschlagen, die Gründung unter Einbeziehung der Nachgründung und zugleich mit der Haftung ganz neu zu regeln", 4. „Die Gesellschafter haften in Höhe des Stammkapitals gesamtschuldnerisch für die Schulden der Gesellschaft und werden von dieser Haftung nur frei, insoweit sie Geld oder sonstige Gegenstände eingebracht haben, bei Sacheinlagen entscheidet der wirkliche Wert. Diese Haftung dauert nach Ausscheiden des Gesellschafters noch fünf Jahre fort. Die Haftung lebt wieder auf, insoweit nach der Gründung aus dem Gesellschaftsvermögen Werte für die Anschaffung von Daueranlagen und dergleichen ausgegeben werden, es sei denn, daß der Wert dieser Anlagen den dafür ausgegebenen Werten entspricht. Die Pflicht zu externer Gründungsrevision braucht bei Einführung solcher Sacheinlagenhaftung nicht gesetzlich auferlegt zu werden."[540] Unter der Überschrift „Innergesellschaftliches Recht" wurde mehrheitlich beschlossen, dass „der Notariatszwang […] für Gesellschaftsvertrag und Zeichnung neuen Stammkapitals beibehalten" werden muss, „aber für sonstige Satzungsänderungen aufgegeben werden" sollte.[541] Als „besonders dringend" wurde „die zehnfache Valorisierung der Mindestbeträge für Stammeinlagen und Gesellschaftsanteile und die Aufhebung des Einspruchsrechtes des Ministerium des Innern" angesehen.[542]

3. Ideologische Kritik während des Nationalsozialismus

Während der Zeit des Nationalsozialismus war die Rechtsform der Gesellschaft mit beschränkter Haftung teils schwerwiegender Kritik ausgesetzt. Ab dem Jahre 1934 wurde sogar von einigen Vertretern der Rechtswissenschaften die Abschaffung der Gesellschaft mit beschränkter Haftung gefordert. Andere Vertreter der Rechtswissenschaften forderten wiederum eine einschneidende Reform der Rechtsform der Gesellschaft mit beschränkter Haftung unter Berücksichtigung nationalsozialistischen Gedankengutes.

540 Ebd., S. 83 f.
541 Ebd., S. 84.
542 Ebd., S. 85.

Die Gesellschaft mit beschränkter Haftung als eine typische Schöpfung liberalen Rechtsdenkens des 19. Jahrhunderts

Einige Vertreter der Rechtswissenschaften äußerten sich in den 1930er Jahren zur Gesellschaft mit beschränkter Haftung dahingehend, dass diese eine typische Schöpfung liberalen Rechtsdenkens des 19. Jahrhunderts gewesen sein soll. Sie kritisieren insbesondere die durch die Gesellschaft geschaffene Möglichkeit der unlauteren Erlangung der beschränkten Haftung für beinahe jedermann. Im Folgenden werden einige verschriftlichte Meinungsäußerungen aus der vorbezeichneten Zeit mit Blick auf das Gründungsrecht der Gesellschaft mit beschränkter Haftung näher untersucht und wiedergegeben.

(1) *Friedrich Hermann Klausing*

Der am 19. August 1987 in Mönchengladbach geborene und am 6. August 1944 in Prag gestorbene Professor der Rechte (unter anderem an der Johann Wolfgang Goethe Universität in Frankfurt am Main, der Universität Marburg sowie der Universität Prag) *Friedrich Hermann Klausing* äußerte sich im Jahre 1935 zusammenfassend kritisch gegenüber der Gesellschaft mit beschränkter Haftung in seinem Aufsatz zur Aktienrechtsreform in der Deutschen Juristen-Zeitung unter dem Titel „Das kommende Aktienrecht".[543] Das NSDAP-Mitglied *Klausing* gehörte später der „Akademie für Deutsches Recht" als Mitglied an und leitete den dortigen „Ausschuss für G.m.b.H.-Recht".[544]

In seinem Aufsatz sprach sich *Klausing* anstelle einer punktuellen Aktienrechtsreform dafür aus, dass man „die künftige Gestaltung des Aktienrechts [...] in den größeren Rahmen einer Neuordnung" stellen sollte, „der nicht nur alle Kapital- und Personalgesellschaften, sondern auch das Einzelunternehmen zu umfassen hätte".[545] Die von *Klausing* geforderte „Ausweitung oder Umorientierung" der Aktienrechtsreform sollte in einem „Richtliniengesetz über das wirtschaftliche Unternehmen" münden.[546] Durch die Einführung der Gesellschaft mit beschränkter Haftung gegen Ende des 19. Jahrhunderts sei der Aktiengesellschaft die „‚Klein'-Kapitalgesellschaft [...] an die Seite getreten", welche im Ergebnis, insbesondere im Fall der „freien Anerkennung der Einmanngesellschaft",

543 *Klausing* in: Deutsche Juristen-Zeitung 1935, Sp. 1135–1141.

544 Zum vorstehenden Absatz: Klausing, Friedrich Hermann, Hessische Biografie, https://www.lagis-hessen.de/pnd/11752302X (zuletzt abgerufen am: 15. März 2022).

545 *Klausing* in: Deutsche Juristen-Zeitung 1935, Sp. 1135–1141 (1137).

546 Ebd.

„zu einer verschleierten Anerkennung des Unternehmens mbH in allen Größenordnungen" geführt hat.[547] Dieser Zustand führe zu „unübersichtliche[n] Rechtsverhältnisse[n], voll von individuellen Unbilligkeiten und Ungereimtheiten, die volkswirtschaftlich und rechtspolitisch auf die Dauer gleichermaßen untragbar sind".[548] *Klausing* bekundet, dass es seines Erachtens nunmehr nur noch „zwei Möglichkeiten gibt".[549] Zum einen könnte ein „ernsthafter Versuch einer effektiven Wiederherstellung des Prinzips der unbeschränkten Haftung für sämtliche Unternehmen, ausgenommen solche Großbetriebe, für die wegen des KapUmfangs und der regelmäßig vorhandenen Zahl der Beteiligten lediglich die Form der AG in Betracht kommt", unternommen werden.[550] Dieser „Versuch" müsste mit dem „Verbot der GmbH" verbunden werden.[551] Zum anderen, sollte „man sich zu dem ‚Wagnis' des vorstehend geschilderten Weges nicht" entschließen, „so müßte man wohl oder übel die Folgerungen aus den nun einmal gegebenen Verhältnissen ziehen und das ‚Unternehmen mbH' fakultativ in aller Form zulassen".[552] Gleichwohl möchte *Klausing* diese „Einführung des Unternehmens mbH [...] keineswegs als beste Lösung empfehlen".[553]

Klausing beschränkt sich in seinem Aufsatz aus dem Jahre 1935 auf allgemein gehaltene Kritik hinsichtlich der Aktienrechtsreform, zugleich aber auch hinsichtlich der Gesellschaft mit beschränkter Haftung. Hinsichtlich des in dieser Arbeit näher untersuchten Gründungsrechts der Gesellschaft mit beschränkter Haftung äußerte sich *Klausing* in diesem Aufsatz nicht direkt.

(2) *Werner Bachmann*

Ein kritisches Bild gegenüber der Gesellschaft mit beschränkter Haftung zeichnete *Werner Bachmann* in seinem Beitrag: „Verbot oder Reform der GmbH.?" in der Deutschen Volkswirtschaft im Jahre 1935.[554] Hinsichtlich der gegenüber der Aktiengesellschaft weniger strengen Gründungsvorschriften stellt er fest, dass man sich „mit verhältnismäßig geringem Kapitalaufwand [...] alle Vorteile der beschränkten Haftung" sichern konnte, „ohne die weniger bequemen

547 Ebd., Sp. 1138.
548 Ebd.
549 Ebd., Sp. 1139.
550 Ebd.
551 Ebd.
552 Ebd.
553 Ebd., Sp. 1140.
554 *Bachmann* in: Die Deutsche Volkswirtschaft, 1935, S. 1120–1123.

Vorschriften der Aktiengesellschaft für die Gründung […] in Kauf nehmen zu müssen".[555] Das Gesetz über die Gesellschaften mit beschränkter Haftung sei nach *Bachmann* „liberal" ausgestaltet und führte dazu, dass die Gesellschaft mit beschränkter Haftung „die bevorzugte Rechtsform für Schwindelgründungen, […] kurz der Deckmantel zum Konkursbetrug", wurde.[556] Das „Fehlen jeder Aufsicht, verbunden mit der Möglichkeit, der Verantwortung und Haftung zu entgehen, mußte als Anreiz für unsaubere oder nicht ganz einwandfreie Geschäftsgründungen wirken".[557] Um diesen negativen Erscheinungen entgegenzutreten fordert *Bachmann* mindestens, „das Recht [Anmerkung des Verfassers: Gemeint ist das Recht der Gesellschaften mit beschränkter Haftung] einer grundsätzlichen Korrektur" zu unterziehen.[558] Hierbei könnten „als Richtschnur nur die Grundsätze, die für das Aktienrecht gelten, zur Anwendung kommen: Überwindung der Anonymität und Schaffung eines verantwortlichen Führertums".[559] Konkret fordert *Bachmann* zur Gründung einer Gesellschaft mit beschränkter Haftung die Einführung einer „Konzessionspflicht", „um zu verhüten, daß die G.m.b.H. für Zwecke mißbraucht wird, für die sie nicht in Frage kommt, und zugleich eine stärkere Aufsicht durchzusetzen".[560] Gleichwohl erkennt er, dass die „Einführung einer Konzessionspflicht für die Unzahl von Gesellschaften […] eine ungeheuere Belastung" bedeuten würde, „die schon der hohen Kosten wegen abzulehnen ist, ganz abgesehen davon, ob ein Erfolg auf diesem Wege erzielt werden kann".[561] Im Ergebnis spricht sich *Bachmann* daher dafür aus, „daß die GmbH. verboten" wird.[562] Als „Alternative" schlägt er eine sog. „Klein-Gesellschaft" vor, deren Recht allerdings noch geschaffen werden müsse.[563]

(3) *Helmut Vollweiler*

Der Meinung sich anschließend, dass die Gesellschaft mit beschränkter Haftung eine Schaffung der spätkapitalistischen und zugleich liberalen Ära sei, äußerte

555 Ebd., S. 1121.
556 Ebd.
557 Ebd., S. 1122.
558 Ebd.
559 Ebd.
560 Ebd.
561 Ebd.
562 Ebd.
563 Ebd.

sich *Helmut Vollweiler* in den Jahrbüchern für Nationalökonomie und Statistik unter der Rubrik Deutsche Volkswirtschaft im Jahre 1938 in seinem zweiteiligen Aufsatz: „Wirtschaftliche und rechtliche Probleme der G.m.b.H.-Reform".[564] *Vollweiler* hält insoweit fest, dass „die Schaffung des neuen Gesetzes [Anmerkung des Verfassers: Gemeint ist das Gesetz betreffend die Gesellschaften mit beschränkter Haftung vom 20. April 1892] war nicht zuletzt auch die der herrschenden liberalistischen Wirtschaftsauffassung entsprechende Überzeugung, daß ein Land, welches seiner Wirtschaft die mannigfaltigsten Rechtsformen für die Verbindung zwischen Kapital und Intelligenz zur Verfügung stelle, vor anderen Ländern, die hierin zurückblieben, einen wettbewerblichen Vorsprung gewinnen müsse".[565]

Vollweiler stellt klar, dass für die Ziele einer Reform des Rechtes betreffend die Gesellschaften mit beschränkter Haftung die „auf allen Gebieten des Rechts- und Wirtschaftsdenkens eingetretene grundsätzliche politische Umorientierung" „selbstverständlich […] von tiefgreifender Bedeutung" sei.[566] Eine Reform sei nach *Vollweiler* zwingend, da bereits der „Volksmund" „die gemeinhin bestehende Vorstellung über das Wesen der G.m.b.H. mit der bekannten Warnung „**g**ehste **m**it, **b**iste **h**in" verband".[567]

Hinsichtlich des Gründungsrechtes der Gesellschaft mit beschränkter Haftung kritisiert *Vollweiler* zunächst das vermehrt zu beobachtende Phänomen der „Einmanngesellschaft", die durch die Vereinigung aller Geschäftsanteile in der Hand einer Person entsteht.[568] Dies führe nach *Vollweiler* dazu, „daß Gesellschaften m.b.H. mit Hilfe von ‚Strohmännern' zunächst durch die gesetzlich vorgeschriebene Personenmehrheit gegründet, alsbald nach der Errichtung aber – in Erfüllung einer schon im voraus dahingehend getroffenen Vereinbarung – durch Übertragung sämtlicher Geschäftsanteile auf einen einzigen Erwerber

564 *Vollweiler* in: Jahrbücher für Nationalökonomie und Statistik, 1938, Teil 1: S. 189–207 und Teil 2: S. 300–326.

565 Ebd., S. 192; so auch schon *Oechelhäuser* im Rahmen der Beratung der 2. Aktienrechtsnovelle im Jahre 1884 im Deutschen Reichstag, Stenographische Berichte und Verhandlungen des Reichstages, V. Legislaturperiode, IV. Session, 1881–1884, 11. Sitzung des Reichstages am 24. März 1884, Erste Beratung des Entwurfes eines Gesetzes, betreffend die Kommanditgesellschaften auf Aktien und die Aktiengesellschaften, S. 198 ff. (220 ff.).

566 *Vollweiler* in: Jahrbücher für Nationalökonomie und Statistik, 1938, S. 203.

567 Ebd., S. 205.

568 Ebd., S. 303.

zu Einmanngesellschaften umgestaltet werden".[569] Die Beseitigung dieser möglichen „Gesetzesumgehung" liege nach *Vollweiler* „durchaus in der Richtung des grundsätzlichen Bestrebens der nationalsozialistischen Wirtschaftspolitik".[570]

Hinsichtlich der Gründungsmöglichkeit der Gesellschaft mit beschränkter Haftung plädiert *Vollweiler* zur Abkehr vom Normativ- hin zum Konzessionssystem.[571] Da das „in seinen Grundlagen liberale Normativsystem, wonach jeder gesellschaftsvertraglichen Personenvereinigung ein Anspruch auf Erlangung der körperschaftlichen Rechtsfähigkeit zustand, sofern sie nur die für die gewünschte Verbandsform vorgeschriebenen formalgesetzlichen Mindestbedingungen erfüllte", keine Möglichkeit bot, eine „nähere Nachprüfung der persönlichen und beruflichen Eignung der Beteiligten sowie der rechtlichen und wirtschaftlichen Notwendigkeit der gewählten Rechtsform" zu unternehmen, soll die Abkehr vom „weite[n] Zulassungsprinzip des § 1" Gesetz betreffend die Gesellschaften mit beschränkter Haftung hin zum „Konzessionssystem" gerechtfertigt sein.[572] Die Konzession zur Gründung einer Gesellschaft mit beschränkter Haftung soll „unter möglichster Heranziehung der berufsständischen Organe, der Industrie- und Handelskammern oder der sonst in Betracht kommenden Einrichtungen" „in das behördliche Ermessen" gestellt werden.[573] Nach *Vollweiler* soll die staatliche Genehmigung zur Gründung einer Gesellschaft mit beschränkter Haftung nicht nur dazu dienen, „eine nach individuellen Gesichtspunkten ausgerichtete Steuerung der Gesellschaftsbildung" zu ermöglichen, sie soll auch jederzeit widerruflich sein.[574]

Mit Blick auf die sonstigen Aspekte des Gründungsrechtes der Gesellschaft mit beschränkter Haftung spricht sich *Vollweiler* dafür aus, „den gesetzlichen Mindestbetrag für das Stammkapital nicht oder wenigstens nicht wesentlich zu erhöhen", gleichzeitig aber für die Einführung eines Maximalstammkapitals, um Großunternehmen daran zu hindern, sich nicht der Aktiengesellschaft, der für sie passenderen Rechtsform, sondern der Gesellschaft mit beschränkter Haftung, zu bedienen.[575] Auch wenn das Mindeststammkapital nicht zwingend zu erhöhen sei, so sei der zur Gründung der Gesellschaft mit beschränkter Haftung

---

569 Ebd.
570 Ebd., S. 303 f.
571 Ebd., S. 308 f.
572 Ebd., S. 308.
573 Ebd.
574 Ebd., S. 308 u. 309.
575 Ebd., S. 314.

notwendige und mindestens einzubezahlende Betrag (zum Zeitpunkt der Veröffentlichung des Aufsatzes lag dieser nach §§ 7 Abs. 2 i.V.m. 8 Abs. 2 Gesetz betreffend die Gesellschaften mit beschränkter Haftung bei praktisch minimal 5 000 Mark) im „Interesse einer Verstärkung des Gläubigerschutzes [...] erheblich heraufzusetzen oder noch besser Volleinzahlung der Stammeinlagen und die Vorlage entsprechender Nachweise sowie eidesstattliche Versicherungen dahin zu verlangen, daß die Leistungen unbeeinflußt durch Rechte Dritter in die freie Verfügungsgewalt der Geschäftsführung gelangt sind".[576]

Hinsichtlich der gesetzlichen Regelung zu Sacheinlagen, die die Einbringung von „schwer zu beziffernden oder gar völlig fiktiven Vermögenswerte[n]" – sogenannte „Imponderabilien und Phantasiewerten" – ermöglicht, fordert *Vollweiler* den (Reform-)Gesetzgeber auf, „unter allen Umständen Abhilfe zu schaffen".[577] In der fehlenden Kontrollmöglichkeit (u.a. des Registergerichtes) liegt daher „eine schwere Gefahr für die Solidität der Gründung und damit für den Schutz der Gläubiger der G.m.b.H."[578] Abhilfe mag der Gesetzgeber durch die Einführung der Notwendigkeit einer „Volleistung" der Sacheinlagen bei der Gründung schaffen.[579] Auch die Beschränkung der Sacheinlagen auf einen zu bestimmenden prozentualen Anteil des Stammkapitals hält *Vollweiler* für bedenkenswert.[580]

In zusammenfassender Art und Weise hält *Vollweiler* fest, dass „der Vorgang der Gründung der G.m.b.H. der öffentlichen Kontrolle so gut wie vollständig entzogen [ist], da das Gesetz keinen öffentlichen Gründungsbericht und keine amtliche Gründungsprüfung vorsieht".[581] Das „in der Hauptsache nur formelle Prüfungsrecht der Registergerichte", insbesondere im Falle der Vereinbarung von Sacheinlagen, reicht „keineswegs aus, um unsolide Gründungen – insbesondere Schwindel- und Scheingründungen, Mantelgründungen, verschleierte Sachgründungen, Strohmanngründungen zwecks Namenserwerbs oder zwecks Errichtung einer Einmanngesellschaft usw. – zu verhindern".[582] *Vollweiler* spricht sich deshalb hinsichtlich der Gründung der Gesellschaft mit beschränkter Haftung dafür aus, die für die Aktiengesellschaft geltenden Gründungs- und zugleich „Kontrollvorschriften über die Pflicht zur Erstattung eines Gründerberichts,

576 Ebd., S. 316.
577 Ebd., S. 316 u. 317.
578 Ebd., S. 317.
579 Ebd.
580 Ebd.
581 Ebd., S. 322.
582 Ebd.

über die Prüfung des Gründungsherganges durch die Geschäftsführer sowie durch gerichtlich (im Einvernehmen mit der amtlichen Vertretung des Handelsstandes) zu bestellende Gründungsprüfer, über die zivil- und strafrechtliche Haftung der Gründer und Gründungsprüfer usw. in geeigneter Weise auf die G.m.b.H. zu übertragen".[583] Dies müsse „unter allen Umständen – ohne Rücksicht darauf, daß die Gründungskosten hierdurch im Einzelfall eine wesentliche Erhöhung erfahren müssen" – geschehen.[584]

(4) *Hellmuth Dix*

Der im Jahre 1897 geborene und im Jahre 1965 verstorbene Jurist und Rechtsanwalt *Hellmuth Dix*[585] veröffentlichte im Jahre 1933 in der Zeitschrift: Die Deutsche Volkswirtschaft einen Aufsatz unter dem Titel: „Die Überwindung der Anonymität im Wirtschaftsrecht".[586]

Dix bezeichnet den „Aufbau der juristischen Personen in dem jetzt geltenden Handelsrecht" als „fast völlig ein Kind des 19. Jahrhunderts".[587] Dem aus dieser Zeit stammenden Recht betreffend die Gesellschaften mit beschränkter Haftung schreibt *Dix* einen „liberale[n]" und „ungesunden formal-demokratischen Aufbau" zu.[588] Gezeigt hat sich dies laut *Dix* insbesondere in der „förmlichen Gründungsinflation" in der Zeit nach dem Ersten Weltkrieg, der durch die „nur wenig beschränkte und kaum kontrollierte Möglichkeit der Gründung" befeuert wurde.[589]

Nach *Dix* sind „alle diese Fehlerquellen des Rechtszustandes der vergangenen Epoche und ihre Folgen" durch den „neue[n] Staat zu beseitigen". Hierdurch bringt er deutlich seine Sympathie mit einer nationalsozialistischen Anschauung und Anpassung der gesamten Lebensumstände, hier also auch des Gesellschaftsrechtes, zum Ausdruck. *Dix* fordert in Gefolgschaft der „Worte des Führers der deutschen Rechtsfront […] die Stärkung der Einzelverantwortung und die Beseitigung der bisher in der Wirtschaft herrschenden Anonymität".[590]

583 Ebd.
584 Ebd.
585 Zu seiner Person: Beileid zum Tode von Dr. Hellmuth Dix, Bulletin des Presse- und Informationsamtes der Bundesregierung, 1965, S. 156.
586 *Dix* in: Die Deutsche Volkswirtschaft, 1933, S. 242–244.
587 Ebd., S. 242.
588 Ebd.
589 Ebd.
590 Ebd.

Konkret soll dies hinsichtlich des Gründungsrechtes der Gesellschaft mit beschränkter Haftung dadurch geschehen, dass „die Einführung und entsprechende Handhabung des Konzessionszwanges bei der Gründung“ vorzusehen ist, die „das Entstehen von Unternehmungen dieser Größenordnung [Anmerkung des Verfassers: Gemeint sind kleinere und mittlere Unternehmen] in der Form juristischer Personen grundsätzlich unmöglich machen müssen“.[591] Für solche Unternehmungen sei nach *Dix* die offene Handelsgesellschaft mit einer unbeschränkten Haftung der Gesellschafter, da dies die nationalsozialistisch angestrebten „Garantien für das notwendige Verantwortungsgefühl der Leiter eines Unternehmens“ mit sich bringen würde, viel geeigneter.[592] Die dadurch anzutreffende „gesetzlich vorgesehene Selbständigkeit jedes Gesellschafters bei der laufenden Geschäftsführung“ entspreche „dem Gedanken des Führerprinzips“.[593]

Für den Fall, dass die vorgeschlagenen Reformen zu lange benötigen, zieht es *Dix* sogar in Betracht, zur Bekämpfung des Missbrauches, bestehende kleine und mittelgroße Aktiengesellschaften und Gesellschaften mit beschränkter Haftung zwangsweise in Einzelunternehmen oder offene Handelsgesellschaften bzw. Kommanditgesellschaften umwandeln zu lassen.[594]

Hinsichtlich des Konzessionszwanges konkretisiert *Dix* seine Vorstellungen dahingehend, dass „die Gründung von Einzelfirmen und Gesellschaften der eben erwähnten Art [Anmerkung des Verfassers: Mit ‚Gesellschaften‘ sind wohl die offene Handelsgesellschaft sowie die Kommanditgesellschaft gemeint] generell von einer Genehmigung mit materieller Vorprüfung, auch in der Bedürfnisfrage, abhängig zu machen“, ihm „nicht richtig“ erscheine.[595] Statt einer allumfassenden Konzession für die Gründung von Handelsgesellschaften schlägt *Dix* trotzdem „eine gewisse Beschränkung der Gewerbefreiheit in zeitlich, räumlich oder branchemäßig begrenzten Bereichen“ als „nötig“ und „notwendig“ vor.[596] Darüber hinaus wäre es „sicher richtig, unsere Wirtschaft vor dem Eindringen unerwünschter fremder Elemente zu schützen, indem man [...] für den Gewerbebetrieb von Ausländern oder die Beteiligung derselben an

591 Ebd.
592 Ebd.
593 Ebd.
594 Ebd., S. 243.
595 Ebd.
596 Ebd.

einem solchen – gleichgültig in welcher Form – eine Genehmigung der Staatsregierung verlangt".[597]

Abweichend hiervon sei die anzupassende Rechtslage bei Unternehmen, die größer sind als die zuvor beschriebenen kleinen und mittleren Unternehmen. Hier plädiert *Dix* dafür, dass „das Entstehen von Rechtsformen mit irgendwie beschränkter Haftung [...] in Zukunft von der Genehmigung öffentlicher Instanzen und eingehender materieller und personeller Vorprüfung abhängig gemacht werden" muss.[598] Ein solches Erfordernis ergebe sich bereits „aus dem Wesen des neuen autoritären Staats und seines Rechts auf Kontrolle und oberste Leitung wichtigerer, wirtschaftlich irgendwie privilegierter Einrichtungen", wozu die Erlangung der Haftungsbeschränkung zähle.[599] *Dix* beschreibt diese gewünschte Kontrollmacht des nationalsozialistischen Staates als wünschenswertes „volles Imperium über diese Organisationen im Interesse vor allem der Durchsichtigkeit aller Verhältnisse", insbesondere bis zum Zeitpunkt ihrer Entstehung.[600]

Abschließend hält *Dix* fest, dass die Einführung von „Revisions-, Kontroll- und evtl. auch Eingriffsmöglichkeiten" dazu führen wird, dass „viele der Mißstände [...] von selbst verschwinden" werden, „wenn die Prinzipien der Einzelverantwortung und möglichster Publizität nicht nur der Bilanzen, sondern auch der Person der Beteiligten ernsthaft durchgeführt werden".[601]

(5) *Karl-August Crisolli*

In *Hans Franks* „Nationalsozialistisches Handbuch für Recht und Gesetzgebung" aus dem Jahre 1935 veröffentlichte der im Jahre 1900 in Berlin geborene und im Jahre 1935 ebenda verstorbene Jurist *Karl-August Crisolli* einen Beitrag unter der Überschrift „Das Recht der G.m.b.H."[602] In diesem Beitrag fordert *Crisolli* im Ergebnis eine Reform des Rechtes betreffend die Gesellschaft mit beschränkter Haftung unter Berücksichtigung nationalsozialistischen Gedankengutes. Nach *Crisolli* soll untersucht werden, „welche Ausgestaltung das Recht der G.m.b.H. nach der neuen Rechtsanschauung zu erfahren hat".[603] Diese Untersuchung

---

597 Ebd.

598 Ebd.

599 Ebd.

600 Ebd., S. 244.

601 Ebd.

602 *Crisolli* in: *Hans Frank*, Nationalsozialistisches Handbuch für Recht und Gesetzgebung, 1935, S. 1155–1174.

603 Ebd., S. 1155.

findet gleichwohl vor dem Hintergrund statt, „daß die Grundeinstellung der neuen Rechtsentwicklung mit ihrer Forderung der Beseitigung der Anonymität des Kapitals, des Führerprinzips, der Verantwortlichkeit des Unternehmers und der Wahrheit und Klarheit der Rechtsbeziehungen der Volksgenossen g e g e n eine Beibehaltung der G.m.b.H. sprechen muß".[604] Lediglich „eine Betrachtung vom wirtschaftlichen Standpunkt aus kann eine Beibehaltung der G.m.b.H. rechtfertigen".[605] Daraus folgert *Crisolli*, dass, „wenn die G.m.b.H. überhaupt beibehalten werden soll, ihr ‚Lebensgebiet' soweit als möglich einzuschränken ist und ihr Recht nach den nationalsozialistischen Anschauungen völlig umzugestalten ist".[606] Mit Blick auch auf das Gründungsrecht spricht sich *Crisolli* dafür aus, „daß die überkommene Rechtsanschauung, nach der jedes beliebige Geschäftsvorhaben in die Form einer G.m.b.H. gekleidet werden kann, beseitigt wird, und daß mit der früheren, allein von den Gedanken der liberalistischen Lebensanschauung beherrschten Betrachtung des G.m.b.H.-Rechts gebrochen wird".[607]

Ausgehend von dieser Anschauung plädiert *Crisolli* zumindest für eine Reform des Rechts der Gesellschaften mit beschränkter Haftung, nachdem sich zeigt, „daß gerade bei den G.m.b.H. die Unsolidität und Unreellität zum Schaden ehrbaren Kaufmanns und der gesamten deutschen Wirtschaft häufig festzustellen" ist und „gerade der geschäftsungewandtere Volksgenosse durch die G.m.b.H. am ehesten und leichtesten geschädigt wird".[608] Hinsichtlich des Gründungsrechtes macht *Crisolli* diese „Gefahr" an einem Beispiel aus der jüngeren Rechtsprechung des Kammergerichtes fest: „Das Kammergericht hält es jetzt noch für unverständlich und irrig, daß ein Registerrichter es unternimmt, bei einer G.m.b.H.-Gründung [...] den Wert einer Sacheinlage nachzuprüfen und bei vorliegender Wertlosigkeit einer solchen die Eintragung zu verweigern!"[609] Zur Begründung wird ausgeführt, dass „für die Bewertung der Sacheinlagen bei der G.m.b.H. völlige Vertragsfreiheit der Gesellschafter" bestehe.[610]

Nach *Crisolli* sei im Hinblick auf das „Normativsystem für die G.m.b.H." zu überlegen, ob nicht „die neue Rechtsanschauung [...] eine – wenigstens

---

604 Ebd., S. 1156.
605 Ebd.
606 Ebd.
607 Ebd.
608 Ebd., S. 1155.
609 Ebd.
610 Ebd.

teilweise – Einführung des Konzessionssystems erfordert".[611] In Zustimmung zu *Klausings* Vorschlag[612] geht auch *Crisolli* davon aus, dass „die Einführung der staatlichen Genehmigung nach der neuen Rechtsanschauung für die G.m.b.H. in weitem Maße zu bejahen" sei.[613] Ein solcher Konzessionszwang zur Gründung einer Gesellschaf mit beschränkter Haftung würde insbesondere dazu führen, dass nicht mehr „jedermann – selbst der schwer vorbestrafte Volksschädling – durch Einhaltung von wenigen formalgesetzlichen Vorschriften die Haftungsbeschränkung erlangen kann".[614]

Das Gründungsrecht der Gesellschaften mit beschränkter Haftung streifend, spricht sich *Crisolli* für die Anpassung des „Firmenrechtes" aus. Um Täuschungen des Rechtsverkehrs durch irreführende Firmenwahl bereits bei Gründung einer Gesellschaft mit beschränkter Haftung zu vermeiden, sollte „nach der neuen Rechtsanschauung [...] daher jeder nicht ganz ‚wahre und klare' Firmenzusatz bei einer G.m.b.H.-Firma als unzulässig" anzusehen sein.[615]

Ein weiteres zu behebendes Problem erachtet *Crisolli* in der freien Wahl des inländischen Sitzes der Gesellschaft mit beschränkter Haftung durch bloße Bestimmung im Gesellschaftsvertrag, § 3 Abs. 1 Nr. 1 Gesetz betreffend die Gesellschaften mit beschränkter Haftung. Die nationalistisch geprägte Kritik *Crisollis* geht dahin, dass es zur Zeit des Beitrages „als zulässig anzusehen [war], daß zwei Ausländer im Ausland eine ‚deutsche' G.m.b.H. gründen, die jeder anderen Beziehung zu Deutschland entbehrt, als der, daß die Ausländer einen Ort in Deutschland im Gesellschaftsvertrage als Sitz ‚frei wählen'" konnten.[616] Um dieser „Erscheinung" entgegenzutreten, muss im Hinblick auf eine Gesellschaft mit beschränkter Haftung, die „den Ort ihrer Verwaltung nach dem Auslande verlegt, [...] ihre Liquidation eintreten".[617]

611 Ebd., S. 1157.

612 Siehe *Klausing*, Die Neuordnung der Gesellschaft mit beschränkter Haftung, 2. Arbeitsbericht, 1940, S. 11; sehe auch oben 3. Kapitel (II. Reformdebatte vor und während des Nationalsozialismus und Referentenentwurf des Reichsjustizministeriums aus dem Jahre 1939, 3. Ideologische Kritik während des Nationalsozialismus, *(1) Friedrich Hermann Klausing*).

613 *Crisolli* in: *Hans Frank*, Nationalsozialistisches Handbuch für Recht und Gesetzgebung, 1935, S. 1155–1174 (1157 f.); diese Ansicht von *Klausing* u. *Crisolli* ablehnend: *Wilke* in: GmbHR 1936, Sp. 469–480 (478 f.).

614 *Crisolli* in: *Hans Frank*, Nationalsozialistisches Handbuch für Recht und Gesetzgebung, 1935, S. 1155–1174 (1158).

615 Ebd., S. 1165.

616 Ebd., S. 1167.

617 Ebd., S. 1168.

Hinsichtlich des zulässigen Gegenstandes einer Gesellschaft mit beschränkter Haftung äußert *Crisolli* ebenfalls weitgehenden und nationalsozialistisch geprägten Reformbedarf. Die zum Zeitpunkt des Beitrages bestehende Rechtslage, dass nach § 1 Gesetz betreffend die Gesellschaften mit beschränkter Haftung Gesellschaften mit beschränkter Haftung zu jedem gesetzlich zulässigen Zweck errichtet werden konnten, sei „unbefriedigend" und „die neue Rechtsanschauung kann diese Rechtslage nicht mehr gutheißen".[618] Vielmehr muss „nach der nationalsozialistischen Rechtsaufassung [...] der Gegenstand der G.m.b.H., die doch Handelsgesellschaften (§ 6 HGB.) sind, auf das Handelsgewerbe beschränkt werden".[619]

In Bezug auf das Stammkapital erachtet *Crisolli* eine Erhöhung dieses für nicht erforderlich.[620] Eine solche Erhöhung des Stammkapitals, so *Crisolli*, „erscheint wirtschaftlich nicht ohne Bedenken, da dadurch die Ausnutzung von neuen Erfindungen, die gerade im Wege der G.m.b.H. vor sich zu gehen pflegt, und die im Interesse der Befreiung unserer Wirtschaft vom Auslande dringend erforderlich ist, in Frage gestellt wird".[621] Darüber hinaus meint *Crisolli*, dass „eine Erhöhung des für die G.m.b.H. erforderlichen Stammkapitals nicht mit den Anschauungen des Nationalsozialismus vereinbar sein [dürfte], da damit praktisch das Privileg der Haftungsbeschränkung in einseitiger Weise dem Großkapital vorbehalten wird".[622] Damit allerdings dieses „Privileg auch bei einem nicht großen Stammkapital in Zukunft nicht mehr in schädlicher Weise ausgenutzt werden kann, wird am besten durch die in den allgemeinen Ausführungen in der Einleitung geforderten Einführung des Konzessionssystems gewährleistet".[623] Ergänzt werden müsste dieses Konzessionssystem um eine „gesetzliche Garantie des tatsächlichen Vorhandenseins des Stammkapitals".[624] Auf das „dringendste" sei somit im Rahmen einer „G.m.b.H.-Gesetzesreform" zu fordern, „daß sie eine eingehende Nachprüfung der Einbringung des Stammkapitals bei der Gründung [...] einführt".[625] Diese gesetzlich vorgesehene Prüfung könnte sich an das sich in diesem Punkt bewährte Aktienrecht anlehnen und würde dazu führen, dass das Ziel, „mit der bisherigen Rechtslage, nach der Einlagen fast völlig der

618 Ebd.
619 Ebd.
620 Ebd.
621 Ebd., S. 1168 f.
622 Ebd., S. 1169.
623 Ebd.; siehe auch bereits Fn. 613.
624 Ebd.
625 Ebd.

Nachprüfung entzogen sind, unter allen Umständen gebrochen werden muss", erreicht wird.[626] Dies sollte geschehen, da „die überkommene Rechtslage [...] in erster Linie eine der Hauptursachen für die vielen Fälle der Unsolidität und Unreellität bei den G.m.b.H." ist.[627]

Hinsichtlich der von *Crisolli* bezeichneten „Scheingründungen", worunter er „die Mantelgründung, die verschleierte Sachgründung, die Strohmännergründung zwecks Namenerwerbs und die Strohmännergründung zwecks Erlangung der Haftungsbeschränkung für ein einzelkaufmännisches Unternehmen (Einmanngesellschaft)" fasst, fordert er zur Bekämpfung der „Schiebungen", die Nichtigkeit dieser Erscheinungen.[628] „Die neue Rechtsanschauung", so *Crisolli*, fordere „doch dringendst eine klare gesetzliche Regelung, nach der in offenkundiger Weise mit den überkommenen Rechtsansichten in der Rechtsprechung gebrochen wird, damit den üblen Erscheinungen der Scheingründung ein Ende bereitet wird".[629] Einen konkreten Reformvorschlag unterbreitet *Crisolli* allerdings in diesem Zusammenhang nicht; er erklärt die „Scheingründungen" allerdings unter nationalsozialistischer Anschauung als nicht weiter akzeptabel.

(6) Gesetz über die Umwandlung von Kapitalgesellschaften vom 5. Juli 1934 sowie die „Zeichen der Zeit" während des Nationalsozialismus

Die zuvor dargestellte Kritik an der bestehenden Rechtslage betreffend die Gesellschaft mit beschränkter Haftung während der Zeit des Nationalsozialismus führte unter anderem dazu, dass in der amtlichen Erläuterung zum Gesetz über die Umwandlung von Kapitalgesellschaften vom 5. Juli 1934 die Absicht des nationalsozialistischen Gesetzgebers kundgetan wurde, dass „in geeigneten Fällen die Abkehr von anonymen Gesellschaftsformen zur Eigenverantwortung des Unternehmers" erleichtert werden solle.[630] Es war somit davon auszugehen, dass die nationalsozialistisch geprägte Rechtswissenschaft und Gesetzgebung langfristig eine Abschaffung der Gesellschaftsform der Gesellschaft mit beschränkter Haftung anstrebte. So schilderte bereits *Klausing* im Jahre 1935 die Forderung, wenn ein „ernsthafter Versuch einer effektiven Wiederherstellung des Prinzips

626 Ebd.; siehe bereits Fn. 609. f.
627 Ebd.; siehe bereits Fn. 608.
628 Ebd., S. 1169 f.
629 Ebd., S. 1170.
630 Gesetz über die Umwandlung von Kapitalgesellschaften vom 5. Juli 1934, RGBl. 1934 I, S. 569.

der unbeschränkten Haftung für sämtliche Unternehmen, ausgenommen solche Großbetriebe, für die wegen des KapUmfangs und der regelmäßig vorhandenen Zahl der Beteiligten lediglich die Form der AG in Betracht kommt", unternommen werden würde, dass man diesen mit dem „Verbot der GmbH" verbinden müsste.[631] Diese Feststellung unterstrich auch *Siegbert Lammel*, der rückblickend festhielt, dass „bis zum Beginn der Beratungen des Ausschusses für GmbH-Recht in der Akademie für Deutsches Recht im Juni 1937 [...] das Schicksal der GmbH auf des Messers Schneide" stand.[632] Der „Fortbestand dieser Gesellschaftsform" war, „angegriffen von Wirtschaftspolitik, Wirtschaftsrecht und Wirtschaftsgesetzgebung", „zumindest sehr fraglich geworden", so *Lammel*.[633] Gleichwohl gab es noch vereinzelte Zeichen, die darauf hindeuteten, dass die Gesellschaftsform der Gesellschaft mit beschränkter Haftung beibehalten werden würde. So äußerte der Staatssekretär im Reichsjustizministerium *Franz Schlegelberger* im Jahre 1935 in einem Vortrag vor der Industrie- und Handelskammer in Hamburg die Ansicht, dass „man der Wirtschaft alle Rechtsformen zur Verfügung stellen sollte, die rechtlich vertretbar sind und wirtschaftlich erforderlich sein können".[634] Hiermit sprach er sich somit auch für die Beibehaltung der Gesellschaft mit beschränkter Haftung aus.

(7) Beratungen des „Ausschusses für G.m.b.H.-Recht" in der Akademie für Deutsches Recht im Jahre 1937

Im Anschluss an die Aktienrechtsreform, die im Gesetz über Aktiengesellschaften und Kommanditgesellschaften auf Aktien (Aktiengesetz) vom 30. Januar 1937[635] mündete, wurde noch im selben Jahr vom Präsidenten der Akademie für Deutsches Recht, *Hans Frank*, ein „Ausschuss für G.m.b.H.-Recht" eingesetzt. Unter dem Vorsitz von *Friedrich Hermann Klausing* gehörten dem Ausschuss Vertreter aus Wirtschaft, Parteien, Ministerien und Wissenschaft an.[636] Gleichwohl war

631 *Klausing* in: Deutsche Juristen-Zeitung 1935, Sp. 1135–1141 (1139).

632 *Lammel* in: Zeitschrift für Neuere Rechtsgeschichte 1989, S. 148–167 (158).

633 Ebd.

634 *Schlegelberger*, Die Erneuerung des deutschen Aktienrechts, Vortrag, gehalten am 15. August 1935 vor der Industrie- und Handelskammer in Hamburg; so auch *Wilke* in: GmbHR 1936, Sp. 469–480 (474).

635 Gesetz über Aktiengesellschaften und Kommanditgesellschaften auf Aktien (Aktiengesetz) vom 30. Januar 1937, RGBl. 1937 I, S. 107.

636 *Schubert*, Akademie für Deutsches Recht 1933–1945, Protokolle der Ausschüsse, Ausschuß für G.m.b.H.-Recht, Einleitung S. XI; Kurzbiographien der einzelnen Mitglieder

die geringe Beteiligung der Wissenschaft, vertreten durch Professoren, auffällig; „das erste Protokoll führt als Mitglieder außer *Klausing* nur noch die Professoren *Großmann-Doerth* und *Heymann* auf".[637]

Mit der ersten Sitzung des Ausschusses am 8. Juni 1937 begannen die Verhandlungen, die nach dem Vorsitzenden des Ausschusses, *Klausing*, insbesondere dazu dienen sollten, „auch auf diesem Gebiet des Wirtschaftsrechts eine den Grundsätzen und Anschauungen der nationalsozialistischen Bewegung entsprechende dauerhafte Ordnung" zu schaffen.[638] Nach *Klausings* Worten in der Eröffnungsansprache im Rahmen der ersten Sitzung des Ausschusses, betrachtete er „es insbesondere nicht als [...] Aufgabe [des Ausschusses], etwa den Entwurf eines neuen Gesetzes über Gesellschaften mit beschränkter Haftung in all seinen Einzelheiten vorzulegen".[639] Der Ausschuss, so *Klausing*, „sei vielmehr der Meinung, daß wir [Anmerkung des Verfassers: Gemeint ist der ‚Ausschuss für G.m.b.H.-Recht' in der Akademie für Deutsches Recht] durch unsere Aussprachen und durch die Bereitstellung von Unterlagen den zuständigen Ministerien, insbesondere dem Reichsjustizministerium die ihm obliegende gesetzgebungspolitische Arbeit zu erleichtern, aber nicht die etwa notwendig werdenden gesetzlichen Maßnahmen als solche auszuarbeiten haben".[640] Nach sieben weiteren, meist zweitägigen Sitzungen, sowie einer Sondersitzung („Besprechung mit Vertretern von Familiengesellschaften" am 24. September 1937) wurden die Ausschussverhandlungen am 12. und 13. Januar 1939 in Weimar mit der achten Sitzung des Ausschusses beendet.

Im Rahmen der Eröffnungssitzung am 8. Juni 1937 in Frankfurt am Main „gab auch die Staatsführung ihre positive Einstellung zur GmbH bekannt".[641] Der Staatssekretär im Reichsjustizministerium *Franz Schlegelberger* äußerte im Rahmen seiner Ansprache zum ersten Tagesordnungspunkt, der die Frage

---

sind zu finden in *Schubert*, Akademie für Deutsches Recht 1933–1945, Protokolle der Ausschüsse, Ausschuß für G.m.b.H.-Recht, Einleitung S. XIV–XXVIII.

637 *Schubert*, Akademie für Deutsches Recht 1933–1945, Protokolle der Ausschüsse, Ausschuß für G.m.b.H.-Recht, Einleitung S. XI–XII.

638 *Schubert*, Akademie für Deutsches Recht 1933–1945, Protokolle der Ausschüsse, Ausschuß für G.m.b.H.-Recht, Bericht über die erste Sitzung des Ausschusses vom 8. und 9. Juni 1937 im Bürgersaal des Römers und in der Johann Wolfgang Goethe-Universität zu Frankfurt am Main, S. 3.

639 Ebd.

640 Ebd.

641 *Schubert*, Akademie für Deutsches Recht 1933–1945, Protokolle der Ausschüsse, Ausschuß für G.m.b.H.-Recht, Einleitung S. XII.

betraf, „ob wir eine GmbH. brauchen“ (*Klausing* nennt den ersten Punkt, zu dem Professor *Großmann-Doerth* ein Referat erstattet, „Die Notwendigkeit der GmbH.“), „dass er die Frage so verstanden wissen [möchte], weshalb wir eine GmbH. brauchen“.[642] Nach *Schlegelberger* könne es „nicht in Betracht kommen, 40 000 Gesellschaften mit beschränkter Haftung jetzt aus der deutschen Wirtschaft herauszunehmen, und gerade dann nicht, wenn diese Gesellschafts- und Wirtschaftsform für eine große Reihe von Versuchs- und Planungsgesellschaften besonders wichtig ist“.[643] Es sei daher „die große Aufgabe des Ausschusses, daß er mit allen Kräften dahin strebt, die Rechtsform so zu gestalten, wie es die Interessen unseres deutschen Vaterlandes verlangen“.[644] Bei der Bewältigung dieser Aufgabe „müssen die guten Erkenntnisse des Aktienrechts auf die GmbH. übertragen werden“ und zugleich sichergestellt werden, „daß die GmbH. ihre Eigenart [nicht] verliert“.[645] Grundsätzlich sei ferner zu beachten, dass „wir das Recht nicht so gestalten, daß nunmehr diejenigen, die sich dem Sozialwillen des Führers, der im Aktienrecht zum Ausdruck gekommen ist, entziehen wollen“, sich „in die GmbH. flüchten“.[646]

Auch der Präsident der Akademie für Deutsches Recht und Reichsminister *Hans Frank* fand Worte, die ein gleichlautendes Interesse zum Ausdruck brachten, indem er in seiner Begrüßungsansprache kundtat, „was wir im Endziel anstreben, ist die neue volkstümliche, wirtschaftsfördernde G.m.b.H.!“[647] *Frank* hoffte, dass er „dem Führer in absehbarer Zeit“ melden kann, „daß die Akademie für Deutsches Recht das weite Feld unserer Volksordnungen in hingebender

---

642 *Schubert*, Akademie für Deutsches Recht 1933–1945, Protokolle der Ausschüsse, Ausschuß für G.m.b.H.-Recht, Bericht über die erste Sitzung des Ausschusses vom 8. und 9. Juni 1937 im Bürgersaal des Römers und in der Johann Wolfgang Goethe-Universität zu Frankfurt am Main, S. 7 f.; so auch *Schlegelberger* in: Richtlinien der GmbH-Reform, Soziale Praxis 1938, S. 79–80.

643 *Schubert*, Akademie für Deutsches Recht 1933–1945, Protokolle der Ausschüsse, Ausschuß für G.m.b.H.-Recht, Bericht über die erste Sitzung des Ausschusses vom 8. und 9. Juni 1937 im Bürgersaal des Römers und in der Johann Wolfgang Goethe-Universität zu Frankfurt am Main, S. 7.

644 Ebd., S. 7 f.

645 Ebd., S. 8.

646 Ebd.; so auch *Schlegelberger* in: Richtlinien der GmbH-Reform, Soziale Praxis 1938, S. 79–80 (80).

647 *Schubert*, Akademie für Deutsches Recht 1933–1945, Protokolle der Ausschüsse, Ausschuß für G.m.b.H.-Recht, Bericht über die erste Sitzung des Ausschusses vom 8. und 9. Juni 1937 im Bürgersaal des Römers und in der Johann Wolfgang Goethe-Universität zu Frankfurt am Main, S. 7.

und folgerichtiger Arbeit, unter sorgfältiger Beobachtung der rechtstatsächlichen Gegebenheiten und aller praktischen Möglichkeiten untersucht, den übernommenen Bestand an Rechtsbegriffen und Institutionen kritisch gesichtet und Vorschläge für einen nationalsozialistischen Entwurf zu einem neuen GmbH.-Gesetz ausgearbeitet hat".[648] Die „Akademie für Deutsches Recht" vermag „ihrer höchsten Aufgabe zu dienen, das lebendige ‚Rechtsgewissen der Nation' zu sein", so *Frank*.[649]

(8) Erster Arbeitsbericht zur „Reform" der GmbH des *Friedrich Hermann Klausing* als Ergebnis des „Ausschusses für G.m.b.H.-Recht" der Akademie für Deutsches Recht

Der Ausschussvorsitzende *Klausing* veröffentlichte im Jahre 1938 einen ersten und im Jahre 1940 einen zweiten Arbeitsbericht „zur ‚Reform' der GmbH" jeweils unter dem Titel „Die Neuordnung der Gesellschaft mit beschränkter Haftung".[650] In die Arbeitsberichte sind die Beratungen aus den acht Sitzungen sowie einer Sondersitzung des „Ausschusses für G.m.b.H.-Recht" der Akademie für Deutsches Recht eingeflossen.[651]

Klausing erläutert im Vorwort des ersten Arbeitsberichtes „zur ‚Reform' der GmbH" aus dem Jahre 1938, dass dieser Bericht „eine erste, vorläufige Stellungnahme zu denjenigen Fragen, die in den Beratungen des Ausschusses bereits eingehender erörtert und zu einem gewissen Abschluß gebracht werden konnten", darstellt.[652] Die Frage, ob die Gesellschaft mit beschränkter Haftung abzuschaffen sei, wie vor dem Beginn der Arbeitsaufnahme durch den „Ausschuss für G.m.b.H.-Recht" der Akademie für Deutsches Recht von einzelnen gefordert, wird zugleich beantwortet, indem innerhalb des ersten Kapitels ein Unterkapitel mit folgendem Titel eingefügt wurde: „Ziel der Reform: Die neue ‚volkstümliche'

---

648 Ebd.

649 Ebd.

650 *Klausing*, Die Neuordnung der Gesellschaft mit beschränkter Haftung, Erster Arbeitsbericht zur „Reform" der GmbH, 1938 und *Klausing*, Die Neuordnung der Gesellschaft mit beschränkter Haftung, 2. Arbeitsbericht des „Ausschusses für Gesellschaften mit beschränkter Haftung" der Akademie für Deutsches Recht, 1940.

651 Die einzelnen Protokolle der Sitzungen sind zu finden bei *Schubert*, Akademie für Deutsches Recht 1933–1945, Protokolle der Ausschüsse, Ausschuß für G.m.b.H.-Recht.

652 *Klausing*, Die Neuordnung der Gesellschaft mit beschränkter Haftung, Erster Arbeitsbericht zur „Reform" der GmbH, 1938, Vorwort; siehe zu dem ersten Arbeitsbericht auch *Gessler* in: Die Reform des Rechts der Gesellschaft mit beschränkter Haftung, Soziale Praxis 1938, S. 329–336.

und ‚wirtschaftsfördernde' GmbH.; durchgreifende, aber besonnene ‚Reform' im Sinne einer möglichst einfachen und klaren Gestaltung der GmbH und ihrer rechtlichen Ordnung".[653] Daher erklärt *Klausing*, dass sich „der Ausschuß [...] nach sorgfältiger Prüfung aller für und wider die GmbH sprechenden Gründe zu der Ueberzeugung gelangt [ist], daß sie sich im ganzen als volkswirtschaftlich unentbehrlich erwiesen hat".[654] Diese Ansicht bekräftigt *Klausing*, in dem er sagt, dass „mit ihrer Abschaffung [...] auf die Dauer gar nichts gewonnen [wäre] – ganz zu schweigen von der empfindlichen Lücke, die sich hieraus für die organisatorischen Bedürfnisse der Wirtschaft ergeben müßten".[655] Gleichzeitig „bekennt sich [der Ausschuss] andererseits nachdrücklich zu einer durchgreifenden, aber besonnenen Neuordnung der GmbH."[656] Die nationalsozialistische Prägung einer Reform unterstreicht *Klausing* dadurch, dass er bekräftigt, dass die Gesellschaft mit beschränkter Haftung „im guten Sinne ‚volkstümlich' werden soll".[657]

Im Hinblick auf das Gründungsrecht kann man die Auffassung, dass ein Ausfluss der „gesunde[n] Volksanschauung", die „möglichst wirksam zu gestaltende rechtliche und moralische Verantwortlichkeit derjenigen, die ein Unternehmen dieser Art leiten oder als gesellschaftlich Beteiligte ihren Einfluß auf die Geschäftsführung zu eigensüchtigen Zwecken mißbrauchen", sei, dahingehend verstehen, dass „bei der Neuordnung der GmbH." „eine befriedigende Lösung" im Gründungsrecht gesucht werden könnte.[658] Eine Regelung hinsichtlich der Personen der Geschäftsführer und Gesellschafter, die Einfluss auf die Geschäftsführung nehmen können, wird bereits das Gründungsstadium einer Gesellschaft mit beschränkter Haftung betreffen.

„Gegen Sach- und Nachgründungen" sollten nicht nur „die typischen Sicherungen des Aktienrechts [...] mehr oder weniger mechanisch" übernommen werden.[659] „Die künftige Ordnung" der Gesellschaften mit beschränkter Haftung „wird sich [...] wesentlich deutlicher, als dies bisher der Fall war, vom aktienrechtlichen Vorbild abheben müssen".[660] Um das Ziel, eine solide Kapitalgrundlage

---

653 *Klausing*, Die Neuordnung der Gesellschaft mit beschränkter Haftung, Erster Arbeitsbericht zur „Reform" der GmbH, 1938, Inhaltsübersicht.

654 Ebd., S. 12.

655 Ebd., S. 16.

656 Ebd., S. 12.

657 Ebd., S. 13.

658 Ebd., S. 21.

659 Ebd., S. 22.

660 Ebd.

der Gesellschaften mit beschränkter Haftung zu erreichen, sollen „alle Gesellschafter […] gesamtschuldnerisch für die tatsächliche Aufbringung des Bar- und Sachkapitals" haften.[661] Diese Haftung soll allerdings „nach Ablauf einer gewissen Zeit seit Eintragung der Gesellschaft oder Entstehung des haftungsbegründenden Tatbestandes" der Verjährung unterliegen.[662] Eine solche Haftung würde unter anderem dazu führen, dass „man die Beteiligten auch tatsächlich dazu bringen [wird], schon bei der Gründung […] auf Vertrauenswürdigkeit zu achten", in dem „man […] sich den Partner genau ansehen [soll], mit dem man eine GmbH. gründet".[663] Auf diesem Wege wird den Gläubigern „auf eine einfache, aber wirksame Weise gedient".[664] Konkret soll dies dazu führen, dass „die gegenwärtige Regelung", die „mit ihrer „subsidiären Pro-rata"-Haftung der Mitgesellschafter für die Erfüllung der Bareinlageverpflichtung […] auf halbem Wege stehen geblieben" ist, durch eine vollumfängliche Haftung aller Gesellschafter für die Bar- und Sacheinlagenverpflichtung ersetzt wird.[665] Gleichwohl bedarf es nach *Klausing* keiner Regelung, die „einzelnen Gläubigern ein unmittelbares Zugriffsrecht auf das Privatvermögen der Gesellschafter" gibt.[666] Eine „interne Deckungs- und Erstattungspflicht der Mitgesellschafter" solle genügen.[667] Verbunden werden soll die (Neu-)Regelung der Haftung für den Fall der „Nichterfüllung der Sachleistungspflicht […], genau so wie bei Bargründungen", mit der „Möglichkeit eines Ausschlusses des säumigen Gesellschafters mit Verfall der bereits erfolgten Leistungen (Kaduzierung)".[668] Hinsichtlich der „Vollwertigkeit von Sachleistungen" wird sich dafür ausgesprochen, dass „in dieser Hinsicht eine Risikohaftung nicht in Betracht" kommt, gleichwohl aber „sämtliche Gesellschafter dafür haften, daß bei Sacheinlagen oder Sachübernahmen die im Gesellschaftsvertrag anzugebenden Wertansätze auf sorgfältiger und sachkundiger Schätzung beruhen und namentlich auch im Hinblick auf die Eignung der Gegenstände für dieses Unternehmen verantwortet werden konnten".[669]

In Bezug auf „die Einführung einer Pflichtprüfung durch amtlich anerkannte Einzelprüfer oder Prüfungsgesellschaften für Sach- und, was folgerichtig sein

661 Ebd., S. 23.
662 Ebd., S. 23 Fn. 7.
663 Ebd., S. 24.
664 Ebd.
665 Ebd.
666 Ebd.
667 Ebd.
668 Ebd.
669 Ebd., S. 24 f.

würde, auch für Nachgründungen [...], weil die Verschärfung der Haftung möglicherweise nicht ausreiche, um die Gläubiger gegen unredliche oder leichtfertige Gründer hinreichend zu schützen", wurde im ersten Arbeitsbericht noch nicht final Stellung bezogen.[670] Nach *Klausing* sprechen gegen eine solche „Pflichtprüfung" insbesondere „die vornehmlich für kleinere Betriebe immerhin ins Gewicht fallende Erhöhung der Gründungskosten".[671] Daher könnte sich „das angestrebte Ziel [...] vielleicht einfacher dadurch erreichen lassen, daß dem Registerrichter, ähnlich wie im neuen Aktiengesetz [...], ein allgemeines Prüfungsrecht gegeben wird".[672] In diesem Fall könnte der Registerrichter „bei Gründungen, die ungesetzlich oder sonst, insbesondere auch in der Bewertung von Sacheinlagen usw., offensichtlich verdächtig erscheinen, die Eintragung einstweilen aussetzen und sie, wenn die Gesellschaft nicht für Aufklärung oder Abhilfe sorgt, endgültig ablehnen".[673] Im praktischen Ergebnis, so *Klausing*, „dürften die Unterschiede zwischen einem gesetzlichen Prüfungszwang und der letztgenannten Lösung [Anmerkung des Verfassers: Gemeint ist ein umfassendes Prüfungsrecht des Registerrichters] nicht sehr erheblich sein, weil die Gesellschafter, vor allem auch im Hinblick auf eine spätere Veräußerung ihrer Anteile, ohnedies bereit sein werden, die Gründung „freiwillig" prüfen zu lassen, um sich auf diese Weise von ihrer Verantwortung für eine angemessene Bewertung zu entlasten".[674] Zu beachten sei die Folge, die eine „obligatorische Gründungsprüfung" mit sich bringen könnte, nämlich die Gesellschaft mit beschränkter Haftung „im Endergebnis doch wiederum zu demjenigen zu machen, was sie bisher weitgehend gewesen ist, eine ‚kleine' Aktiengesellschaft".[675] Ferner würde man „trotz aller Bemühungen um Vereinfachung [...] wohl oder übel nahezu die gesamten aktienrechtlichen Sicherungen übernehmen müssen und hierdurch möglicherweise den Gedanken einer in erster Linie auf die persönliche Verantwortlichkeit der Geschäftsführer und Gesellschafter gegründeten (wenngleich für die Gesellschafter, soweit sie nicht gleichzeitig Geschäftsführer sind, beschränkten) Haftung aller Beteiligten für Gesetzmäßigkeit und Solidität der Gründung in unerwünschter Weise abschwächen".[676]

---

670 Ebd., S. 25.
671 Ebd.
672 Ebd.
673 Ebd.
674 Ebd., S. 25 f.
675 Ebd., S. 26.
676 Ebd.

An der „Mindesteinzahlung von ¼ auf jeden Geschäftsanteil [Anmerkung des Verfassers: Siehe hierzu die zu diesem Zeitpunkt geltende Regelung des § 7 Abs. 2 Gesetz betreffend die Gesellschaften mit beschränkter Haftung]", so *Klausing*, „sollte festgehalten werden, ebenso an dem Mindestbetrag von 500 RM [Anmerkung des Verfassers: Siehe hierzu die zu diesem Zeitpunkt geltende Regelung des § 5 Abs. 1 Hs. 2 Gesetz betreffend die Gesellschaften mit beschränkter Haftung] – vereinzelt werden 1 000 RM als tragbar angesehen – für den Geschäftsanteil".[677] Gleichwohl sei „statt der bisher vorgeschriebenen Mindesteinzahlung von 250 RM [Anmerkung des Verfassers: Auf jede übernommene Stammeinlage, siehe hierzu die zu diesem Zeitpunkt geltende Regelung des § 7 Abs. 2 Gesetz betreffend die Gesellschaften mit beschränkter Haftung] eine solche von 500 RM zu fordern".[678] Dies würde nach *Klausing*, richtigerweise, dazu führen, dass „die kleinsten Anteile […] somit stets voll einbezahlt werden" müssten.[679] Die „Beibehaltung der 25%igen Mindesteinzahlung für Bareinlagen" würde es nach dem Ausschuss erleichtern, „schon bei der Gründung ein höheres Stammkapital festzulegen und hierdurch von vornherein Vorsorge für künftigen Kapitalbedarf zu treffen".[680] Hinsichtlich der, so *Klausing*, „auch wiederholt in der Öffentlichkeit angeregte[n] Heraufsetzung des gesetzlichen Mindestbetrages für das Stammkapital", sei festzustellen, dass „eine Erhöhung der gesetzlichen Mindestgrenze auf 40 000 oder 50 000 RM für einen erheblichen Teil dieser Unternehmen [Anmerkung des Verfassers: *Klausing* stellt fest, dass „wohl mehr als 60% der vorhandenen Gesellschaften nur ein Stammkapital von 20 000 Reichsmark haben"] eine starke Belastung bedeuten und Neugründungen in zahlreichen Fällen erschweren oder unmöglich machen" würde.[681] Gleichzeitig stellt der Ausschuss fest, dass „Wirtschaftspraktiker aus den Kreisen des gewerblichen Mittelstandes, die über langjährige eigene Erfahrungen im Kredit- und sonstigen Geschäftsverkehr mit kleineren Gesellschaften verfügen", davon ausgehen, dass „ein Mindestkapital von 50 000 RM nicht nur […] tragbar, sondern sogar […] dringend erwünscht" ist.[682] Diese Ansicht stützt sich darauf, dass bei kleineren Gesellschaften die vorhandene Kapitalausstattung bereits zeitnah nach der Gründung eingesetzt werden muss.[683] Ferner setzt „der organisatorische

677 Ebd.
678 Ebd.
679 Ebd.
680 Ebd., S. 27.
681 Ebd.
682 Ebd., S. 28.
683 Ebd.

Apparat, der mit der Gründung einer GmbH. notwendig verbunden ist, [...] eine immerhin annehmbare Vermögensgrundlage voraus".[684] Aus diesen Gründen spreche viel dafür, „die Errichtung einer GmbH. regelmäßig nur den Inhabern solcher Betriebe zu ermöglichen, die auf Grund eigener Tüchtigkeit oder als Erben usw. ein Unternehmen erworben haben oder errichten können, dessen rechtliche Verselbständigung volkswirtschaftlich sinnvoll erscheine".[685] Flankierend weist *Klausing* darauf hin, „daß die Möglichkeit, bereits mit einem Einsatz von Vermögenswerten im Betrag von nur 20 000 RM eine GmbH. ins Leben zu rufen, einen wenig erfreulichen Anreiz bieten kann, mehrere Gesellschaften zu gründen und auf diesem Wege konzernartige Gebilde, Verschachtelungen usw. auch dort zu schaffen, wo anzuerkennende wirtschaftliche Bedürfnisse hierfür nicht gegeben sind".[686] Die bloße „Vielzahl von Gesellschaften m. b. H., deren Anteile in den Händen der gleichen Personen liegen" dürfte, „selbst wenn man typisch ‚schieberhafte' Fälle beiseite lässt", „im Bereich von Klein- und Mittelbetrieben eine beträchtliche Gefahr von Mißbräuchen und Verschleierungen mit sich bringen".[687] Deshalb stellt *Klausing* klar, dass es sich hierbei „nicht um eine irgendwie kapitalistische Grundeinstellung" handelt, „sondern lediglich darum, nicht nur leichtfertige, sondern auch solche Persönlichkeiten, die trotz guter Absichten und anständiger Gesinnung die Aussichten des von ihnen betriebenen oder geplanten Unternehmens nicht genügend übersehen vermögen, in ihrem eigenen Interesse vor übereilten Gründungen auf einer zu schmalen wirtschaftlichen Basis zu bewahren".[688]

Im Ergebnis spricht sich der Ausschuss dafür aus, „in der Frage des Mindestkapitals die Vor- und Nachteile einer Aenderung des gegenwärtigen Rechtszustandes mit aller Sorgfalt gegeneinander" abzuwägen, „damit auch in dieser Hinsicht eine Regelung gefunden werde, die einer volkswirtschaftlich unerwünschten Verwendung der GmbH. tunlichst vorbeugt".[689]

Mit Blick auf die entgegengesetzte Richtung, „die gesetzliche Festlegung eines Höchstkapitals für die GmbH.", stellt *Klausing* fest, dass diese „nicht für zweckdienlich oder gar notwendig erachtet" wird.[690] Eine solche Festlegung, „nur

684 Ebd.
685 Ebd., S. 28 f.
686 Ebd., S. 29.
687 Ebd.
688 Ebd.
689 Ebd., S. 30.
690 Ebd.

Gründungen bis zu einem Stammkapital von 500 000 RM (d.h. bis zum Mindestbetrag für die Neuerrichtung einer Aktiengesellschaft)" zuzulassen, würde „die Bedürfnisse der Wirtschaft verkennen und gleichzeitig die GmbH. wiederum in die Richtung der kleinen Aktiengesellschaft drängen".[691]

Im Rahmen der Diskussion „über die Reformbedürftigkeit der GmbH. ist immer wieder geltend gemacht worden, daß diese Gesellschaft außerordentlich häufig eine Verwendung gefunden habe, für die sie nach ihrer gesamten kapitalmäßigen und sonstigen Struktur in keiner Weise geeignet erscheine", so *Klausing*.[692] Diese im Rahmen der Diskussionen aufgekommene Problematik hat den Hintergrund, dass § 1 Gesetz betreffend die Gesellschaft mit beschränkter Haftung bestimmt, dass „Gesellschaften mit beschränkter Haftung [...] nach Maßgabe der Bestimmungen dieses Gesetztes zu jedem gesetzlich zulässigen Zweck errichtet werden" können. Dies führt nach dem Ausschuss dazu, „daß man sich bisher der GmbH. für Unternehmen der allerverschiedensten Art bedienen konnte, darunter begreiflicherweise auch solchen, die bald in dieser, bald in jener Beziehung starke Bedenken erwecken mußten".[693] Daher wurde in der geführten Diskussion die „Einführung eines allgemeinen oder beschränkten Konzessionszwanges oder wenigstens – unter Aenderung des § 1 GmbHG. – eine gesetzliche Festlegung der Zwecke oder Tatbestandsgruppen, in denen die Errichtung einer GmbH. erlaubt oder umgekehrt verboten sein soll", gefordert.[694]

Gegen die Einführung solcher Beschränkungen der Zugänglichkeit zu der Gesellschaftsform der Gesellschaft mit beschränkter Haftung spricht, so *Klausing*, der Fakt, dass sich solche „Präventivmaßnahmen [...] auf eine bestimmte Rechtsform" beziehen und daher „in ihrer praktischen Anwendung weitgehend ‚Formal'-Behelfe bleiben" müssten.[695] Gleichzeitig würden sich solche „Formal"-Behelfe schwer damit tun, „die bedenklichen Fälle [...] von der schon früher großen und in Zukunft voraussichtlich weitaus überwiegenden Zahl derjenigen Fälle [zu] unterscheiden, in denen die Gesellschaft betriebswirtschaftlich einwandfrei gehandhabt wird und volkswirtschaftlich notwendig und vernünftig ist".[696] Daher würde Reglementierung, die „nicht ohne mancherlei Ausnahmen und Unterausnahmen" auskommen würde, „ganz im Widerspruch zu dem

691 Ebd.
692 Ebd., S. 34.
693 Ebd.
694 Ebd., S. 34 f.
695 Ebd., S. 35.
696 Ebd.

gerade für die Neuordnung der GmbH. unerläßlichen Postulat nach Klarheit und Einfachheit der gesetzlichen Regelung[en]" stehen.[697] Ferner dürfte man, so *Klausing*, nicht „bei einer Konzessionierung der Gründung und etwaiger Satzungsänderungen […] halt machen, sondern müßte auch das von der Gesellschaft betriebene Unternehmen in seiner konkreten Zweckbestimmung und seiner tatsächlichen Gestaltung und Führung einer laufenden Kontrolle unterwerfen".[698] Bei der Frage der Notwendigkeit der Einführung eines „Konzessionszwanges" stoße man daher auf „das allgemeine Problem des Verhältnisses von ‚Politik und Wirtschaft'".[699] Nachdem „für zahlreiche Wirtschaftszweige" bereits „im Rahmen der allgemeinen Lenkung der Wirtschaft und ihrer Ausrichtung nach gesamtwirtschaftlichen Notwendigkeiten, u.a. auch Neuerrichtung und Betrieb von einzelnen Unternehmen ohnedies unter eine öffentliche Regelung gestellt worden" ist (so zum Beispiel bei „Hypothekenbanken, Schiffspfandbriefbanken und die der Staatsaufsicht unterliegenden Versicherungsunternehmen"), spricht sich der Ausschuss dafür aus, „in aller Regel nicht mehr besondere Maßnahmen für bestimmte Organisationsformen" zu fordern.[700] Nachdem auch im Rahmen der Aktienrechtsreform für die Aktiengesellschaft kein „Konzessionszwang" eingeführt wurde, gibt es nach Ansicht des Ausschusses „keinen Anlaß, bei dieser Rechtsform [Anmerkung des Verfassers: Gemeint ist die Gesellschaft mit beschränkter Haftung] insoweit nach anderen Grundsätzen zu verfahren als bei Aktiengesellschaften und allen übrigen Handelsgesellschaften".[701]

Trotz grundsätzlicher Ablehnung der Einführung eines „Konzessionszwanges", ist der Ausschuss offen für die Einführung eines Ausschlusstatbestandes. *Klausing* meint, dass „im Hinblick auf besonders schlechte Erfahrungen, die man in der Vergangenheit mit der GmbH. auf gewissen Gebieten gemacht hat", zu bedenken wäre, „im neuen GmbH.-Gesetz wenigstens einige typische Fälle oder Verwendungsmöglichkeiten festzulegen, in denen die Beteiligten diese Organisationsform nicht oder nur unter bestimmten Bedingungen wählen dürfen".[702] Als Beispiel „aus dem Kreis der viel kritisierten Grundstücksgesellschaften" wird die „Miethaus-GmbH.", die unter anderem wegen des Ausschlusses „der persönlichen Haftung für die hypothekarischen Belastungen" gewählt

697 Ebd.
698 Ebd.
699 Ebd.
700 Ebd., S. 35 f.
701 Ebd.
702 Ebd., S. 37.

wurde, angeführt.[703] Gleichwohl spricht sich *Klausing* im Ergebnis – in Anlehnung an das zuvor Gesagte zum „Konzessionszwang" – dafür aus, dass „soweit sich etwa für ein bestimmtes Lebensgebiet – z.B. für das Grundstückswesen – ein zwingendes Bedürfnis ergibt, die GmbH. und andere Gesellschaften, ähnlich wie bei Hypothekenbanken, Versicherungsunternehmen, Zeitungsbetrieben usw., auszuschließen, werden Gesetzgebung und Verwaltung die erforderlichen Maßnahmen jeweils in diesen Bereichen zu treffen haben".[704] Aus diesen Ausführungen ist zu entnehmen, dass der Ausschuss die Gründungsmöglichkeit einer Gesellschaft mit beschränkter Haftung zum bis dato jeglichem (gesetzlich zulässigen) Zweck im Gesetz betreffend die Gesellschaften mit beschränkter Haftung beibehalten möchte. Sollte der Gesetzgeber für einzelne Gebiete des Wirtschaftslebens den Zugang zur Gesellschaft mit beschränkter Haftung verwehren wollen, so sollte dies in den jeweiligen (Spezial-)Gesetzen erfolgen.

Mit Bezug zum Gründungsrecht der Gesellschaft mit beschränkter Haftung zeigte der Ausschuss ferner auf, dass er sich gegen die Einführung einer Regelung über eine „Höchstzahl von Gesellschaftern" ausspricht.[705] Auch wenn solche Regelungen teilweise in ausländischen Gesetzen betreffend die Gesellschaften mit beschränkter Haftung eingeführt worden sind, so sieht *Klausing*, auch wenn man Gesellschaften mit beschränkter Haftung mit einer Vielzahl von Gesellschaftern als „atypisch" beschreiben möchte und die Aktiengesellschaft bzw. eine Erwerbs- oder Wirtschaftsgenossenschaft „als geeignetere Form" ansehen mag, keinen Reform- bzw. Handlungsbedarf.[706]

Mit Blick auf das Gründungsrecht zeigt *Klausing* zusammenfassend auf, dass er der Ansicht ist, dass „die GmbH. […] auch künftighin allen Unternehmen offenstehen [muss], deren Inhaber kapitalmäßig und in anderer Hinsicht in der Lage und bereit sind, den gesetzlichen Anforderungen an Gründung und Geschäftsführung einer derartigen Gesellschaft zu entsprechen".[707] In seiner Schlussbetrachtung betont *Klausing* die Wichtigkeit, der Gesellschaft mit beschränkter Haftung durch die Reformarbeiten das „Makel" zu nehmen, welches durch das ihr bisher entgegengebrachte „Mißtrauen" entstanden ist.[708] Hierzu betont *Klausing*, dass es neben der Gesetzesreform wesentlich darauf ankommt, dass sich die

703 Ebd.
704 Ebd., S. 38 f.
705 Ebd., S. 39.
706 Ebd.
707 Ebd., S. 39 f.
708 Ebd., S. 46.

„Gesellschafter und Geschäftsführer einer GmbH. [...] fortan, auch unabhängig vom gesetzlichen Befehl, einer Geschäftsgebarung befleißigen werden, die dem Sozialwillen der Nation und den Grundsätzen einer dem „Gemeinen Wesen" wahrhaft „verpflichteten" Wirtschaftsführung entspricht.[709]

(9) Referentenentwurf des Reichsjustizministeriums aus dem Jahre 1939

Im Jahre 1937, in dem auch der „Ausschuss für G.m.b.H.-Recht" der Akademie für Deutsches Recht eingesetzt und die Aktienrechtsreform abgeschlossen wurde, wurden die Arbeiten an einer Reform des Gesetzes betreffend die Gesellschaften mit beschränkter Haftung im Reichsjustizministerium begonnen.[710] Die im Reichsjustizministerium aufgenommen Reformarbeiten ließen sich insbesondere von den Verhandlungen des „Ausschuss für G.m.b.H.-Recht" der Akademie für Deutsches Recht inspirieren. So wurde in den Entwurf einer amtlichen Begründung des Referentenentwurfes aus dem Jahre 1939 aufgenommen, dass dieser „das Material und die Anregungen, die der GmbH-Ausschuß der Akademie für Deutsches Recht in acht Arbeitssitzungen zur Verfügung gestellt und beigetragen hat", benutzt.[711] Hinzu kommt, dass der Leiter der wirtschaftsrechtlichen Abteilung im Reichsjustizministerium (Abteilung V für Handels-, Verkehrs- und Völkerrecht), der spätere Ministerialdirektor *Leo Quassowksi*, sowie sein Mitarbeiter, der hessische Oberlandesgerichtsrat und spätere Ministerialrat *Wilhelm Friedrich*, an den Verhandlungen teilnahmen.[712] Im Juli 1939 wurde der „Entwurf eines Gesetzes über die Gesellschaften mit beschränkter Haftung"[713] fertiggestellt und mit Datum des 5. August 1939 vom Reichsjustizministerium an Reichsministerien und andere Dienststellen zur Stellungnahme

---

709 Ebd., S. 47.

710 *Schubert*, Entwurf des Reichsjustizministeriums zu einem Gesetz über Gesellschaften mit beschränkter Haftung von 1939, 1985, S. 86 f.

711 Siehe Entwurf einer amtlichen Begründung zu dem Entwurf eines Gesetzes über die Gesellschaften mit beschränkter Haftung bei *Schubert*, Entwurf des Reichsjustizministeriums zu einem Gesetz über Gesellschaften mit beschränkter Haftung von 1939, 1985, S. 148.

712 Siehe hierzu die Kurzbiographien der einzelnen Mitglieder in *Schubert*, Akademie für Deutsches Recht 1933–1945, Protokolle der Ausschüsse, Ausschuß für G.m.b.H.-Recht, Einleitung, S. XVII u. XXIII.

713 Der vollständige Entwurf ist abgedruckt bei *Schubert*, Entwurf des Reichsjustizministeriums zu einem Gesetz über Gesellschaften mit beschränkter Haftung von 1939, 1985, S. 94–146; nachfolgend auch bezeichnet als „Entwurf des Reichsjustizministeriums".

übersandt.[714] Als Verfasser des Entwurfes des Reichsjustizministeriums wurde der am 1. April 1939 zum Ministerialrat ernannte *Wilhelm Friedrich* angegeben, dessen Dienstvorgesetzter der am 1. April 1939 zum Ministerialdirektor ernannte *Leo Quassowksi* war.[715] Der Entwurf einer amtlichen Begründung zum Entwurf des Reichsjustizministeriums stammt aus der Feder von dem Ministerialbeamten aus dem Reichsjustizministerium *Ulrich Meyer-Cording*, da *Friedrich* bereits „vor Kriegsbeginn zu Wehrübungen eingezogen worden war".[716]

a) Grundsätzliches zum Entwurf des Reichsjustizministeriums

Im Entwurf einer amtlichen Begründung zum Entwurf des Reichsjustizministeriums wird darauf hingewiesen, dass die Gesellschaft mit beschränkter Haftung ein „Mittelding zwischen der Aktiengesellschaft und den Personengesellschaften" sei und auch in Zukunft die „zwischen der Aktiengesellschaft und den Personenhandelsgesellschaften bestehende Lücke" ausfüllen solle.[717] Um diese „Lücke" auch weiterhin ausfüllen zu können, und um aufgetretene Missstände zu beseitigen, bedürfe sie allerdings einer „tiefgreifenden Umgestaltung".[718] Zusammenfassend besagt der Entwurf einer amtlichen Begründung daher: „Diese Lücke zu schließen und das Gesetz als Ganzes wie im einzelnen an die rechts- und wirtschaftspolitischen Auffassungen der neuen Zeit anzupassen, hat sich der Entwurf zur Aufgabe gesetzt".[719] Der in 12 Teile aufgegliederte Entwurf des Reichsjustizministeriums, bestehend aus insgesamt 186 Paragraphen, nahm sich insbesondere das (reformierte) Aktiengesetz aus dem Jahre 1937 als Vorbild, welches bereits durch die Aktienrechtsreform an die „rechts- und wirtschaftspolitischen Forderungen der neuen Zeit" angeglichen wurde.[720] Gleichzeitig versuche der

---

714 *Schubert*, Entwurf des Reichsjustizministeriums zu einem Gesetz über Gesellschaften mit beschränkter Haftung von 1939, 1985, S. 84 ff.; *Stupp*, GmbH-Recht im Nationalsozialismus, 2002, S. 302.

715 Ebd.

716 *Schubert*, Entwurf des Reichsjustizministeriums zu einem Gesetz über Gesellschaften mit beschränkter Haftung von 1939, 1985, S. 85; *Stupp*, GmbH-Recht im Nationalsozialismus, 2002, S. 302.

717 Siehe Entwurf einer amtlichen Begründung zu dem Entwurf eines Gesetzes über die Gesellschaften mit beschränkter Haftung bei *Schubert*, Entwurf des Reichsjustizministeriums zu einem Gesetz über Gesellschaften mit beschränkter Haftung von 1939, 1985, S. 147 f.

718 Ebd., S. 148.

719 Ebd.

720 Ebd.

Entwurf des Reichsjustizministeriums, „in den die inneren Verhältnisse der Gesellschaft regelnden Vorschriften die Züge der Personengesellschaft stärker herauszuarbeiten“.[721] Nachdem „die Übernahme aktienrechtlicher Regelungen im Entwurf [...] nicht gegen eine Annäherung der GmbH an das Recht der Personengesellschaften“ spricht, kann „die Grundkonzeption des Entwurfs also dahingehend beschrieben werden, daß unter Beibehaltung der äußeren Merkmale der Kapitalgesellschaft das Innenleben der GmbH an die Personengesellschaft angenähert werden sollte“.[722]

b) Das Gründungsrecht im Entwurf des Reichsjustizministeriums

Mit Blick auf das Gründungsrecht spricht sich der Entwurf einer amtlichen Begründung zum Entwurf des Reichsjustizministeriums dafür aus, dass im rechts- und wirtschaftspolitischen Gegenzug zur Gewährung der beschränkten Haftung, „die Beteiligten dem Unternehmen bestimmte Mittel widmen und die Gewähr dafür besteht, daß das dem Betrieb gewidmete Vermögen – bei der Gesellschaft mit beschränkter Haftung das Stammkapital – auch wirklich aufgebracht wird“.[723] Dies gilt insbesondere, da nach dem Entwurf einer amtlichen Begründung und „einhelliger Meinung“, „das derzeitige Gesetz trotz der in ihm vorgesehenen Gesamthaftung aller Gesellschafter für die Stammeinlagen [...] keine ausreichende Sicherung der Kapitalgrundlage“ gewährleistet.[724] Den hieraus resultierenden „Lücken“, die insbesondere den Gläubigerschutz beeinträchtigen, musste deshalb bei dieser „Erneuerungsarbeit mit besonderem Nachdruck“ und „durch eine Reihe zum Teil einschneidender Neuerungen“ begegnet werden.[725]

Nachfolgend werden einzelne, dem Gründungsrecht zuzuordnende, Regelungen des Entwurfs des Reichsjustizministeriums aus dem Jahre 1939 untersucht. Hierbei sollen insbesondere Unterschiede zu dem bis zur Veröffentlichung des Entwurfes des Reichsjustizministeriums bestehenden Gesetz betreffend die

721 Ebd., S. 149.

722 *Stupp*, GmbH-Recht im Nationalsozialismus, 2002, S. 303.

723 Entwurf einer amtlichen Begründung zu dem Entwurf eines Gesetzes über die Gesellschaften mit beschränkter Haftung bei *Schubert*, Entwurf des Reichsjustizministeriums zu einem Gesetz über Gesellschaften mit beschränkter Haftung von 1939, 1985, S. 149.

724 Ebd.

725 Ebd.

Gesellschaften mit beschränkter Haftung im Hinblick auf das Gründungsrecht aufgezeigt werden.

Gegenstand / Zweck des Unternehmens einer Gesellschaft mit beschränkter Haftung

In den allgemeinen Vorschriften (Erster Teil (§§ 1 bis 6)) sieht der Entwurf des Reichsjustizministeriums in § 3 Abs. 2 eine (negativ abgegrenzte) Abkehr vom bisherigen § 1 Gesetz betreffend die Gesellschaften mit beschränkter Haftung vor. Im Grundsatz darf eine Gesellschaft mit beschränkter Haftung auch nach dem Entwurf des Reichsjustizministeriums zu jedem gesetzlich zulässigen Zweck gegründet werden. Nach § 3 Abs. 2 S. 1 des Entwurfes des Reichsjustizministeriums darf allerdings „alleiniger oder überwiegender Gegenstand des Unternehmens […] nicht sein die Verwaltung und Nutzung eigener bebauter Grundstücke". Eine Ausnahme kann nach § 3 Abs. 2 S. 2 Entwurf des Reichsjustizministeriums nur „der Reichsminister der Justiz […] im Einvernehmen mit den beteiligten Reichsministern zulassen". Diese Abkehr von der weiten Regelung des § 1 Gesetz betreffend die Gesellschaften mit beschränkter Haftung, nach der eine Gesellschaft mit beschränkter Haftung zu jedem gesetzlich zulässigen Zweck errichtet werden darf, soll insbesondere die sog. „Grundstücksgesellschaften" verhindern, die bereits Gegenstand der Untersuchung und Diskussion im Vorfeld des Entwurfes waren.[726]

Form für den Abschluss des Gesellschaftsvertrages

Hinsichtlich der Formvorschrift betreffend den Abschluss des Gesellschaftsvertrages wurde keine Änderung der zu diesem Zeitpunkt geltenden Rechtslage im Entwurf des Reichsjustizministeriums vorgesehen. Weiterhin sollte die gerichtliche oder notarielle Beurkundung zum Abschluss des Gesellschaftsvertrages zur Gründung einer Gesellschaft mit beschränkter Haftung notwendig sein, vgl. § 7 Abs. 1 S. 1 Entwurf des Reichsjustizministeriums und § 2 Abs. 1 S. 1 Gesetz betreffend die Gesellschaften mit beschränkter Haftung. Das Auslassen

726 Siehe bereits oben 3. Kapitel (II. Reformdebatte vor und während des Nationalsozialismus und Referentenentwurf des Reichsjustizministeriums aus dem Jahre 1939, 3. Ideologische Kritik während des Nationalsozialismus, (8) Erster Arbeitsbericht zur „Reform" der GmbH des *Friedrich Hermann Klausing* als Ergebnis des „Ausschusses für G.m.b.H.-Recht" der Akademie für Deutsches Recht) und Entwurf einer amtlichen Begründung zu dem Entwurf eines Gesetzes über die Gesellschaften mit beschränkter Haftung bei *Schubert*, Entwurf des Reichsjustizministeriums zu einem Gesetz über Gesellschaften mit beschränkter Haftung von 1939, 1985, S. 153 f.

des § 2 Abs. 1 S. 2 Gesetz betreffend die Gesellschaften mit beschränkter Haftung, der besagt, dass der Gesellschaftsvertrag von sämtlichen Gesellschaftern zu unterzeichnen ist, im Entwurf des Reichsjustizministeriums stellt keinen Vorschlag zur Änderung der Rechtslage de lege ferenda dar. Dass der Gesellschaftsvertrag, im Grundsatz auch ein schuldrechtlicher, beurkundungsbedürftiger Vertrag, von allen Vertragsparteien – in diesem Fall den Gründern – unterzeichnet sein muss, ergibt sich daraus, dass der Abschluss des Gesellschaftsvertrages einen einheitlichen, aus einer Mehrzahl übereinstimmender, gleichgerichteter Willenserklärungen, zusammengesetzten Vorgang darstellt. Auch hinsichtlich des Einsatzes von Bevollmächtigten sieht der Entwurf des Reichsjustizministeriums in § 7 Abs. 1 S. 2 – genau wie § 2 Abs. 2 Gesetz betreffend die Gesellschaften mit beschränkter Haftung – vor, dass die Vollmacht zum Abschluss des Gesellschaftsvertrages zumindest gerichtlich oder notariell beglaubigt sein muss.

Angabe des Gründungsaufwands und der Sondervorteile im Gesellschaftsvertrag

Um jedermann durch Einsichtnahme des Gesellschaftsvertrages beim Handelsregister zu ermöglichen, herauszufinden, ob eine Gesellschaft mit beschränkter Haftung bereits „mit erheblichen Verpflichtungen vorbelastetet ins Leben tritt", sieht § 8 Entwurf des Reichsjustizministeriums vor, dass jeder zugunsten eines einzelnen Gesellschafters bedungene Sondervorteil sowie der Gründungsaufwand im Gesellschaftsvertrag festgelegt werden müssen.[727] Für den Fall, dass eine Festsetzung im Gesellschaftsvertrag unterbleibt, ordnet § 8 Abs. 3 Entwurf des Reichsjustizministeriums die Unwirksamkeit der entsprechenden Vereinbarung an.

Sach- und Nachgründung

Die im Entwurf des Reichsjustizministeriums vorgesehenen Regelungen zu der Sachgründung sollen zum einen „gegenüber dem geltenden Rechtszustand eingehender ausgestaltet" und zum anderen „zum Schutz der Gesellschaftsgläubiger erheblich verschärft" werden.[728] Neben der Erweiterung um sog. „Sachübernahmen" in § 9 Abs. 1 Entwurf des Reichsjustizministeriums, nach denen „die

727 Entwurf einer amtlichen Begründung zu dem Entwurf eines Gesetzes über die Gesellschaften mit beschränkter Haftung bei *Schubert*, Entwurf des Reichsjustizministeriums zu einem Gesetz über Gesellschaften mit beschränkter Haftung von 1939, 1985, S. 155.

728 Ebd.

Gesellschaft vorhandene oder herzustellende Anlagen oder sonstige Vermögensgegenstände" übernimmt, gleichzeitig aber eine Anrechnung der Vergütung auf die zu gewährenden Stammanteile nicht vorgesehen ist, entspricht die Regelung insoweit dem zu diesem Zeitpunkt geltenden § 5 Abs. 4 Gesetz betreffend die Gesellschaften mit beschränkter Haftung. Sollte die hiernach bestehende Verpflichtung, die in Ansehung der Sacheinlagen bzw. Sachübernahmen getroffenen Vereinbarungen nicht im Gesellschaftsvertrag niederzulegen, verletzt werden, so soll dies nach § 9 Abs. 2 S. 1 Entwurf des Reichsjustizministeriums zur Nichtigkeit der Vereinbarung sowie der Rechtshandlung zu ihrer Ausführung der Gesellschaft gegenüber führen. Diese sollen nach § 9 Abs. 3 Entwurf des Reichsjustizministeriums auch nicht im Wege der Satzungsänderung geheilt werden können.[729] Gleichzeitig soll „der Gesellschaftsvertrag als solcher [...] dagegen durch die Nichtigkeit nicht berührt [werden]; anstelle der Sacheinlage hat der Gesellschafter den Nennbetrag des von ihm übernommenen Stammanteils in Geld zu leisten", § 9 Abs. 2 Entwurf des Reichsjustizministeriums.[730]

Eine Neuerung sieht der Entwurf des Reichsjustizministeriums ferner in § 11 vor, nach dem die Gründer, legaldefiniert als „die Gesellschafter, die den gesellschaftsvertrag geschlossen haben", und die Geschäftsführer, die im Fall der Vereinbarung von Sacheinlagen oder Sachübernahmen wesentlichen Umstände für deren Bewertung in einem Gründungsbericht schriftlich darzulegen haben. Der Gründungsbericht wäre ferner der Anmeldung der Gesellschaft beim Registergericht nach § 18 Abs. 3 Nr. 4 Entwurf des Reichsjustizministeriums beizufügen. Er würde damit zur Einsichtnahme durch jedermann, insbesondere Gesellschaftsgläubiger zur Verfügung stehen.[731]

Noch weitgehender sieht § 12 Entwurf des Reichsjustizministeriums vor, dass eine sachverständige Gründungsprüfung dahingehend stattzufinden hätte, ob die für die eingelegten oder übernommenen Gegenstände gewährten Leistungen der Gesellschaft angemessen sind. Das Reichsjustizministerium geht ausweislich des Entwurfes einer amtlichen Begründung davon aus, dass nur die in Anlehnung an das Aktienrecht durchgeführte Gründungsprüfung „die sicherste Gewähr dafür bietet, daß das als Geschäftsgrundlage angegebene Stammkapital auch wirklich aufgebracht wird".[732] Die vom „Ausschuss für G.m.b.H.-Recht" der Akademie für Deutsches Recht vorgeschlagene gesamtschuldnerische Haftung

729 Ebd., S. 155 f.
730 Ebd., S. 156.
731 Ebd.
732 Ebd.

der Gründer für die Erfüllung der Einlageverpflichtungen, freigestellt in dem Fall, in dem Gründungsprüfer zu dem Ergebnis kommen, dass die Bewertung der Sacheinlagen angemessen war, hält der Entwurfsverfasser ausweislich des Entwurfes einer amtlichen Begründung für „keinen vollen Ersatz für die obligatorische Gründungsprüfung".[733] Das vorgeschlagene Modell mag zwar dazu führen, dass redliche Gründer eine solche Gründungsprüfung in ihrem eigenen Interesse durchführen lassen, „versagt aber gegenüber den weniger zuverlässigen oder gar auf Täuschung bedachten Gründern", da diese die „ungünstigere Rechtslage, die der Vorschlag [Anmerkung des Verfassers: Gemeint ist der Vorschlag des ‚Ausschusses für G.m.b.H.-Recht' der Akademie für Deutsches Recht] beim Unterlassen der Prüfung eintreten läßt, bedenkenlos in Kauf nehmen" und im Fall der Fälle, meist Jahre später, eine (auch gesamtschuldnerische) Haftung solchen Gründern gegenüber mangels Kapitalgrundlage wertlos sein wird.[734]

Die vorgesehene Gründungsprüfung wäre nach §§ 12 Abs. 1, 13 Abs. 1 Entwurf des Reichsjustizministeriums durch – vom zuständigen Registergericht zu bestellende – Gründungsprüfer durchzuführen, sobald für Sacheinlagen Stammanteile gewährt werden, deren Nennbetrag ein Viertel des Stammkapitals übersteigt, oder für Sachübernahmen eine den vierten Teil des Stammkapitals übersteigende Vergütung gewährt wird oder der für Sacheinlagen und Sachübernahmen zusammen angesetzte Betrag ein Viertel des Stammkapitals übersteigt. Diese Schwelle soll Gründungsprüfungen dort entbehrlich machen, wo „die Sachwerte gegenüber den Barzahlungen nicht wesentlich ins Gewicht fallen" und kleinere Gesellschaften mit den für sie doch ins Gewicht fallenden Kosten unverhältnismäßig belastet wären.[735] Unter Berücksichtigung dieser Erwägungen und „um jede nur irgend entbehrliche Erschwerung und Verzögerung des Gründungsvorganges zu vermeiden", sieht § 15 Entwurf des Reichsjustizministeriums eine Ermächtigung des Registerrichters dahingehend vor, die einzutragende Gesellschaft mit beschränkter Haftung von der Gründungsprüfung zu befreien, „wenn sich die für die Bewertung der Sacheinlagen oder -übernahmen maßgeblichen Umstände und Gesichtspunkte auf Grund der vorhandenen

733 Ebd.; siehe zu den Vorschlägen des „Ausschusses für G.m.b.H.-Recht" der Akademie für Deutsches Recht bereits S. 145 ff.

734 Entwurf einer amtlichen Begründung zu dem Entwurf eines Gesetzes über die Gesellschaften mit beschränkter Haftung bei *Schubert*, Entwurf des Reichsjustizministeriums zu einem Gesetz über Gesellschaften mit beschränkter Haftung von 1939, 1985, S. 156.

735 Ebd.

Unterlagen ohne weiteres übersehen und beurteilen lassen".[736] Dies soll nach dem Entwurf einer amtlichen Begründung insbesondere dazu führen, dass in dem Fall, in dem „ein Grundstück eingebracht und der Einheitswertbescheid vorgelegt wird", der Registerrichter nicht von der Gründungsprüfung befreien kann, „sondern in der Regel dem Antrag auf Befreiung auch stattgeben [wird] müssen".[737]

Im Hinblick auf das ebenfalls im Vorfeld zum Entwurf des Reichsjustizministeriums viel diskutierte Problem der sog. „Nachgründung" sieht der Entwurf in §§ 28 und 29 „besondere Bestimmungen für den Fall [vor], daß die Gesellschaft die Sachwerte nicht bei der Gründung, sondern erst später erwirbt".[738] In Anlehnung an das revidierte Aktiengesetz soll nun auch das Gesetz betreffend die Gesellschaften mit beschränkter Haftung für den Fall der Nachgründung vorsehen, dass „ein Gründungsbericht [Anmerkung des Verfassers: Der Entwurf des Reichsjustizministeriums definiert diesen in § 28 Abs. 2 S. 1 legal als ‚Nachgründungsbericht'] zu erstatten [wäre] und [...] eine Prüfung des Nachgründungsvorganges" stattzufinden hätte.[739] Hinsichtlich des Prüfungsverfahrens würden nach § 28 Abs. 2 S. 2 und Abs. 3 Entwurf des Reichsjustizministeriums die Vorschriften über den Gründungsbericht (§§ 11, 12–15 Entwurf des Reichsjustizministeriums) entsprechend gelten. Abweichend vom revidierten Aktiengesetz soll nach § 28 Abs. 1 Entwurf des Reichsjustizministeriums eine Nachgründung im Sinne des Gesetzes betreffend die Gesellschaften mit beschränkter Haftung nur vorliegen, „wenn der Erwerb der Sachwerte innerhalb eines Jahres nach der Eintragung der Gesellschaft ins Handelsregister erfolgt und das Entgelt ein Viertel des Stammkapitals übersteigt".[740]

Anzahl der Gesellschafter

Der Entwurf des Reichsjustizministeriums sieht in § 1 Abs. 1 vor, dass die Gesellschaft mit beschränkter Haftung ein Zusammenschluss von „zwei oder mehr Personen" sein muss. Eine solche Regelung, die ausdrücklich Gesellschaften mit beschränkter Haftung mit nur einem Gesellschafter verbietet, sieht das zum Zeitpunkt der Veröffentlichung des Entwurfes des Reichsjustizministeriums bestehende Gesetz betreffend die Gesellschaften mit beschränkter Haftung nicht vor.

736 Ebd.
737 Ebd.
738 Ebd., S. 157.
739 Ebd.
740 Ebd.

Der Entwurf einer amtlichen Begründung zum Entwurf des Reichsjustizministeriums erklärt hierzu, dass sich bereits „aus dem Wesen der Gesellschaft mit beschränkter Haftung als einer Gesellschaft ergibt [...], daß bei ihrer Errichtung mindestens 2 Personen mitwirken müssen".[741] Ferner nimmt der Entwurf „eindeutig gegen die Zulässigkeit der Gründung einer Einmanngesellschaft Stellung".[742]

Eine Höchstgrenze der Anzahl an Gesellschaftern einer Gesellschaft mit beschränkter Haftung wurde – nach dem zum Zeitpunkt der Veröffentlichung des Entwurfes des Reichsjustizministeriums bestehenden Gesetzes betreffend die Gesellschaften mit beschränkter Haftung de lege lata – im Entwurf des Reichsjustizministeriums nicht vorgesehen.

Höhe des Stammkapitals

Hinsichtlich der Höhe des Stammkapitals bei der Gründung einer Gesellschaft mit beschränkter Haftung sieht der Entwurf des Reichsjustizministeriums keine Neuerung vor. Das Stammkapital muss weiterhin einen Betrag von mindestens 20 000 Reichsmark und der Stammanteil eines jeden Gesellschafters mindestens 500 Reichsmark betragen, vgl. § 6 Abs. 3 Entwurf des Reichsjustizministeriums und § 5 Abs. 1 Gesetz betreffend die Gesellschaften mit beschränkter Haftung.

Nachdem der Entwurf des Reichsjustizministeriums, so auch der Entwurf einer amtlichen Begründung zum Entwurf des Reichsjustizministeriums, „von der verschiedentlich vorgeschlagenen Erhöhung des Mindestbetrags für das Stammkapital absieht, gelangt er wirtschaftlich gesehen zu einem ähnlichen Ergebnis, indem er [in §§ 16 und 17 Entwurf des Reichsjustizministeriums] die Volleinzahlung der Stammanteile bei der Gründung vorschreibt [...], während sich das geltende Gesetz [nach § 7 Abs. 2 Gesetz betreffend die Gesellschaften mit beschränkter Haftung für die Bareinlage] damit begnügt, daß ein Viertel der Stammeinlagen vor der Eintragung der Gesellschaft in das Handelsregister eingezahlt wird".[743] Die hierin zu sehende „Stärkung der Kapitalgrundlage" soll dazu führen, dass „die Schaffung einer Gesellschaft mit eigener Rechtspersönlichkeit nur dort zugelassen" wird, „wo die dadurch ermöglichte Verselbständigung des Unternehmens im Hinblick auf den Umfang der eingebrachten Mittel über die privatwirtschaftlichen Belange der Beteiligten hinaus, volkswirtschaftlich zu

741 Ebd., S. 151.
742 Ebd.
743 Ebd., S. 154.

rechtfertigen ist".[744] Mit der „Volleinzahlung" nach §§ 16 und 17 Entwurf des Reichsjustizministeriums nicht nur für Sacheinlagen, sondern auch für Bareinlagen, soll „den Gläubigern sowohl wie den Mitgesellschaftern die bestmögliche Gewähr für die tatsächliche Aufbringung der Kapitalgrundlage gegeben" werden, so der Entwurf einer amtlichen Begründung zum Entwurf des Reichsjustizministeriums.[745]

Der Entwurf des Reichsjustizministeriums sieht „eine Höchstgrenze für das Stammkapital [...] in Übereinstimmung mit den Vorschlägen der Akademie für Deutsches Recht nicht vor".[746]

Anmeldung zum Handelsregister

Unter Berücksichtigung der Ziele und Zwecke der soeben beschriebenen und vom Entwurf des Reichsjustizministeriums vorgesehenen „Volleinzahlung", wird in § 18 Abs. 2 S. 1 Entwurf des Reichsjustizministeriums geregelt, dass mit der Anmeldung nachzuweisen ist, dass die Einlagen im Sinne der „Volleinzahlung" geleistet sind, zur freien Verfügung der Geschäftsführer stehen und nicht durch Gegenforderungen beschränkt sind. Eine Änderung der zu dem Zeitpunkt der Veröffentlichung des Entwurfes des Reichsjustizministeriums bestehenden Rechtslage sollte also darin liegen, dass die nach § 8 Abs. 2 Gesetz betreffend die Gesellschaften mit beschränkter Haftung vorgesehene „Versicherung" der anmeldenden Geschäftsführer, dass die gesetzlich vorgesehene Mindesteinzahlung vorgenommen worden ist und zur freien Verfügung der Geschäftsführer steht, nicht mehr ausreichen soll. Vielmehr sollen die Anmeldenden nun einen „Nachweis" über die Leistungen auf die Einlagen gegenüber dem Registergericht erbringen müssen. Nach § 18 Abs. 2 S. 2 Entwurf des Reichsjustizministeriums soll dieser Nachweis bei Bareinlagen dadurch erbracht werden, dass eine schriftliche Bestätigung der Bank vorgelegt wird.

Neu soll ferner sein, dass nach § 18 Abs. 1 Entwurf des Reichsjustizministeriums neben den ersten Geschäftsführern nun auch sämtliche Gründer, die den Gesellschaftsvertrag abgeschlossen haben, an der Anmeldung mitwirken

---

744 Ebd., S. 154 f.
745 Ebd., S. 157.
746 Ebd., S. 155; siehe zu dem Vorschlag des „Ausschusses für G.m.b.H.-Recht" der Akademie für Deutsches Recht Fn. 690 f.

müssen.[747] Diese Erweiterung des anmeldepflichtigen Personenkreises geschieht vor dem Hintergrund der in dem Entwurf des Reichsjustizministeriums ebenfalls neu geregelten „Gründerverantwortlichkeit".[748]

Hinsichtlich der Anlagen, die der Anmeldung zum Registergericht beigefügt werden müssen, sieht § 18 Abs. 3 Entwurf des Reichsjustizministeriums Erweiterungen gegenüber § 8 Abs. 1 Gesetz betreffend die Gesellschaften mit beschränkter Haftung vor. Mit Blick auf die Neuregelungen der Sachgründung wird in § 18 Abs. 3 Nr. 3, 4 und 5 Entwurf des Reichsjustizministeriums festgelegt, dass „die Verträge, die sich auf eingebrachte Sachwerte beziehen, ferner der Gründungsbericht und der Prüfungsbericht der Gründungsprüfer" der Anmeldung als Anlage beizufügen sind.[749] Hierdurch soll „dem Registergericht die Prüfung des Gründungsvorgangs" erleichtert werden.[750] Erweitert wird die Ablehnungsbefugnis des Registergerichtes in § 19 Abs. 2 Entwurf des Reichsjustizministeriums dahingehend, dass das Gericht die Eintragung auch dann ablehnen kann, „wenn die Gründungsprüfer erklären oder wenn es offensichtlich ist, daß die für eingelegte oder übernommene Gegenstände gewährten Leistungen unangemessen hoch sind".[751]

Haftung für die Einlagen und die sog. „Gründerverantwortlichkeit"

Um die sog. „Gründerverantwortlichkeit" gesetzlich auszugestalten, treffen die §§ 23 bis 27 Entwurf des Reichsjustizministeriums Regelungen „für den Fall, daß sich trotz aller Vorkehrungen des Gesetzes [Anmerkung des Verfassers: Gemeint ist der Entwurf des Reichsjustizministeriums] bei der Gründung Unregelmäßigkeiten eingeschlichen haben".[752]

§ 23 Entwurf des Reichsjustizministeriums regelt den Fall der „Nichterfüllung der Einlagepflicht". Nach § 23 Abs. 1 Entwurf des Reichsjustizministeriums hätte der Gesellschafter, der eine Sacheinlage geleistet hat, deren Wert im Zeitpunkt der Einbringung aber nicht den Nennbetrag des Stammanteils erreicht,

747 Entwurf einer amtlichen Begründung zu dem Entwurf eines Gesetzes über die Gesellschaften mit beschränkter Haftung bei *Schubert*, Entwurf des Reichsjustizministeriums zu einem Gesetz über Gesellschaften mit beschränkter Haftung von 1939, 1985, S. 158.

748 Ebd.

749 Ebd.

750 Ebd.

751 Ebd.

752 Ebd.

den Fehlbetrag an die Gesellschaft nachzuzahlen. Ausweislich des Entwurfes einer amtlichen Begründung zum Entwurf des Reichsjustizministeriums, sieht der Entwurfsverfasser vor, dass der „Fehlbetrag" ausschließlich „in Geld nachzuzahlen" ist.[753] Nach § 23 Abs. 2 S. 1 Entwurf des Reichsjustizministeriums kann der Gesellschafter von dieser Verpflichtung nicht befreit werden und gegen den Anspruch der Gesellschaft nicht aufrechnen. Nach § 23 Abs. 2 S. 2 Entwurf des Reichsjustizministeriums gilt das gleiche für die Verpflichtung eines Gesellschafters, eine bei der Gründung nicht voll bewirkte Geld- oder Sacheinlage (auch noch nachträglich) zu leisten. Das Verbot des Verzichtes auf die Leistung der vollständigen Einlage sowie das Aufrechnungsverbot sollen ausweislich des Entwurfes einer amtlichen Begründung zum Entwurf des Reichsjustizministeriums Ausfluss dessen sein, dass „Natur des Anspruchs" eine gesellschaftsrechtliche Einlageverpflichtung ist.[754]

Auf die Verpflichtung zur baren Nachzahlung im Fall der Sacheinlage, deren Wert im Zeitpunkt der Einbringung nicht den Nennbetrag des Stammanteils erreicht, kann ausweislich des Entwurfes einer amtlichen Begründung zum Entwurf des Reichsjustizministeriums nicht verzichtetet werden, da „Gründungen mit verhältnismäßig geringfügigen Sacheinlagen überhaupt nicht der obligatorischen Gründungsprüfung unterliegen und auch in anderen Fällen von der Gründungsprüfung abgesehen werden kann".[755]

Doch auch für den Fall, dass eine Gründungsprüfung durchgeführt wurde, soll eine Haftung des Gründers für den Wert der Sacheinlage nicht ausgeschlossen sein, vielmehr durch das neu zu fassende Gesetz betreffend die Gesellschaften mit beschränkter Haftung umfassend begründet werden. Der Entwurf einer amtlichen Begründung zum Entwurf des Reichsjustizministeriums sieht einen solchen Fall der nachträglichen Inanspruchnahme des Gesellschafters allerdings „nur in Frage kommen, wenn die vom Gründungsprüfer bestätigte und vom Registergericht durch Eintragung der Gesellschaft gebilligte Bewertung offensichtlich nicht haltbar ist, vor allem also, wenn dem Gründungsprüfer unzulängliche Unterlagen vorgelegt worden sind und er dadurch zu einer objektiv nicht vertretbaren Wertschätzung gelangt ist".[756] Eine Stütze findet diese

---

753 Ebd., S. 159.

754 Ebd.

755 Ebd.; siehe hierzu auch bereits Fn. 755 ff.

756 Entwurf einer amtlichen Begründung zu dem Entwurf eines Gesetzes über die Gesellschaften mit beschränkter Haftung bei *Schubert*, Entwurf des Reichsjustizministeriums zu einem Gesetz über Gesellschaften mit beschränkter Haftung von 1939, 1985, S. 159.

einschränkende Überlegung aus dem Entwurf einer amtlichen Begründung zum Entwurf des Reichsjustizministeriums in den Regelungen des Entwurfes nicht. Vielmehr gilt § 23 Abs. 1 Entwurf des Reichsjustizministeriums nach dessen Wortlaut unabhängig davon, ob eine Gründungsprüfung vorgenommen worden ist. Somit kann es nach den Regelungen des Entwurfes des Reichsjustizministeriums nicht darauf ankommen, ob die „Bewertung offensichtlich nicht haltbar ist", beispielsweise dadurch, dass dem Gründungsprüfer „unzulängliche Unterlagen" vorgelegt worden sind und er deshalb zu einer „objektiv nicht vertretbaren Wertschätzung" gekommen ist. Die Haftung aus § 23 Abs. 1 Entwurf des Reichsjustizministeriums greift nach deren Wortlaut in jedem Fall, in dem der Wert einer Sacheinlage im Zeitpunkt der Einbringung nicht den Nennbetrag des Stammanteil erreicht. Eine angedachte (teleologische) Einschränkung für Fälle, in denen eine Gründungsprüfung stattgefunden hat und diese zu einer offensichtlich nicht haltbaren Bewertung gekommen ist, müsste wegen des entgegenstehenden klaren Wortlautes des § 23 Abs. 1 Entwurf des Reichsjustizministeriums gesetzlich normiert werden.

Der Anspruch soll sich nach dem Entwurf des Reichsjustizministeriums „nur gegen den Gesellschafter persönlich, der mit der Erfüllung der Einlagepflicht im Verzuge ist, nicht mehr – wie es nach dem geltenden Gesetz der Fall ist – subsidiär auch gegen die anderen Gesellschafter" richten.[757]

Nachdem der Entwurf, wie soeben geschildert, keine Kollektivhaftung für die Erbringung der Einlagen vorsieht, statuiert er in § 24 Entwurf des Reichsjustizministeriums „nach dem Vorbild des Aktienrechtes eine besondere als Verschuldenshaftung ausgestaltete Gründerverantwortlichkeit".[758] Nach § 24 Abs. 1 Entwurf des Reichsjustizministeriums sind die Gründer, die nach § 18 Abs. 1 Entwurf des Reichsjustizministeriums bei der Anmeldung der Gesellschaft mitzuwirken haben, für die ordnungsmäßige Durchführung der Gründung als Gesamtschuldner gegenüber der Gesellschaft verantwortlich. Von dieser Ersatzpflicht ist der einzelne Gründer nach § 24 Abs. 2 Entwurf des Reichsjustizministeriums befreit, wenn er die Sorgfalt eines ordentlichen Geschäftsmanns angewendet hat. Der Entwurf einer amtlichen Begründung zum Entwurf des Reichsjustizministeriums beschreibt die „Aufgaben" der Gründer dahingehend, dass diese „sich persönlich darüber unterrichten [müssen], ob die Einlagen tatsächlich zur Verfügung der Geschäftsführer stehen und ob die Sacheinlagen

757 Ebd.
758 Ebd.

angemessen bewertet sind".[759] Von der Ersatzpflicht sollen die Gründer ausweislich des Entwurfes einer amtlichen Begründung zum Entwurf des Reichsjustizministeriums in der Regel befreit sein, wenn eine Gründungsprüfung stattgefunden hat und die Prüfer die Angemessenheit der Bewertung bestätigt haben.[760] Nach dem Wortlaut des § 24 Abs. 1 Entwurf des Reichsjustizministeriums und dessen systematischer Ausgestaltung als eigene Anspruchsgrundlage der Gesellschaft gegenüber einzelnen Gründern wäre zu befürchten, dass durch diese „Ersatzpflicht" eine Kollektivhaftung durch die Hintertür eingeführt werden würde.

c) Nicht-Veröffentlichung des Entwurfes des Reichsjustizministeriums und Nicht-Abschluss des Gesetzgebungsverfahrens

Der Entwurf des Reichsjustizministeriums wurde zunächst nicht der Öffentlichkeit vorgestellt, so dass eine rechtswissenschaftliche Diskussion über diesen ausbleiben musste. Erst im Jahre 1985 wurde der Entwurf des Reichsjustizministeriums im Werk von *Schubert* veröffentlicht.[761] Ende des Jahres 1939 entschied *Schlegelberger*, dass „die ‚Erneuerung' des GmbH-Rechts ‚wegen der Kriegszustände' zur Zeit nicht fortgeführt werden sollte".[762] Es wäre zu erwarten gewesen, so auch *Karsten Schmidt*, dass bei Ausbleiben der „Kriegszustände" eine Reform des Gesetzes betreffend die Gesellschaften mit beschränkter Haftung zeitnah vollzogen worden wäre.[763]

III. Zusammenfassung

Im Hinblick auf das Gründungsrecht, während der in dieser Arbeit untersuchten Reformdebatten ab dem Jahre 1909, lässt sich feststellen, dass im Rahmen dieser, insbesondere auf Grund der bis dahin gemachten und beobachteten Erfahrungen der Gesellschaft mit beschränkter Haftung „in der Praxis", teils deutliche Kritik geäußert wurde. Bereits der Anstoß der Reformdebatten, der Aufsatz des *Max Hachenburg* aus dem Jahre 1909, beschäftigte sich intensiv mit den hier näher untersuchten „Missständen" des Gesetzes betreffend die Gesellschaften

759 Ebd.

760 Ebd.

761 *Schubert*, Entwurf des Reichsjustizministeriums zu einem Gesetz über Gesellschaften mit beschränkter Haftung von 1939, 1985, Vorwort und S. 94 ff.

762 Ebd., S. 90 m.w.N.

763 *Schmidt*, Gesellschaftsrecht, § 33 II 2. b), S. 988 f.

mit beschränkter Haftung. Insbesondere Themen wie die zum „Betrug" einladenden Regelungen über die Sacheinlagen, die Haftung für den Wert der Einlagen, die „fehlende" Gründungsprüfung sowie die Formvorschriften betreffend den Abschluss des Gesellschaftsvertrages beschäftigten die rechtswissenschaftliche Diskussion, nicht nur im Schrifttum, sondern insbesondere auch im Rahmen des 31. und 32. Deutschen Juristentages in den Jahren 1912 und 1914.

Vor der Zeit des Nationalsozialismus wurde die Diskussion über das Gründungsrecht der Gesellschaft mit beschränkter Haftung vom (wirtschaftlichen) Einfluss des Ersten Weltkrieges dominiert. Hierbei stand die sog. „Konzessionspflicht", eine staatliche Genehmigung zur Errichtung einer Gesellschaft mit beschränkter Haftung, im Mittelpunkt. Während der Zeit der Weimarer Republik (1918–1933) wurden insbesondere die zwischenzeitlich in ausländischen Rechtsordnungen eingeführten Gesetze betreffend Gesellschaften mit beschränkter Haftung zum Rechtsvergleich mit der deutschen Rechtslage betreffend die Gesellschaft mit beschränkter Haftung herangezogen. Im Hinblick auf das Gründungsrecht wurden (wieder) die Themen Sacheinlagen, Gründungsprüfung, (Mindest-)Stammkapital und die Haftung für die Einlagen diskutiert.

In der Zeit des Nationalsozialismus wurde die Reformdebatte betreffend die Gesellschaft mit beschränkter Haftung, auch im Hinblick auf das Gründungsrecht, besonders nationalsozialistisch geprägt geführt. Teils wurde sogar die Abschaffung der Rechtsform der Gesellschaft mit beschränkter Haftung gefordert, teils eine einschneidende Reform unter Berücksichtigung nationalsozialistischen Gedankengutes. Trotz der hier behandelten teils schwerwiegenden Kritik an der Gesellschaft mit beschränkter Haftung wurde im Jahre 1937 ein „Ausschuss für G.m.b.H.-Recht" in der Akademie für Deutsches Recht einberufen. Dieser sprach sich im Ergebnis gegen die Abschaffung der Gesellschaft mit beschränkter Haftung, allerdings für eine weitreichende Reform betreffend diese Gesellschaftsform aus. Die Verhandlungen des „Ausschusses für G.m.b.H.-Recht" spiegelten sich sodann in dem ab dem Jahre 1937 bearbeiteten Referentenentwurf des Reichsjustizministeriums wider, welcher im Jahre 1939 fertiggestellt und veröffentlicht wurde.

Im Hinblick auf das Gründungsrecht sah dieser Entwurf insbesondere Verschärfungen hinsichtlich der freien Gründungsmöglichkeit der Gesellschaft mit beschränkter Haftung, der Sach- und Nachgründung, der Haftung für die Einlagen und eine ideologisch geprägte sog. „Gründerverantwortlichkeit" vor.

Zusammenfassung der Ergebnisse

1. Die Vorschläge zur Einführung einer neuen Gesellschaftsform mit beschränkter Haftung gehen auf den Vorschlag von *Parisius* aus dem Jahre 1876 zurück. Bereits die weiteren Vorschläge der Literatur für eine neue Gesellschaftsform mit beschränkter Haftung aus der Zeit vor Erlass des Gesetzes betreffend die Gesellschaften mit beschränkter Haftung im Jahre 1892, mit welchem die neue Gesellschaftsform erstmalig eingeführt wurde, sprachen sich für unterschiedlich weitreichende Gründungsvorschriften aus. Insbesondere zeigt die Untersuchung, dass sich die Vorschläge an unterschiedlichen, bereits vorhandenen, Gesellschaftsformen orientierten. *Parisius* lehnte seinen Vorschlag an die Regelungen über die Genossenschaften an. *Oechelhäuser* knüpft an den Regelungen über die Personengesellschaften an. *Ring* und *Simon* wiederum nahmen Rekurs auf die Vorschriften über die Aktiengesellschaften.

   Das Gründungsrecht wurde bereits vor und während des Gesetzgebungsverfahrens betreffend die Gesellschaften mit beschränkter Haftung aus dem Jahre 1892 kontrovers diskutiert.
   Noch während des zügig durchgeführten Gesetzgebungsverfahrens sprachen sich Abgeordnete gegen die Einführung des Gesetzes, und damit gegen die Einführung einer neuen Gesellschaftsform mit beschränkter Haftung, aus. Im Hinblick auf das Gründungsrecht wurden Bedenken dahingehend geäußert, dass das neue Gesetz der Umgehung der für die Aktiengesellschaft bestehenden Gründungsvorschriften dienen könnte. Die vorgesehenen Gründungsvorschriften würden keine ausreichende Solidität der neuen Gesellschaftsform versprechen.
   Auch der Gang des Gesetzgebungsverfahrens belegt die unterschiedlichen Meinungen zum Gründungsrecht. Als Beispiel wird an dieser Stelle die Regelung über die Form des Gesellschaftsvertrages herangezogen. Der zum Auftakt des Gesetzgebungsverfahrens eingebrachte Gesetzesentwurf sah für den Abschluss des Gesellschaftsvertrages lediglich die Schriftform vor. Erst der im laufenden Gesetzgebungsverfahren – aufgrund einer Änderung durch die eingesetzte Kommission – angepasste Entwurf sah die notarielle bzw. gerichtliche Form zum Abschluss des Gesellschaftsvertrages vor.
   Der Großteil der Vorschriften betreffend das Gründungsrecht wurde während des Gesetzgebungsverfahrens – trotz intensiver Diskussion über

einzelne Punkte – nicht mehr angepasst. Insofern wurden die Regelungen aus dem initialen Gesetzesentwurf beschlossen.

2. Auch nach Abschluss des Gesetzgebungsverfahrens wurde Kritik an den Gründungsvorschriften seitens der Rechtswissenschaft, der Rechtspolitik sowie der Wirtschaft geübt. Diese Kritik fiel gleichwohl zurückhaltend aus. Vereinzelt wurde gefordert, dass zur Gründung einer Gesellschaft mit beschränkter Haftung eine ähnliche Gründungsprüfung wie für die Aktiengesellschaften vorgesehen werden solle.
Die Kritik an dem neuen Gesetz als solches, und damit an der neu eingeführten Gesellschaftsform, fiel seitens der Rechtswissenschaft hingegen wesentlich deutlicher aus. *Bähr* befürchtete, dass die Einführung der Gesellschaft mit beschränkter Haftung dazu führe, dass das durch die 2. Aktienrechtsnovelle neu aufgebaute Aktienrecht „größtenteils überflüssig" gemacht werden würde. *Lehmann* bezeichnete die neue Gesellschaftsform als „nur eine verkrüppelte Abart" der Aktiengesellschaft und *Fränkel* befand die neue Gesellschaftsform als einen „Proteus wirtschaftlicher Verbände".
Trotz der teils wortstarken Kritik seitens der Rechtswissenschaft, lobten Vertreter der Rechtspolitik und der Wirtschaft das neue Gesetz überwiegend. *Beisert* stellte fest, dass das neue Gesetz „eine Zierde unserer Reichsgesetzsammlung" sein würde.

3. Die in dieser Arbeit untersuchten Reformdebatten ab dem Jahre 1909 belegen, dass die nunmehr eingetretene Verbreitung der Gesellschaft mit beschränkter Haftung und die damit einhergehenden Erfahrungen „in der Praxis" dazu führten, dass teils deutliche Kritik am Gründungsrecht geäußert wurde.
Den Auftakt zu den Reformdebatten gab der Aufsatz von *Hachenburg* aus dem Jahre 1909. In diesem zeigte er eine Vielzahl von „Missständen" des Gesetzes betreffend die Gesellschaften mit beschränkter Haftung auf. Die kritisierten Punkte betrafen im Hinblick auf das Gründungsrecht insbesondere die zum „Betrug" einladenden Regelungen über die Sacheinlagen, die Haftung für den Wert der Einlagen, die „fehlende" Gründungsprüfung sowie die Formvorschriften betreffend den Abschluss des Gesellschaftsvertrages. Nicht nur im juristischen Schrifttum wurden die behandelten Themenkomplexe kontrovers diskutiert, sondern auch zum Gegenstand der Diskussionen auf dem 31. und 32. Deutschen Juristentag in den Jahren 1912 und 1914 gemacht.
In der sich anschließenden Zeit des Ersten Weltkrieges erlangte die auf Grund der durch den Krieg wirtschaftlich angespannten Lage eingeführte sog. „Konzessionspflicht", eine staatliche Genehmigung zur Errichtung einer

Gesellschaft mit beschränkter Haftung, eine weitreichende Bedeutung und wurde hauptsächlicher Gegenstand der juristischen Debatte.
Während der Zeit der Weimarer Republik wurden insbesondere die szwischenzeitlich in ausländischen Rechtsordnungen eingeführten Gesetze betreffend Gesellschaften mit beschränkter Haftung zum Rechtsvergleich mit der diesbezüglichen deutschen Rechtslage herangezogen. Im Hinblick auf das Gründungsrecht wurden (wieder) die Themen Sacheinlagen, Gründungsprüfung, (Mindest-)Stammkapital und die Haftung für die Einlagen diskutiert.
In der darauffolgenden Zeit des Nationalsozialismus wurde die Debatte über eine Reform des Gesetzes betreffend die Gesellschaften mit beschränkter Haftung von der geltenden politischen Ausrichtung geprägt. Dies betraf insbesondere auch das Gründungsrecht. So bemängelte beispielsweise *Bachmann*, dass man sich „mit verhältnismäßig geringem Kapitalaufwand [...] alle Vorteile der beschränkten Haftung" sichern konnte, „ohne die weniger bequemen Vorschriften der Aktiengesellschaft für die Gründung [...] in Kauf nehmen zu müssen". Die Beibehaltung der Gesellschaft mit beschränkter Haftung stand zur Debatte, mindestens aber eine nationalsozialistisch geprägte und weitreichende Reform des Gesetzes. Trotz dieser zweifelhaften Zukunft der Gesellschaft mit beschränkter Haftung wurde im Jahre 1937 ein „Ausschuss für G.m.b.H.-Recht" in der Akademie für Deutsches Recht unter dem Vorsitz des NSDAP-Mitgliedes *Klausing* einberufen. Der Ausschuss kam nach einer Reihe von Sitzungen zu dem Ergebnis, dass die Gesellschaft mit beschränkter Haftung nicht abzuschaffen sei, das Gesetz aber einer weitreichenden Reform unterzogen werden müsse. Dieses Ergebnis lässt sich auch in dem ab dem Jahre 1937 bearbeiteten und im Jahre 1939 fertiggestellten und veröffentlichten Referentenentwurf des Reichsjustizministeriums über eine Reform des Gesetzes betreffend die Gesellschaften mit beschränkter Haftung wiedererkennen. Mit Blick auf das Gründungsrecht sah dieser Entwurf insbesondere Verschärfungen hinsichtlich der freien Gründungsmöglichkeit, der Sach- und Nachgründung, der Haftung für die Einlagen und eine ideologisch geprägte sog. „Gründerverantwortlichkeit" vor. Diese vorgesehenen Verschärfungen spiegeln die zuvor stattgefundene Debatte und die Ausflüsse des „Ausschusses für G.m.b.H.-Recht" wider. Aufgrund der im Anschluss an die Ausarbeitung des Entwurfes herrschenden „Kriegszustände" wurde entschieden, „die ‚Erneuerung' des GmbH-Rechts" nicht weiter fortzuführen. Bei einem Ausbleiben der „Kriegszustände" wäre zu erwarten gewesen, dass eine Reform des Gesetzes betreffend die Gesellschaften mit beschränkter Haftung zeitnah verwirklicht worden wäre.

Quellen- und Literaturverzeichnis

Amtliches Reichstags-Handbuch: hrsg. v. Reichstags-Bureau, Achte Legislaturperiode 1890/1895, Berlin 1890; Neunte Legislaturperiode 1893/1898, Berlin 1893; Zehnte Legislaturperiode 1898/1903, Berlin 1898.

Asmuss, Burkhard: Die Deutsche Zentrumspartei (Zentrum), URL: https://www.dhm.de/lemo/kapitel/kaiserreich/innenpolitik/deutsche-zentrumspartei-zentrum.html (zuletzt abgerufen am: 15. März 2022).

Bachmann, Werner: Verbot oder Reform der GmbH?, in: Die Deutsche Volkswirtschaft 1935, S. 1120–1123.

Ballerstedt, Kurt: 75 Jahre GmbH-Gesetz, in: GmbHR 1967, S. 66–71.

Barz, Carl Hans: Die Reform des GmbH-Rechts, in: GmbHR 1963, S. 124–128.

Bähr, Otto: Gesellschaften mit beschränkter Haftung, in: Die Grenzboten: Zeitschrift für Politik, Literatur und Kunst 51 (1892), Erstes Vierteljahr, S. 210–226.

Bulletin des Presse- und Informationsamtes der Bundesregierung: hrsg. v. Presse- und Informationsamt der Bundesregierung, Band 1 (S. 1–896 u. Beil.), Ausgabe Nr. 20 v. 3. Februar 1965, Bonn 1965.

Bußmann, Walter: Bosse, Julius Robert, in: Neue Deutsche Biographie 2 (1955), S. 484 [Online-Version], URL: https://www.deutsche-biographie.de/pnd116266929.html#ndbcontent (zuletzt abgerufen am: 15. März 2022).

Crisolli, Karl-August: Das Recht der G.m.b.H., in: Hans Frank (Hrsg.), Nationalsozialistisches Handbuch für Recht und Gesetzgebung, München 1935, S. 1155–1174.

Crüger, Hans: Gutachten des Herrn Justizrats Professor Dr. Hans Crüger, Charlottenburg, in: Verhandlungen des Zweiunddreißigsten Deutschen Juristentages (Düsseldorf.), hrsg. v. dem Schriftführer-Amt der Ständigen Deputation, Erster Band (Gutachten.), Berlin 1914.

Dix, Hellmuth: Die Überwindung der Anonymität im Wirtschaftsrecht, in: Die Deutsche Volkswirtschaft 1933, S. 242–244.

Duden, Konrad: Hachenburg, Max, in: Neue Deutsche Biographie 7 (1966), S. 405 f. [Online-Version], URL: https://www.deutsche-biographie.de/pnd118544241.html#ndbcontent (zuletzt abgerufen am: 15. März 2022).

Esser, Robert Joseph: Die Gesellschaft mit beschränkter Haftbarkeit. Eine gesetzgeberische Studie, Berlin 1886.

Feine, Hans Erich: Die Gesellschaft mit beschränkter Haftung, in: Victor Ehrenberg (Hrsg.), Handbuch des gesamten Handelsrechts: mit Einschluß des Wechsel-, Scheck-, See- und Binnenschiffahrtsrechts, des Versicherungsrechts sowie des Post- und Telegraphenrechts, Dritter Band, III. Abteilung, Leipzig 1929.

Fischer, Curt: Die Gesellschaft mit beschränkter Haftung, Eine gesellschaftsrechtliche und wirtschaftshistorische Studie, Berlin u.a. 1948.

Fleischer, Holger: 100 Jahre GmbH-Reform und 100 Jahre GmbH-Rundschau, in: GmbHR 2009, S. 1–13.

Fränkel, Franz: Die Gesellschaft mit beschränkter Haftung: Eine volkswirtschaftliche Studie, Tübingen 1915.

Fünfter Deutscher Juristentag in der Tschechoslowakei: Verhandlungen, Reichenberg 1931.

Gaertringen, Friedrich Freiherr Hiller von: Helldorff, Otto Heinrich von, in: Neue Deutsche Biographie 8 (1969), S. 474 f. [Online-Version], URL: https://www.deutsche-biographie.de/pnd133263622.html#ndbcontent (zuletzt abgerufen am: 15. März 2022).

Gareis, Karl von: Das Reichsgesetz, betreffend die Gesellschaften mit beschränkter Haftung. Vom 20. April 1892, Berlin 1893.

Gessler, Ernst: Die Reform des Rechts der Gesellschaft mit beschränkter Haftung, in: Soziale Praxis 1938, S. 329–336.

Goldschmidt, Levin: Alte und neue Formen der Handelsgesellschaft, Vortrag, in der Juristischen Gesellschaft zu Berlin, gehalten den 19. März 1892, Berlin 1892.

Großmann-Doerth, Hans: Reform des Gesetzes, betreffend die Gesellschaft mit beschränkter Haftung, in: Fünfter Deutscher Juristentag in der Tschechoslowakei, Gutachten, Reichenberg 1931.

Hachenburg, Max: Kommentar zum Gesetz betreffend die Gesellschaften mit beschränkter Haftung (früher Staub-Hachenburg), Erster Band (§§ 1–34), 5. Auflage, Berlin u. Leipzig 1926.

Hachenburg, Max: Bedarf die Gesellschaft mit beschränkter Haftung einer Reform?, in: Leipziger Zeitschrift für Handels-, Konkurs- und Versicherungsrecht 1909, Sp. 15–36.

Hainbuch, Dirk u. *Tennstedt, Florian*: Sozialpolitiker im Deutschen Kaiserreich 1871 bis 1918, in: Eckhard Hansen u. Florian Tennstedt (Hrsg.), Biographisches Lexikon zur Geschichte der deutschen Sozialpolitik 1871 bis 1945, Band 1, Kassel 2010.

Herzfeld, Hans: Bennigsen, Rudolf von, in: Neue Deutsche Biographie 2 (1955), S. 50–52 [Online-Version], URL: https://www.deutsche-biographie.de/pnd118509136.html#ndbcontent (zuletzt abgerufen am: 15. März 2022).

Hessische Biografie: Klausing, Friedrich Hermann, URL: https://www.lagis-hessen.de/pnd/11752302X (zuletzt abgerufen am: 15. März 2022).

Heuss, Theodor: Bamberger, Ludwig, in: Neue Deutsche Biographie 1 (1953), S. 572–574 [Online-Version], URL: https://www.deutsche-biographie.de/pnd118656961.html#ndbcontent (zuletzt abgerufen am: 15. März 2022).

Hirth, Georg: Deutscher Parlaments-Almanach, 16. Ausgabe, März 1887, München u. Leipzig 1887.

Kalss, Susanne u. Eckert, Georg: Zentrale Fragen des GmbH-Rechts, Entwicklung, Perspektiven, Materialien, Wien 2005.

Klausing, Friedrich: Das kommende Aktienrecht, in: Deutsche Juristen-Zeitung 1935, Sp. 1135–1141.

Klausing, Friedrich: Die Neuordnung der Gesellschaft mit beschränkter Haftung, Erster Arbeitsbericht zur „Reform" der GmbH, Frankfurt am Main 1938.

Klausing, Friedrich: Die Neuordnung der Gesellschaft mit beschränkter Haftung, Zweiter Arbeitsbericht des „Ausschusses für Gesellschaften mit beschränkter Haftung" der Akademie für Deutsches Recht, Frankfurt am Main 1940.

Koberg, Peter: Die Entstehung der GmbH in Deutschland und Frankreich, Köln 1992.

Lammel, Siegbert: Die GmbH im Spannungsfeld von Politik, Wirtschaft und Recht während der NS-Zeit, in: Zeitschrift für Neuere Rechtsgeschichte 1989, S. 148–167.

Lang-Hinrichsen, Dietrich: Bar, Carl Ludwig von, in: Neue Deutsche Biographie 1 (1953), S. 579–580 [Online-Version], URL: https://www.deutsche-biographie.de/pnd119243148.html#ndbcontent (zuletzt abgerufen am: 15. März 2022).

Lehmann, Karl: Die Entwicklung des deutschen Handelsrechts, in: Zeitschrift für das Gesammte Handelsrecht 52 (1902), S. 1–30.

Lepsius, Susanne: Levin Goldschmidt (1829–1897), in: Albrecht Cordes / Heiner Lück / Dieter Werkmüller (Hrsg.), Handwörterbuch zur deutschen Rechtsgeschichte (HRG), Band II: Geistliche Gerichtsbarkeit-Konfiskation, 2. Auflage, Berlin 2012.

Liebmann, Jakob: Die Reform der Gesellschaften mit beschränkter Haftung, in: Deutsche Juristen-Zeitung 1910, Sp. 675–682.

Liebmann, Otto (Hrsg.): Personalien, in: Deutsche Juristen-Zeitung 1919, Sp. 246–247.

Limbach, Jutta: Die beschränkte Haftung in Theorie und Wirklichkeit, in: GmbHR 1967, S. 71–75.

Limbach, Jutta: Die empirischen Normaltypen der Gesellschaft mit beschränkter Haftung und ihr Verhältnis zum Postulat von Herrschaft und Haftung, Berlin 1966.

Molitor, Erich: Die ausländische Regelung der G.m.b.H. und die deutsche Reform, Berlin 1927.

Münchener Kommentar zum Gesetz betreffend die Gesellschaften mit beschränkter Haftung: hrsg. v. Holger Fleischer u. Wulf Goette, Band 1 (§§ 1–34), 4. Auflage, München 2022.

Neukamp, Ernst: Bedarf die Gesellschaft mit beschränkter Haftung einer Reform?, in: Leipziger Zeitschrift für Handels-, Konkurs- und Versicherungsrecht 1909, Sp. 417–422.

Neukamp, Ernst: Gutachten des Reichsgerichtsrats Dr. Neukamp in Leipzig, in: Verhandlungen des Einunddreißigsten Deutschen Juristentages, hrsg. v. dem Schriftführer-Amt der Ständigen Deputation, Zweiter Band (Gutachten.), Berlin 1912.

Noack, Ulrich / Servatius, Wolfgang / Haas, Ulrich (Hrsg.): Gesetz betreffend die Gesellschaften mit beschränkter Haftung, Beck'sche Kurz-Kommentare, Band 20, 23. Auflage, München 2022.

Oldenhage, Klaus (Hrsg.): Biographisches Lexikon der Deutschen Burschenschaft, Band I: Politiker, Teilband 8: Supplement L–Z, Heidelberg 2014.

Parisius, Ludolf: Die Genossenschaftsgesetze im Deutschen Reiche, Mit Einleitung und Erläuterungen zum praktischen Gebrauch für Juristen und Genossenschafter, Berlin 1876.

Parisius, Ludolf u. Crüger, Hans: Das Reichsgesetz betreffend die Gesellschaften mit beschränkter Haftung. Vom 20. April 1892, 2. Auflage, Berlin 1898.

Pittreich, August Ritter von: Gutachten des Oberlandesgerichtspräsidenten Herrn Dr. August Ritter von Pittreich, Exzellenz, Graz, in: Verhandlungen des Einunddreißigsten Deutschen Juristentages, hrsg. v. dem Schriftführer-Amt der Ständigen Deputation, Zweiter Band (Gutachten.), Berlin 1912.

Pittreich, August Ritter von: Gutachten des Oberlandesgerichtspräsidenten Herrn Dr. August Ritter von Pittreich, Exzellenz, Graz, in: Verhandlungen des Zweiunddreißigsten Deutschen Juristentages (Düsseldorf.), hrsg. v. dem Schriftführer-Amt der Ständigen Deputation, Erster Band (Gutachten.), Berlin 1914.

Plaum, Bernd D.: Oechelhäuser, Justus Wilhelm, in: Neue Deutsche Biographie 19 (1999), S. 421–423 [Online-Version], URL: https://www.deutsche-biographie.de/pnd118735977.html#ndbcontent (zuletzt abgerufen am: 15. März 2022).

Riesser, Jakob: Zur Revision des Handelsgesetzbuchs, Erste Abtheilung, Stuttgart 1887.

Riesser, Jakob: Zur Revision des Handelsgesetzbuchs, Zweite (Schluß-)Abtheilung, Stuttgart 1889.

Ring, Viktor: Eine Rechtsform für Kolonialgesellschaften. Betrachtungen und Vorschläge., in: Archiv für Theorie und Praxis des Allgemeinen Deutschen Handels- und Wechselrechts 48 (1888), S. 26–93.

Saenger: Zur Reform des GmbH-Gesetzes, in: Deutsche Juristen-Zeitung 1931, Sp. 667–672.

Schlegelberger, Franz: Die Erneuerung des deutschen Aktienrechts, Vortrag, gehalten am 15. August 1935 vor der Industrie- und Handelskammer in Hamburg, Berlin 1935.

Schlegelberger, Franz: Richtlinien der GmbH-Reform, in: Soziale Praxis 1938, S. 79–80.

Schlosser, Hans: Molitor, Erich, in: Neue Deutsche Biographie 17 (1994), S. 726 f. [Online-Version], URL: https://www.deutsche-biographie.de/pnd128721103.html#ndbcontent (zuletzt abgerufen am: 15. März 2022).

Schmidt, Karsten: Gesellschaftsrecht, 4. Auflage, Köln u.a. 2002.

Schneider, Dieter: Simon, Herman Veit, in: Neue Deutsche Biographie 24 (2010), S. 434–435 [Online-Version], URL: https://www.deutsche-biographie.de/pnd12785066X.html#ndbcontent (zuletzt abgerufen am: 15. März 2022).

Schubert, Werner: Akademie für Deutsches Recht 1933–1945, Protokolle der Ausschüsse, Band II, Ausschuß für G.m.b.H.-Recht, Berlin 1986.

Schubert, Werner: Das GmbH-Gesetz von 1892 – eine „Zierde unserer Reichsgesetzsammlung", in: Marcus Lutter / Peter Ulmer / Wolfgang Zöllner (Hrsg.), Festschrift 100 Jahre GmbH-Gesetz, Köln 1992, S. 1–47.

Schubert, Werner: Die Gesellschaft mit beschränkter Haftung – Eine neue juristische Person, in: Quaderni fiorentini per la storia del pensiero giuridico moderno, Itinerari moderni della persona giurdica, Vol. XI/XII (1982/1983), S. 589–629.

Schubert, Werner: Entwurf des Reichsjustizministeriums zu einem Gesetz über Gesellschaften mit beschränkter Haftung von 1939, Heidelberg 1985.

Schubert, Werner: Zur Entstehung der Genossenschaftsgesetze Preußens und des Norddeutschen Bundes (1863–1868), in: Zeitschrift der Savigny-Stiftung für Rechtsgeschichte 1988, S. 97–121.

Seeber, Gustav: Deutsche Freisinnige Partei (DFsP) 1884–1893, in: Dieter Fricke / Werner Fritsch / Herbert Gottwald / Siegfried Schmidt / Manfred Weißbecker (Hrsg.), Lexikon zur Parteiengeschichte: Die bürgerlichen und kleinbürgerlichen Parteien und Verbände in Deutschland (1789–1945), Band 1, Alldeutscher Verband – Deutsche Liga für Menschenrechte, Köln 1983, S. 657–666.

Simon, Herman Veit: Deutsche Kolonialgesellschaften, in: Zeitschrift für das Gesammte Handelsrecht 34 (1888), S. 85–161.

Sontag, Ernst Julius: G. m. b. H.-Krankheit, in: Deutsche Juristen-Zeitung 1909, Sp. 538–540.

Staub, Hermann: Kommentar zum Gesetz betreffend die Gesellschaften mit beschränkter Haftung, Berlin 1903.

Stenographische Berichte über die Verhandlungen des Deutschen Reichstages: V. Legislaturperiode, IV. Session 1884, Erster Band, Von der Eröffnungssitzung am 6. März 1884 bis zur 25. Sitzung am 12. Mai 1884, Von Seite 1 bis 566, Berlin 1884; VIII. Legislaturperiode, I. Session 1890/1892, Sechster Band, Von der 149. Sitzung am 16. Januar 1892 bis zur 182. Sitzung am 27. Februar 1892, Von Seite 3671 bis 4446, Berlin 1892; VIII. Legislaturperiode, I. Session 1890/1892, Siebenter Band, Von der 183. Sitzung am 29. Februar 1892 bis zur 208. Sitzung am 31. März 1892, Von Seite 4447 bis 5162, Berlin 1892; VIII. Legislaturperiode, I. Session 1890/92, Fünfter Anlagenband, Von Nr. 570 bis 669 der amtlichen Drucksachen des Reichstages enthaltend, Von Seite 3215 bis 3780, Berlin 1892; VIII. Legislaturperiode, I. Session 1890/1892, Sechster Anlagenband, Von Nr. 670 bis 819 der amtlichen Drucksachen des Reichstages enthaltend, Von Seite 3781 bis 4350, Berlin 1892.

Stroth, Ronald in der: Das Recht der GmbH bis 1933: Tatsachen, Kritik, Reformvorschläge, 1992.

Stupp, Matthias: GmbH-Recht im Nationalsozialismus, Anschauungen des Nationalsozialismus zur Haftungsbeschränkung, Juristischen Person, Kapitalgesellschaft und Treupflicht, Untersuchungen zum Referentenentwurf 1939 zu einem neuen GmbH-Gesetz, Berlin 2002.

Verhandlungen des Einunddreißigsten Deutschen Juristentages (Wien 1912.): hrsg. v. dem Schriftführer-Amt der Ständigen Deputation, Dritter Band (Stenographische Berichte.), Berlin 1913.

Verhandlungen des Zweiunddreißigsten Deutschen Juristentages (Düsseldorf.): hrsg. v. dem Schriftführer-Amt der Ständigen Deputation, Erster Band (Gutachten.), Berlin 1914.

Vollweiler, Helmut: Wirtschaftliche und rechtliche Probleme der G.m.b.H.-Reform, Teil 1 von 2, in: Jahrbücher für Nationalökonomie und Statistik 1938, Band 147, S. 189–207.

Vollweiler, Helmut: Wirtschaftliche und rechtliche Probleme der G.m.b.H.-Reform, Teil 2 von 2, in: Jahrbücher für Nationalökonomie und Statistik 1938, Band 147, S. 300–326.

Weber-Kellermann, Ingeborg: Ludolf Parisius und seine altmärkischen Volkslieder, Berlin 1957.

Wieland, Karl: Die Gesellschaften mit beschränkter Haftung, in: Zeitschrift für Schweizerisches Recht (ZSR) 36 (1895), S. 205–258.

Wieland, Karl: Handelsrecht, Zweiter Band, Die Kapitalgesellschaften, in: Friedrich Oetker (Hrsg.), Systematisches Handbuch der Deutschen Rechtswissenschaft, München u. Leipzig 1931.

Wilke, Otto: Zur Reform des GmbH-Rechts, in: GmbHR 1936, Sp. 469–480.

Zilch, Reinhold: Riesser, Jakob, in: Neue Deutsche Biographie 21 (2003), S. 609–610 [Online-Version], URL: https://www.deutsche-biographie.de/pnd11654533X.html#ndbcontent (zuletzt abgerufen am: 15. März 2022).

www.ingramcontent.com/pod-product-compliance
Ingram Content Group UK Ltd.
Pitfield, Milton Keynes, MK11 3LW, UK
UKHW021939290926
8980IPUK00016B/1713

9 783631 890066